融汇不同宗教、不同文明，营造新世纪人类共同的精神家园，为本"文丛"的基本学术取向。"文丛"的编撰，获香港"何世明基金有限公司"的支持，谨此致谢！

《世明文丛》第七辑

近代人物与近代思潮

李志刚　冯达文 主编

四川出版集团
巴蜀书社

图书在版编目（CIP）数据

近代人物与近代思潮/李志刚，冯达文主编. —成都：巴蜀书社，2012.5

（世明文丛：7）

ISBN 978-7-5531-0005-0

Ⅰ.①近… Ⅱ.①李… ②冯…Ⅲ.①辛亥革命—文集 Ⅳ.①K257-53

中国版本图书馆 CIP 数据核字（2012）第 070480 号

近代人物与近代思潮　　　　　　　李志刚　冯达文　主编

策划组稿	林　建	
责任编辑	潘伟娜	
出　　版	四川出版集团巴蜀书社	
	成都市槐树街 2 号　邮编 610031	
	总编室电话：(021) 86259397	
网　　址	www.bsbook.com	
发　　行	巴蜀书社	
	发行科电话：(028) 86259422　86259423	
经　　销	新华书店	
印　　刷	四川机投印务有限公司	
版　　次	2012 年 6 月第 1 版	
印　　次	2012 年 6 月第 1 次印刷	
成品尺寸	203mm×140mm	
印　　张	12	
字　　数	280 千	
书　　号	ISBN 978-7-5531-0005-0	
定　　价	28.00 元	

学子初步

从"四大寇"之订交探析辛亥革命思潮之缘起及在省港澳的传播

| 李志刚

一、引言

2011 年是辛亥革命一百周年纪念之期,回顾一百年前 1911 年 10 月 10 日爆发武昌起义,各省纷纷响应,先后有湖北、湖南、陕西、江西、山西、云南、贵州、江苏、浙江、广西、安徽、广东、福建、四川等省宣布独立,大清皇帝退位,以至推翻清朝帝制建立共和民主制度的中华民国,成为亚洲首个共和国。由于 1911 年适为中国夏历(农历)辛亥年,故有称之为辛亥革命。而辛亥革命的成功,是经过 1895 年(乙未)广州之役;1900 年(庚子)大通战役、汉口之役、惠州之役;1902 年(壬寅)广州之役;1903 年(癸卯)临安之役;1904 年(甲辰)长沙之役;1906 年(丙午)萍浏之役;1907 年(丁未)安庆之役、绍兴之役、潮州黄冈之役、惠州七女湖之役、防城之役、汕尾之役、镇南关之役;1908 年(戊申)马笃山之役、河口之役、安庆之役;1910 年(庚戌)广州新军之役①；1911 年（辛亥）广州三二九之役、10 月10 日武昌之役，前后 17 年间各地起义计有 20 次；但均告失败，最后于 1911 年 10 月 10 日武昌起义革命才成功。所以论及"辛亥革命"，在狭义上是以武昌起义而言；在广义上应包括辛亥革命各次起义的整体性。其中 1894 年兴中会创设，以至 1905 年改组为中国同盟会，均由孙中山首倡，由是促成历次革命的起义。所以论及辛亥革命运动，尤应探析孙中山革命思想的缘起，以及革命组织的结合和革命行动的推广。

二、孙中山革命思想的缘起

"革命"一词，中国古已有之。《周易·革》："汤、武革命，顺乎天，而应乎人，革之时，大矣哉！"是以中国历代民间叛乱造反都视之为本乎天命，顺应民情，以革命行动推翻旧有统治政权，实行改朝换代革故鼎新，建立新的王朝，这可以说是中国传统的革命思想。诸如清朝有"反清复明"的帮会和"太平天国"的建立，都有叛乱、造反（rebellion）的成分，但在传统的观念上有称之为革命。然而冯自由在《革命逸史》一书中论及"革命二字的由来"，是起源于 1895 年（乙未）广州起义失败，孙中山、陈少白、郑少良逃难至日本神户，为日本报纸称之

---

① 按：冯自由所著《中华民国开国前革命史》上编、《中华民国开国前革命史》中编、《中华民国开国前革命史》续编上卷三书所记，由 1895年（丁未）至 1910 年（庚戌），革命起义役事共有十九次，而 1911 年（辛亥）的广州黄花岗之役、武昌之役则未有所记。见《民国丛书》第二编 76，（上海书店）。到直接由孙中山指挥的革命，则计有广州之役、惠州之役、黄冈之役、惠州七女湖之役、防城之役、镇南关之役、钦廉之役（即冯自由所记马笃山之役）、河口之役、广州新军之役、广州三二九之役、武昌之役等十一次。见蒋永敬《华侨开国革命史料》（台北正中书局，1977 年 11月），第 40 - 41 页。

为"支那革命党"，革命之词采意英文"revolution"，故与中国传统"革命"的意义有所不同①。而日本称孙中山为革命党，此即说明1895年广州起义是一场革命运动，是有西方革命（revolution）的宗旨，达到推翻清朝帝制建立西方政治体制的政府。因为在起义之前，香港兴中会会长选举称之为"伯理玺天德"（president），变为起义后建立的合众政府的"大总统"（president）②。可见其时的革命分子（革命党）的革命行动是有现代西方建立民主共和政体的革命思想的。尚秉和在《辛壬春秋》有专章论及"革命源流"，有说白莲会（白莲教）、洪秀全、康有为、孙文等人的运动均称之为"革命"、"革命党"和"鼓吹革命"的"革命家"。以此推之，尚秉和所言的"革命"是含有中国传统的观念，进而扩展至现代观念。换言之，尚氏将"叛乱"、"造反"（rebellion）、改革、维新（reform）、"革命"（revolution）统称为革命③。在此反映，西方近代革命新的概念和事物在华的传播，每多使用古典革命的旧词形容外来的概念④。

近代西方革命概念，美国和法国革命历史是19世纪传入中国。孙中山接受革命的意识，本是受到传统文化的影响，及后在求学时代对西方革命才有真正的认识，冯自由有谓：

① 冯自由：《革命逸史》初编，台湾商务印书馆，1965年，第1－2页。
② 冯自由：《中华民国开国前革命史》上编，载《民国丛书》第二编76，上海书店，第13页。
③ 按尚秉和所言"革命源流"是始于外族蒙古之入主中国，汉人嫉恶，白莲会之谋覆元复宋。及至清王朝统治中国，白莲党徒再起，复有太平军建国，皆视之为革命运动。见尚秉和：《辛壬春秋》，中国书店，2010年，第226－229页。
④ 沈国威：《近代中日词汇交流研究——汉字新词的创制、容受与共享》，中华书局，2010年，第20页。

孙中山略历：兴中会首领孙文，字逸仙，又号明德，粤之香山人也。乙未年亡命日本，尝从东俗，自号中山樵，或称高野。近人所称中山，即其留日时别号也。孙文少有大志，广交游，居常最好搜索太平天国遗事。年二十，肄业于广州博济医院，与同学郑士良号弼臣者交最密。郑为三点会员，于秘密会党中交游颇众，此后孙运动会党起事，以郑之力为多也。翌年转学于香港雅丽氏医院，每于学课之余，是以提倡排满为事。时闻附和者，仅得陈白、黄永襄、尤列、杨鹤龄、陆浩东等数人而已①。

从上所记，可知孙中山革命思想的形成，是由中国古代革命思维，而走向近代的革命思维。冯自由所说"居常最好搜索太平天国遗事"，孙中山九岁在乡间由太平军老农冯爽观讲述太平天国反清复明革命故事，对洪秀全革命英雄表以敬慕，奠定孙中山革命思想的基础②。孙中山在广州博济医院结交三点会（即三合会，又称洪门）同学郑士良，显然对三合会员有所认同③。此因孙中山十岁之时，翠亨村一带多设三合会武馆，亦常往邻村看三合会会员习武，返家后多仿练拳④。及至1904年，孙中山在檀香山致公堂加入洪门，受职"洪棍"，此后在美、加各地活动，多得会党襄助⑤。是以无论太平天国，抑或洪门的主张，均以反清复明为宗旨，所以"反清复明"思想形成

---

① 按尚秉和所言"革命源流"是始于外族蒙古之入主中国，汉人嫉恶，白莲会之谋覆元复宋。及至满人统治中国，白莲党徒再起，复有太平军建国皆视之为革命运动。见尚秉和：《辛壬春秋》中国书店，2010年，第2页。
② 陈锡祺：《孙中山年谱长编》上册，中华书局，1991年，第18页。
③ 孙逸仙博士医学院筹备委员会：《总理开始学医与革命运动五十周年纪念史略》，岭南大学，1935年，第4－5页。
④ 陈锡祺：《孙中山年谱长编》上册，中华书局，1991年，第21页。
⑤ 冯自由：《中华民国开国前革命史》上编，载《民国丛书》第二编76，上海书店，第148－155页。

孙中山革命思想的建构。而孙中山之采取西方现代革命思维的理论，显然与在广州博济医院以及在香港西医书院求学时期有所得益和启发有关。

孙中山于1879年随母赴檀香山，13岁入读火奴鲁鲁意奥尼学校（Iolani College），至1882年升读火奴鲁鲁奥阿厚书院（Oahau College）。1883年到香港入拔萃书室，翌年转学香港中央书院。至1884年11月再赴檀香山，兄孙眉诱劝从商，皆非孙中山所愿，1885年决意回港复学，翌年中央书院毕业。秋间得喜嘉理牧师（Rev. Robert Hager）介绍入读广州博济医院[1]。孙中山1879年至1886年是在夏威夷和香港两地接受中小学教育[2]。夏威夷的意奥兰尼学校、奥阿厚书院和香港的拔萃书院全属教会学校，中央书院虽属官办学校，但是由于伦敦传道会理雅各牧师（Rev. James Legge）创办，首两任校长都由牧师会推荐。孙中山就读之时为第二任校长白弼臣牧师（Rev. G. H. Bateson White），学校亦具基督教教育精神[3]，当年中央书院为香港最高学府，孙中山已经接受语文（英文）、文学、世界史、英国史、地理、几何、代数、算术、卫生、机械绘图、簿记、常识各科教育，对西方共和组织、法国大革命、英国君主立宪的政体已有认识[4]。孙中山在中小学时代，均生活在外国，对英美的政治环境，以及西方社会文化在思想上早已受到熏陶，于日后倡言革命已有分析和比较的能力。

---

① 陈锡祺：《孙中山年谱长编》上册，中华书局，1991年，第24-43页。

② Gwenneth&John Stikes，"Queen's College, Its History 1862-1987"（Queen's College Old Boy's Association, 1987）pp. 7-15.

③ 同上，第26-31页。

④ 陈锡祺：《孙中山年谱长编》上册，中华书局，1991年，第37页。

孙中山于 1886 年秋间入读广州博济医院，该院为美国公理会牧师伯驾医生（Rev. Pater Park M. D.）于 1835 年所创，为中国第一所医院，亦是远东首创的西医医院，以当时程度，可谓广州最高学府①。院长嘉约翰医生（Dr. John Kerr）是著名的医生，有声于时。孙中山曾提及：

予自乙酉（一八八五）中法战争之年，始决倾覆清廷，创建民国之志，由是以学堂为鼓吹之地，借医术入世之媒，十年如一日。当予毕业于广州博济医学校也，于同学中物色有郑士良号弼臣者，其为人豪侠好义，广交游，所结纳皆江湖之士，同学中无有类之者，予一见则奇之，稍与相习，则与之谈革命，士良一闻而悦服，并告以彼曾投入会党，如他时有事，彼可为我罗致会党，以听指挥云。予在广州学医甫一年，闻香港有英文医校开设，予以其学校课程较优，而地较自由，可以鼓吹革命，故投香港学校肄业②。

据载，孙中山在广州博济医院肄业为期一学年，至明年 10 月方转香港西医书院（The College of Medicine for Chinese，Hong Kong）。孙中山在广州博济医院，经尤裕堂介绍虽已认识尤列，但非深交。而其得与区凤犀、尹文楷、杨襄甫、练达成等教会长辈接触，孙中山在学习中固得成长，革命心迹更可获得发抒，并得赞赏支持③。

---

① William Warder Cabury&Mary Hoxie Jones," At the Point of ALancet - One Hundred Years of the Canton Hospital 1835 - 1935" (Shanghai Kelly and Walsh Limited, 1935) p. 192 - 197.
② 孙中山：《孙文常说，有志竟成》，载《国父全书》，1963 年，第 32 页。
③ 同上，第 9 - 11 页。

孙中山于 1887 年 10 月入学，以香港西医书院开设，采用英国制度，教务长、教师、秘书及兼课者共有 18 人；考试委员会 11 人，首届学生 11 人，书院授课严谨，孙中山勤奋力学，聪慧过人，历年考试均冠其曹，于 1892 年 7 月 23 日以优等成绩毕业，名列第一。孙中山在香港西医书院所学科目包括：植物学、化学、解剖学、生理学、药物学、病理学、法医学、公共卫生学、产科、外科、医学等十一科，对医学学习至为全备①。课余之暇，孙中山亦喜研读农田、舆地及经史诸学，而他对于法国革命史、达尔文《物种起源》也有所阅读。达尔文学说风行欧洲，为康德博士（Dr. James Cantilie）首先引介于香港，孙中山深得其教。由于孙中山在港所受科学知识，则日后创立"知易行难"学说，有利人对事物的思考，于科学发明实一大帮助②。即如孙中山 1923 年 2 月 20 日在香港大学演讲有说：

我此时无异于游子归家，因香港及香港大学，乃我知识诞生之地也。我本未预备演说，但愿答覆一问题。此问题即前此有人向我提出时，听众中亦有许多人欲发此问者。

我以前从未能予此问题以一相当答覆，而今日能之。问题为何？即我于何时及如何而得革命思想及新思想是也。我之思想发源即为香港，至于如何得之，则三十年前在香港读书，暇时则闲步市街，见其秩序整齐，建筑闳

---

① 罗香林：《国父之大学时代》，台湾商务印书馆，1954 年，第 32 页。

② 罗香林：《香港与中西文化之交流》，香港中国学社，1961 年，第 164 - 173 页。

美，工作进步不断，脑海留有甚深印象……又闻诸长老，
美国及欧洲之良好政治并非固有者，及人经营而改变之
耳……①

在此说明，孙中山革命思想之来源，一则来自香港的
学习；二则来自日常在香港所见的社会政治；三则来自于
都会长老在欧洲见闻所得的各种启思②。尤其在香港西医
书院就读一年期间，孙中山日夕受教于师长，自得良师的
训诲和感化，以使其知识广博开通，智慧更能明达远瞩，
促使孙中山有伟大的思想，成为中国旷古的革命家。

三、"四大寇"的组合形成及其订交关系

在辛亥革命运动史上，"四大寇"指孙中山、陈少
白、尤列、杨鹤龄等四人。对于"四大寇"的形成和定
名，四人均有所记述和传言。孙中山和陈少白曾有文论
及，而尤列和杨鹤龄传言记载。孙中山在《孙文学
说》称：

予在广州学医甫一年，闻香港有英文医学校开设，予
以其学课较优，而地较自由，可以鼓吹革命，故投香港学
校肄业。数年之间，每于学课余暇，皆致力革命的鼓吹，
常往来于香港、澳门之间，大放厥辞，无所忌讳。时闻附
和者，在香港只陈少白、尤少纨、杨鹤龄三人；而上海归

---

① 孙中山：《孙文常说，有志意成》，载《国父全书》，1963 年，第
921－922 页。
② 孙中山于 1923 年 2 月 20 日在香港大学的演说，有言"又闻诸长
老"，应指香港道济会堂区凤墀长老而言。见同上注 2，第 19 页。

客，则陆浩东而已。若其他之交游，闻吾言者，不以为大逆不道而避之，则以为中风病狂相视之。予与陈、尤、杨三人常往香港，昕夕往还，所谈者，莫不为革命之言论，所怀者，莫不为革命之思想，所研究者，莫不革命之问题，四人相依甚密，非谈革命则无以为欢，数年如一日，故港、澳之戚友交游，皆呼予等为四大寇。以为革命言论时代①。

陈少白有记"四大寇名称之由来"：

初杨鹤龄与尤少纨同学，即至港，在杨处识予，后由予介绍之于孙先生。每遇休暇，四人辄聚杨室畅谈革命，慕洪秀全之为人，又以成者为王，败者为寇，洪秀全未成而败，清人视之为寇，而四人之志犹洪秀全也。因笑自为我侪四人，其亦清廷之四大寇乎！其名由是起。盖有概乎言之也。时孙先生等尚在香港医学堂肄业，而时人亦以此称之，实则纵谈之四大寇，固非尽从事于真正之革命也。而乙未年广州之役，杨与尤亦皆不焉②。

杨国铿在《回忆我父亲杨鹤龄》一文中说：

从孙中山先生这一段话（按：上文即《孙文学说》第八章"有志竟成"所载），就可以知道孙、陈、尤、杨"四大寇"，在革命初期的密切关系，然而革命的真理，初期不特为人所认识，所接受，所支持，所同情，所理

① 《国父全书》，第 921－922 页.
② 陈少白：《兴中会革命史别录》，载《陈少白先生哀思录》，第 117
页。

解；反而受人讽刺，不敢与之交谈结友，意义相投，胆敢在一起反清抱负，抨击朝政，倡言革命，提出"朝廷勿近"等口号，所以这个金兰兄弟，被很多人视为可怕的危险人物。所以港、澳间的亲友皆呼之为"四大寇"，而他们四人亦居之不辞，可见"四大寇"，实为中国革命之元勋也，后我父还把家庭堂名，命名为"杨四寇堂"，以四寇老主人自称①。

在杨国铿《回忆我父亲杨鹤龄》一文，提及"四大寇"是有"金兰兄弟"的关系的。而冼江《中华民国与四大寇》一文亦有所载：

尤列一向是很尊重逸仙之意见，于是提出联合宣誓，以示坚决。逸仙首先赞成，少白、鹤龄同意，并决定即日举行。各人一致赞成尤列之提议后，逸仙就请尤列草拟誓词，但尤列仍推逸仙执笔，二人互相谦让，最后逸仙曰：我们四人此次之联合宣誓反清复国。比之三国之刘关张桃园结义、匡扶汉室之任务，更为重大，且少纳你之年龄最长，即是等于我们的大哥，尔又首先自我牺牲，放弃升官，在情在理都应由尔执笔，更而此次之联合宣誓效忠反清复国的事业，亦由尔提议，自应负责草拟誓词。尤列见无可再推，于是执笔即书："宣誓人×××等精诚宣誓，天地鉴容，驱除满人，实行大同，四人一心，复国是从，至死不渝，务求成功。此誓，戊子年九月初示。"尤列草成后，交各人看过，由陈少白用黄纸书正之后，则由各人按次在尾亲自书写姓名籍贯、出生年月日岁数：（一）尤

---

① 关肇硕、容应萸：《香港开埠与关家》，香港广角镜出版社，1997年，第57页。

列，广东省顺德县人，乙丑正月二十七日出生，二十四岁。（二）孙逸仙，广东省香山县人，丙寅十月初二日出生，二十三岁。（三）杨鹤龄，广东省香山县人，戊辰六月十二日出生，二十岁。（四）陈少白，广东省新会县人，庚午七月二十五出生，一十九岁。（尤长孙一年八个月零八日；孙长杨二年二个月二十四日，杨长陈二年一月十三日）各人为隆重其事，特肃整衣冠，一齐穿着中国礼服，长衫马褂，候至正午，四人一同登上天台燃着香烛，四人向天宣誓后，即将誓词当天焚化，随后同附近之雅丽氏医院三楼摄照留念①。

杨鹤龄为富家子弟，1868 年 7 月 31 日在澳门出生。原为香山翠亨村人，与陆皓东同龄，孙中山稍长两岁，三家居住颇近，三人自小亦曾游玩，对洪杨革命故事多所听闻。又因孙中山母亲杨氏是崖口杨氏人，故孙中山与杨鹤龄是有同乡姻亲的关系②。1882 年，杨鹤龄入广州学馆读书，与尤列同窗③，而成莫逆之交④。陈少白是由孙中山老师区凤墀长老在广州介绍到港认识孙中山，两人一见如故，志趣相投，后由孙中山荐入香港西医书院就读，先后

① 尤嘉博：《尤列集》，香港，1987 年，第 117－118 页。
② 关肇硕、容应萸：《香港开埠与关家》，香港广角镜出版社，1997年，第 57 页。
③ 尤列和杨鹤龄所读广州的"算学馆"应是 1880 年（光绪六年）两广总督张树声在广州黄埔长洲岛兴建的广东实学馆（其后改称为博学馆），聘廖廷相为总办。学习科目除中文、英文、算术之外，制造科设重学、微积分、化学、格致、汽机、造炮等课程；驾驶科设航海诸法、天文、船艺等课程，以作储备洋务人才之用。见张耀荣：《广东高等教育发展史》，广东高等教育出版社，2002 年，第 15 页。
④ 关肇硕、容应萸：《香港开埠与关家》，香港广角镜出版社，1997年，第 57 页。

两年之久，是以孙中山与陈少白亦有同门之谊①。可见四大寇是广州算学馆和香港西医书院两组同学的结合，由于孙中山与陈少白均受洗于教会②，又有教友之谊。无怪四大寇结拜，实有乡亲、姻亲、学谊、教谊等种种的关系。

1921年，孙中山修治广州观音山文渊阁，特召陈少白、尤列、杨鹤龄聚居，不忘前四大寇情谊，当孙中山1925年3月12日病逝于北平，陈少白作有挽联，以表兄弟哀思：

逸仙兄千古

    失败云乎哉行道期百年唾弃小就力赴大同虽在颠沛中弥留中未尝少懈；

    流风今已矣入世垂卌载驱策群雄招徕多士为问真知己真同调究属阿谁。③

陈少白拜挽

又，杨鹤龄于1934年8月29日在澳门病逝，时中山县长唐绍仪曾作挽诗，亦言杨鹤龄与四大寇的关系：

    总理有耆旧，名门出宏农。香江吟梁甫，契合此卧龙。同时陈与尤，少年气如虹。革命称四杰，足当万夫雄。公尤丰于家，凤高任侠风。慨以满箧金，来助军储供。谈笑决良图，缄默不言功。乡园杖履轻，淡泊明其

---

    ① 陈少白：《兴中会革命史要》，载《陈少白先生哀思录》，第93－94页。

    ② 按：孙中山1883年在香港美部会（即日后公理会）接受洗礼。见刘粤声：《香港基督教会史》，香港基督教联合会，1941年，第239－242页。陈少白是于1889年受洗入教，见《陈少白先生哀思录》，第5页。

    ③ 附《陈少白先生哀思录》第9页之后。

衰。国帑筹岁费，济困为酬庸。优游三十年，镜明一亩宫。古物时摩挲，俯仰皆从容。方冀跻期颐，长为海上鸿。天限古稀龄，遽返蓬莱峰。忆公少壮日，谁当干莫锋。伏枥宣初志，蜇居宁道穷，祝公贤子孙，鲍堂兖其宗。

杨鹤龄先生挽诗
唐绍仪①

四、"四大寇" 在省港澳的交游及革命思潮的流播

19 世纪广东之有"省港澳"的名称，此即省城广州、香港、澳门的简称。而省、港、澳三个城市，以广州开埠最早，早于隋唐时代，已设置市舶市，是中国商船海上丝绸之路重要港口，其历经宋、元、明、清各朝均属对外开放的商港②。及至 1553 年中国允许葡人租借澳门，准葡人建屋居留，由是澳门开埠，渐为外国人入住的港口，以致形成省澳的关系③。1842 年 8 月 29 日，中英签订《江宁条约》，中国开放广州、厦门、福州、宁波、上海五口对外通商，并且割让香港为英国管治，英国随即宣布香港为自由港④，在珠江三角洲形成省、港、澳鼎足而立的商港关系。清末年间，省、港、澳之间的交通是以水路为主；而香港至澳门约四十海里，澳门到广州四十余海里，广州至香港五十余海里。至于通往欧美各国和亚洲各国的商船，先以广州黄埔港为口岸，其后在香港亦有停泊。由于

---

① 关肇硕、容应萸：《香港开埠与关家》，香港广角镜出版社，1997年，第 120 页。
② 邓开颂、陆晓敏：《粤港澳近代关系史》，广东人民出版社，1996年，第 6－8 页。
③ 同上，第 8－18 页。
④ 同上，第 62－68 页。

广州是中国南方的政治中心，本省和各省均有不少流动人口在此出入。此外因为香港是一个自由港，成为外国进入中国的跳板，由是促成了中西交通的重要性。在中英鸦片战争之后，澳门地位虽然被香港取代，但由于澳门是葡人管治的地方，仍然保持有中西商贸的地位，珠江三角洲人口的流动，形成省港澳地缘的关系，无论在政治、经济、商贸、社会等均带有互动作用①。孙中山、尤列、杨鹤龄和陈少白"四大寇"的求学活动，均以省港澳三地为主，及至"四大寇"的认识和订交，亦不外乎省港澳三地的接触和联系。

"四大寇"的结识以致订交，缘起于革命思想的志趣相投，而四位青年之有革命思想的引发和建构，显然与他们所处环境、接触人事和所受的教育启发有重要的关系。省港澳三地都是中国近代有关中西文化交流的重镇，传统的革命思想，无论是反清复明的三合思想、维新改革的传统儒学主张、推翻清朝建立合众国的理念等等，已普遍流行在省港澳各社会阶层。太平天国虽已倾覆败亡，可是洪秀全已经成为多人的偶像，反清的精神仍在广东流播，如"四大寇"的孙中山则以洪秀全自任②。中英鸦片战争后，林则徐和魏源等人倡言"师夷长技以制夷"，主张武备的改良③。而太平天国干王洪仁玕之于1858年出版《资政新篇》，为我国最早提倡社会政治改良的章本④。及后香

①　邓开颂、陆晓敏：《粤港澳近代关系史》，广东人民出版社，1996年，第92－111页。
②　陈少白：《兴中会革命史要》，载《陈少白先生哀思录》，第93－94页。
③　魏源：《海国图志原叙》，载《海国图志》上，岳麓书社，1988年，第1－3页。
④　李志刚：《洪仁玕在港与西教士之交游》，载李志刚：《香港基督教会史研究》，香港道声出版社，1987年，第99－113页。

港王韬、何启、胡礼垣①，澳门郑观应②，广州康有为都是维新主张的时论人物③。容闳在 1872 年推动的幼童留学运动，更是带来维新主张④。1883 年，民礼贤人西牧花之安牧师（Rev. Ernst Faber）在广州出版了《自西徂东》，引发国人对西方文明的认识，对中国改革亦有建言⑤。所以在 19 世纪 80 年代，省港澳三地对于反清和改革的传统革命思想早有流播，影响时代青年尤为重大。"四大寇"的革命思想的形成，可说是省港澳三地人口流动、互为凝聚而有所激发的思潮。就以"四大寇"的结识和订交所见，尤列和杨鹤龄，属于算学馆同学，而算学馆在当时是政府办的新兴的教育事业，虽属于工程学科，但因为洋务改革的新学，接受教育的学生亦多受新思潮的影响。按尤列年谱所记，10 岁受学陆南朗先生，深受爱国思潮和革命思潮熏陶，18 岁在上海加入洪门。1881 年至 1885 年间游历京、津、沪及江浙一带，并赴日本长崎、神户考察民情，认识日本政治维新之富强，1886 年始入广州算学馆，杨鹤龄晚一年入学，由是与杨鹤龄同窗⑥，其间在博济医院认识郑士良、孙中山、邓景晖等人。以尤列、郑士良同是洪门三合会员，"反清复明"思想必属投契，并多联系。

---

① 黄振权：《香港与清华洋务建设运动之关系》，香港珠海书院中国文史研究所，1980 年，第 102－137 页。

② 同上，第 140－147 页。

③ 按：康有为于 1895 年发起"公车上书"，其维新思想对全国知识分子产生影响，触发了人们对近代西方民主政治的认识。见耿云志：《西方民主在近代中国》，中国青年出版社，2003 年，第 25－50 页。

④ 罗香林：《香港与中西文化之交流》，香港中国学社，1961 年，第 77－122 页。

⑤ 王树槐：《外人与戊戌变法》，台北中央研究院近代史研究所，1965 年，第 16－17 页。

⑥ 《尤列先生年谱》，载《尤列集》，第 149－153 页。

在"四大寇"中，陈少白年龄最小，他家是顺德县外海乡望族，其父陈子桥是广州有名的商人，曾联合粤商致函美国教会，以致哈巴牧师于（Rev. Happer）1888年在广州兴建"格致书院"（后改名为岭南学校，即其后的岭南大学），陈少白为该校首名报名入学学生①。陈少白早年思想深受其叔父陈梦南所影响。《陈少白先生年谱》有记：

15岁　清光绪九年癸未（1883）

是年公之四叔父梦南公逝世。梦南公崇奉基督教，当时基督教会，知识界人物尚少，教会书籍中，有"与女史论道"一书，乃梦南公所作。梦南公翻译西籍多种，归以饷公，公悉心浏览，自谓革命思想，多得于是，四叔之恩，实不可忘②。

21岁　清光绪十五年己丑年（1889）

是岁清光绪大婚，西太后归政，公受哈巴牧师之教育，复承梦南公之遗训，于是年受洗入教会。后其尊人子桥公，亦于晚年入基督教③。

陈少白四叔梦南是前清饱读诗书的秀才，为求考取功名，尝就业名儒徐莘佩、朱次琦门下，学力精进。其后在广州从黄梅牧师闻福音圣道，并荐入教会义会任职，随纪好弼牧师（Rev. Dr. Rosewell H. Grave）学道受浸加入教会，后从事传教工作，首倡华人教会自理工作，著述颇多，有声于时④。而陈梦南新思维对陈少白自多濡染。是

---

① 《陈少白先生哀思录》，第5页。
② 同上，第4页。
③ 同上，第5页。
④ 徐松石：《华人浸信会史录》（第五辑：先贤传略），香港浸信会出版部，1972年，第45-48页。

以推知，广州省城为中国最早对外开放之城市，西方革命思想早已孕育和流播，"四大寇"受其影响难以估量。其后由于孙中山赴香港入读西医书院，而尤列、杨鹤龄相继来港。陈少白荐入香港西医书院就读，"杨耀记"成为"四大寇"高唱革命言谈之所在，使"四大寇"得以集结①。此外，杨鹤龄有祖业于澳门，孙中山每年必有返乡省亲之行，澳门为必经之路，两人在澳与亲友相聚，革命思潮因此在澳门流播，以致孙中山在 1892 年毕业后，首赴澳门行医，以使革命行动能够推广，并由澳门至广州，于 1895 年发动首次革命起义。

五、结论

"四大寇"的组成，始于四位青年在求学时期倡言革命，因志同道合而成的小组织。而其中尤列和杨鹤龄就读于广州算学馆；而孙中山和陈少白则就读于香港西医书院。"四大寇"所受的大学教育，可谓高等知识分子教育。在此反映基督教在广东从事教育工作的重要性。就以广州博济医院而言，由美部会创于 1835 年，其后开创西医教育，亦是我国首创。孙中山在博济医院就读，以致革命运动的进行，博济医院师友均有参与和支持，诸如区凤墀长老、杨襄甫牧师、尹文楷医生、嘉约翰院长（Dr. John Kerr）、郑士良等人。当孙中山转到香港西医书院（此为伦敦传道会在港首创的西医书院，堪称当时香港的最高学府。自香港大学于 1911 年创办后西医书院归并于该大学），对于孙中山的革命运动，书院教师支持最力者，

　　① 罗香林：《国父在香港之历史遗迹》，香港珠海书院，1971 年，第 23 - 25 页。

莫如何启医生、康德黎医生、谭臣医生（Dr. J. C. Thomson）。又因两所西医书院皆属于教会主办，而孙中山和陈少白又为教会信徒，无论在广州或香港每多参加教徒聚会，并聆听牧师宣道，接受教会栽培，并在教会多与牧师和信徒联络。是以在港对孙中山影响以王煜初牧师①、区凤墀长老最力。可见"四大寇"的结合，始于基督教的学校和教会，而革命言论亦在学校和教会流播。孙中山言及"四大寇"称之为"革命言论时代"，此亦即说明学生的自由结合是一种谈论国事的小组织。及至孙中山在香港西医书院毕业后，"四大寇"的聚集亦已各自星散。1895 年香港兴中会成立，"四大寇"集团自动解散，个别人成为兴中会会员，各有职务从事实际的革命工作。从孙中山所言"四大寇"是革命言论时代，得知革命行动是从革命言论而产生，而言论时代更是革命时代的基础，因此没有"四大寇"的组合，亦不可能有其后孙中山创办兴中会的事实。就历史所见，孙中山毕业后往澳门开设中西药局，是由杨鹤龄推介而获澳门富商七妹夫吴节薇担保，才获镜湖医院借银二千元开办费②。1893 年，孙中山在广州开设中西药局，当孙中山离广州远赴上海等地活动，则由陈少白主理③。尤列在港，仍常与孙中山联络，孙中山于 1893 年在港，有程耀震、程奎光、程璧光、陆皓东、魏友琴、郑士良、尤列八人开会，倡议成立"兴中会"，以"驱除鞑虏，恢复中华"为宗旨，故有兴中会的成立④。是见"四大寇"在革命言论时代转变到革命行动

---

① 罗香林：《国父在香港之历史遗迹》，香港珠海书院，1971 年。
② 同上，第 58 页。
③ 同上，第 93 页。
④ 同上，第 6－13 页。

时代中的重要性。在此足以反映"四大寇"是中国知识青年发动革命的始源，其革命思想得在省港澳流播，又能结合三地革命分子的力量，"四大寇"在言论时代，对辛亥革命运动有其影响和贡献，可以肯定其历史价值。孙中山遗嘱有言"余致力国民革命，凡四十年"①，以孙中山四十年前为革命的开始，应从 1886 年入广州博济医院读书算起，至孙中山 1925 年 3 月 12 日离世，前后共四十年。而冯自由撰写《中国革命运动二十六年组织史》，亦是以 1886 年开始②，故"四大寇"的订交和其言论主张亦属于辛亥革命运动缘起的一页，实具历史性的意义。

（作者单位：香港基督教文化会会长）

---

　　① 罗香林：《国父在香港之历史遗迹》，香港珠海书院，1971 年，第 2130 - 2131 页。
　　② 见《中国革命运动二十六年组织史》第 3 页。

民族主义与天国（乌托邦）：
太平天国与三民主义的个案研究

| 杨庆球

引言

民族主义是塑造现代世界的主要力量，它的目的是建立民族本位及建立国家。建立民族本位是把种族上和文化上相同或相类的群体结合成一个较大的社群，当中涉及客观特性，例如地理、历史等因素；主观特性，例如意识形态、身份认同等。因此，所谓民族主义，当中包括了很多不定的条件，例如领土的认同、历史、语言、文化、民众意志①。中国的民族本位及民族国家的观念发展较迟，每当外族入侵，汉本位的思想便激发出来，但历史上中国的家族、宗族思想往往取代汉本位的民族思想。因为对家族或宗族的效忠往往较汉本位的民族效忠更为具体及清晰，按民族主义的定义："每个个人均应对其民族国家有一种效忠的心态。"②

然而，这种对民族效忠的心态往往产生一种排外的力量，例如东南亚国家，二次大战后的后殖民地时期，民族

---

① *International Encyclopedia of Social Sciences*, Vol. II, （New York: Crowell Collier and Macmillan, Inc., 1968）, p. 9.

② *The New Encyclopedia Britannica*, Vol. 12 （Chicago: Encyclopedia Britannica, Inc., 1974）, p. 851.

本位建立的同时，对西方产生排外的力量，对移居当地一百多年的华人也经常逼迫。以印尼为例，狭隘的民族主义产生了多年来的排华浪潮。中国是一个多民族国家，古代有天下观念而没有国族观念，每次外族入侵的时候，汉本位的民族思想便会产生。到了满人入关以后，为了巩固满人的统治，一直宣扬满汉一家，以儒家文化来淡化了满汉的民族分界，"文化中国"的意识掩盖了民族中国，曾国藩就是以文化中国来征伐太平天国的文化"异族"。但汉民族本位主义并没有消失，当太平天国及民国革命以民族主义号召天下，汉人对这种民族主义的效忠再一次表达出来。太平天国与孙中山的革命，都是以推翻清朝统治为己任，但他们都不是狭隘的民族主义。在他们宣扬民族主义的同时，却带有极强烈的天国观。所谓天国观是指一种超越民族界限的超越视野，以民族共融和谐为最终的目的。

太平天国以民族感情为正义的根据，高举"反清"口号，以基督教的上帝为正邪的分界，宣扬"斩妖除魔"。民族主义成为太平天国重要的元素，而上帝作为普世的创造者，"天下本自一家"，反清不是仇恨满人，而是反对清政府对汉人的逼害。

孙中山的三民主义起初也是受太平天国的影响，也是以"驱除鞑虏，恢复中华"为号召，这种号召以民族感情起家，自然得到很多汉人的共鸣。然而，到了建立中华民国的时候，这种狭隘的民族主义，阻碍了全国的统一，因此孙先生提出"三民主义"的时候，已开始摆脱汉本位的民族主义，进而联合中国各大小民族，由汉本位的民族而扩大为国本位的民族结合。孙先生提出"天下为公"，有了具体意义的天国观了。

本文主要探讨洪秀全的早期宗教思想如何发展到民族

主义，达到建立太平天国的理想，而孙中山的三民主义涵盖了他的大同观念，由民族主义，扩大到大同的天国理想。

一、洪秀全的上帝观

洪秀全早期思想是宗教的而非政治的，他受基督教思想影响而有天下一家的天国观念。他主要是传教，并未有革命意识。有些学者，为了突显洪秀全的革命事业，以配合他作为近代中国的革命领袖，往往有意忽略他的宗教经验而强调他的革命精神，甚至把洪秀全的革命精神推到1836年。而看洪秀全的宗教经验只是作为一个借口，真正的动机是农民革命[①]。

我们先看洪秀全早期的《原道救世歌》[②]，内容以宣教及道德教育为主。洪秀全为传统的读书人，中国历代以来都以道德教育为施教的核心，诗中出现大量的道德教育是很自然的事。诗的下半部有六戒：戒淫、戒忤父母、戒杀害、戒盗贼、戒巫觋、戒赌博。这与另一首《百正歌》（1844）大同小异，都是论述立身处世的要义。

在宗教的观点上，洪秀全摆脱了中国传统民间的偶像崇拜及多神主义，这对一个自小便参神拜佛的人来说，是难以想象的。洪秀全所根据的只有梁发的《劝世良言》[③]，

---

① 扬州师范学院中文系：《洪秀全选集》，中华书局，1976年，第1－4页。
② 收在简又文《清史：洪秀全载记》（增订本），香港猛进书屋，1967年，第23－25页；同见《太平天国》（一），第87页。
③ 《劝世良言》是梁发写的基督教宣传小册子，初刊于1832年，全书九卷。虽然不是系统著作，当中有六十多个不同的题目论述，当中有节录圣经译本，有教义论述，有护教，有道德教训。以创造、堕落、救赎为主线，由创世纪到启示录撮要阐述。

而《劝世良言》的中心思想是论独一真神，虽然对于基督教的教理没有很精彩的论述，而其中的教义及历史论述亦颇为朴素，以创造、堕落及救赎为主线，然而打击偶像崇拜的论点是十分清晰的。《劝世良言》卷一第二节便是"论世人迷惑于各神佛菩萨之类"，力陈泥雕木塑的偶像为不可信。然后引用以赛亚书一章，斥责人离弃了创造他的主而拜人手所做的偶像①。在第三卷中，梁发先用设计论论证宇宙万物的来源必归于创造者，正如有大屋一间，必有建屋的人。

由此推论之，创造天地万物万类及管理之者，乃系无形无象，无始无终，自然而然，自永远至永远之真神，可称神天上帝而已矣②。

洪秀全所领会的不单是多神教中的至高神论，而是独一神论，这在中国的民间信仰是找不到的，但在商朝的甲骨文中则有这独一神论。在甲骨文的文字中，有"帝"与"帝令某"语式及"天"与"天为某令某"语式③。这表示殷周宗教有关"位格神"（personal God）的记载，在甲骨文资料中，殷人求知的主要方式是卜问"帝"，卜问的时候，是以"位格神"的话语方式来问，而这"位格神"是独一至高的神。洪秀全结合了基督教的独一神论与中国上古的至高神，写下了非常出色的本色基督教一神论。

洪秀全在诗歌的开首说："道之大原出于天"，这个"天"是等同于"天父上帝"，也是一切真道的源头。如

---

　① 《劝世良言》收在北京社会科学院近代史研究所编《近代史资料2》总39号（中华书局，1979年），以下只引《劝世良言》卷数及页数。
　② 《近代史资料2》总39号，第38页。
　③ 冯达文：《早期中国哲学略论》，广东人民出版社，1998年，第7页。

果只有一位上帝，东西南北的人共同追求的上帝便只能有一位，因此他说："天父上帝人人共，天下一家自古传。"从逻辑上说如果至高独一只能是一神，这样，敬拜上帝便不能说是洋教！"上古中国同番国，君民一体敬皇天。"洪秀全非常巧妙地把基督教独一的真神转移为中国古代敬拜的独一至高神，淡化了本土宗教与外来宗教的分野。接下来他说："上帝当拜，人人所同；何分西北，何问南东。"

简又文把洪秀全的《原道觉世训》①定在 1845－1846 年间的作品，是值得怀疑的，因为今日所见的《原道觉世训》提及《新旧遗诏书》，洪秀全要到 1847 年在广州学道时才第一次认识郭士立的《圣经》译本《新旧遗诏书》，另有可能是原来的作品经过润饰或修改。《原道觉世训》进一步用本源论把天下万事万物归于独一至高神，展现了他的大同思想。

天下总一家，凡间皆兄弟……万姓同出一姓，一姓同出一祖，其原亦未始不同。若自人灵魂论，其各灵魂从何以生？从何以出？皆禀皇上帝一元之气，以生以出。孔伋曰："天命之谓性。"诗曰："天生烝民。"书曰："天降下民。"此圣人所以天下一家②。

这种上帝观，既是西方（番国）所敬拜，也是中国所追求，基督教便没有华夷之辨，在中国推行敬拜上帝是返本归真而非数典忘祖。如果天下一家，就是天下大同，洪秀全如何对待清朝呢？岂非清室也是彼此兄弟，他如何发挥他的民族主义成为后来革命的动力呢？这与他的天国

---

① 简又文：《清史·洪秀全载记》（增订本），第 27 页；《太平天国》（一），第 92 页。
② 同上。

观有极大关系。

二、洪秀全的天国观

如果只有天国观，天下一家，如何能产生革命思想？洪秀全跟随罗孝全牧师学道的时候，大概还没有什么革命思想。然而，他的宗教思想为他埋下了革命的理论元素。洪秀全从《劝世良言》中汲取了一个非常重要的观念，就是正邪的天国观，而这种天国观是二元的，是善恶对立的。这种善恶对立，是永恒的，是无可妥协的。事实上宗教改革的马丁·路德提出的两个"两个国度论"，其中一个"两个国度论"就是善恶两个国度。这两个国度贯穿路德整个神学思想。上帝与魔鬼相争：公义抗衡邪恶，光明与黑暗势不两立等。这种相争是终末论的[①]。路德把罪恶看成具体的势力，人在世上所经历的罪不是抽象的概念，例如善的缺乏。由于不少人伏在魔鬼权势之下，变成社会不安和邪恶，所以世俗政府必须有能力防止罪恶。魔鬼国度具体的表现就是世界，亦即堕落了的人，他们随时有可能作乱。洪秀全的天国观与路德的善恶两个国度互相呼应。

《劝世良言》首先出现在洪秀全眼前的，是一幅善恶对立的图画："夫神爷火华所造田野各兽，其蛇尤狡。且邪神变为蛇魔。"[②] 梁发解释说：

[①] Jurgen Moltmann, *On Human Dignity* (Philadelphia: Fortress Press, 1984), 64; T. F. Torrance, *Kingdom and God: Studies in the Theology of Reformation* (London: Oliver and Boyd, 1956), 29.

[②] 《劝世良言》卷一，第1页，即《创世记》第三章第一节。

呜呼！奈因受造之人，不能恒守活灵之志，以致被蛇魔诱惑，干犯天律，遂引万恶入世，诸苦灾艰难亦齐来矣。……况且蛇魔常在世界之上，专以邪风诱人心作恶为能。所以各世代之人，走向恶路者多，而行善路者甚少也①。

在梁发的眼中，一切罪恶苦难的起源，都是蛇魔的原因。蛇魔化作各种偶像，迷惑人心，无论是佛教的释迦牟尼佛、道教的太上老君，甚至儒家的牌位神像，都是蛇魔的工具。

洪秀全把正邪严格分界，上帝管理天下万物，但邪魔却自成一种势力，常与天国对抗，凡在天国之外的，都是邪魔外道。洪秀全回顾了中国四千年历史，慨叹中国人由敬拜一神而误坠邪魔之道。

历考中国史册，自盘古至三代，君民一体，皆敬拜皇上帝也。坏自少昊时，九黎初信妖魔，祸延三苗效尤，三代时颇杂有邪神及有用人为尸之错，然其时君民一体皆敬拜皇上帝仍如故也。至秦政出，遂开神仙怪事之厉阶，祀虞舜，祭大禹，遣人海求神仙，狂悖莫甚焉。皇上帝独一无他也，汉文以为有五，其亦暴悖之甚矣。汉武临老虽有悔悟之言曰："始吾以为有神仙，今乃知皆虚妄也。"然其始祠灶，祠泰乙，遣方士求神仙，其亦秦政之流亚也。他若汉宣祠后土，遣求金马、碧鸡，汉明崇沙门，遣求天竺佛法，汉桓祠老聃，梁武三舍身，唐宪迎佛骨；至宋徽出，又改称皇上帝为昊天金阙玉皇大帝。夫称昊天金阙犹可说也，乃称玉皇大帝，则诚亵渎皇上帝之甚者也。皇上

---

　　① 《劝世良言》卷一，第1页，即《创世记》第三章第一节，第3页。

帝天下凡间大共之父也，其尊号岂人所得更改哉①！

如果中国人返璞归真，好像古人一样，中国就是天国。可是，自从各种宗教兴起，它们都归一类，统称"阎罗妖"，"阎罗妖"是清朝最流行的民间信仰，操控人的生死祸福。

而近代则有阎罗妖注生死邪说，阎罗妖乃是老蛇妖鬼也，最作怪多变，迷惑缠捉凡间人灵魂。天下凡间我们兄弟姊妹所当共击灭之，唯恐不速者也。而世人偏伸颈于他，何其自失天堂之乐，而自求地狱之苦哉②！

打击阎罗妖是基督徒的本分，也是一生的召命。因此当洪秀全1843年初与表兄李敬芳细阅《劝世良言》后，决志信主并互为洗礼，对上帝祈祷，立志不拜偶像、不事邪神、不行恶事，恪守天条。他们立刻将偶像除掉，又把孔子牌位移走。他这时并非反孔，他仍恪遵传统儒家道理，他只是不再把孔子当神明来礼拜。由于他移走了孔子牌位，以致再没有学生跟他，使他无以为计，只有离乡往外寻活。可见他的信仰真诚，甚至为了坚持所信而流离失所③。他的乡下老父对他的作为大感不满，劝他回转，他作了一首诗以明心志："非听谗言违叔命，只遵上帝诫条行；天堂地狱严分路，何敢糊涂过此生。"④

在洪秀全的世界中，只有正邪二分，为了天国，可以牺牲一切。罗孝全评论他这时的心态，不在革命，而"是为宗教自由而争斗，且实谋推翻偶像之崇拜"⑤，这是最

①　简又文：《清史：洪秀全载记》（增订本），第29－30页；《太平天国》（一），第96页。
②　同上，第27页、第93页。
③　《太平天国起义记》，《太平天国》（六），第851页。
④　同上。
⑤　《洪秀全革命之真相》，《太平天国》（六），第825页。

好的写照。

三、天国式的民族思想

很多历史学家把太平天国当作近代中国民族主义的开始，民族主义始于太平天国而成于辛亥革命。究竟太平天国的民族主义如何产生？这是与他的天国观不可分的。

洪秀全先是因应试科举失败，由盼望出人头地、光宗耀祖到对清王朝彻底失望，心中只是愤激，似乎仍未有充分理由让他反清，甚至革命。因此在他早期的诗歌中并没有看到革命的意识，而只有正邪二分的宗教热情。这种正邪的宗教慢慢转化为对清朝的不满，这种不满是由宗教而来，以宗教使它合理化。按韩山文所记，他还未到广州学道之前，在本乡花县附近布道时，告诉洪仁玕："上帝划分世上各国，以洋海为界，犹如父亲分家产于儿辈；各人应尊重父亲之遗嘱而各自保管其所得的产业，奈何满洲人以暴力侵入中国而强夺其兄弟之产耶？"① 可见洪秀全只是从民族感情角度不满外族侵占中国，这是一般汉人心中存在的"秘密"思想，而洪秀全把这民族主义和他的宗教思想结合，可算是一种突破。后来为了确立反清的理据，有必要把清朝列入正邪的范围，不过这是几年后的事。1845－1848 年间，洪秀全的教道仍以道德生活为主，例如禁鸦片烟、禁饮酒等② 。由于他接受了基督教的教义，对世界有了新的价值观，不满意当时政府施政，例如他对洪仁玕说："每年化中国之金银几千万为烟土，收花民（华民，即中国人）之脂膏数百万为花粉（皇室开

---

① 《太平天国起义记》，《太平天国》（六），第 854 页。
② 同上，第 867 页。

支），一年如是，年年如是，至今二百年，中国之民富者安得不贫？贫者安能守法？不法安得不问（罪）伊黎省或乌隆江（黑龙江）或吉林省为奴为隶乎？"① 对鸦片烟之害，他作了一首诗："烟枪即铳枪，自打自受伤；多少英雄汉，困死在高床。"② 洪秀全对清政府的不满，加上他的民族感情，慢慢在他的宗教思想中发酵。

明朝亡后，民间有三合会，以反清复明为宗旨，洪秀全的革命，并非承接当时的民间反清势力，主要原因是他有独特的宗教信仰，以致他与三合会划清界限，要用全新的理据推翻清朝。他对洪仁玕说：

> 我虽未尝加入三合会，但常闻其宗旨在"反清复明"，此种主张，在康熙年间该会初创时，果然不错的；但如今已过去二百年，我们可以仍说反清，不可再说复明了。无论如何，如我们可以恢复汉族山河，当开创新朝。……况且三合会又有数种恶习，为我所憎恶者。例如：新入会者必须拜魔鬼邪神及发三十六誓，又以刀加其颈而迫其献财为会用。彼得原有之宗旨今已变为下流卑污无价值的了。如果我们讲真道理，而倚靠上帝强有力之助佑，我们几个人便可比他们多数。……三合会更卑卑不足道矣③。

洪秀全以全新的意识形态，开始他反清的行动，为了使反清有清晰的理据，他指出，满人侵汉人除了有违道德外，更严重的是清室都是拜邪魔。在正邪二分之下，他一切满族人定性为胡妖。他们所在的直隶省（河北），被贬

① 扬州师范学院中文系：《洪秀全选集》，中华书局，1976 年，第 36 页。
② 《太平天国起义记》，《太平天国》（六），第 867 页。
③ 同上，第 872－873 页。

近代思潮

为"罪隶省"。为了号召万民，归入正义之师，革命初期发出诏书曰：

天父之恩德日深，而妖魔之诡谲益甚，始焉荼毒于四夷，继焉流传于中国，终焉遂污染于朝野上下，盖无人而非罪之薮，无事而非罪之阶矣。而要其罪之魁，则惟胡妖为最[1]。

洪秀全从宗教的角度把满人视为妖魔，使民族主义革命合理化，而"拜上帝会"洗刷了洋教的味道[2]，结合中国古代的上帝观，使当时所有敬拜上帝的信众，完全不觉得与西洋的基督教有任何关系，是地道的宗教，是汉人老祖宗的传统，在民族主义及本色宗教的合璧下，发挥了巨大的力量。

如上文所说，《原道醒世训》中，以"皇上帝天下凡间大共之父也"的道理，洪秀全认为番国不是"夷"，因为他们都是敬拜上帝[3]。可见洪秀全有关"华夷之辨"的观点与当时中国士人的观点大相径庭。洪秀全有宗教的天国观，而没有国际间的主权国观念。他以为凡敬拜上帝的，都是天国里的弟兄姊妹，无分彼此，这种天国观念决定了洪秀全的对外政策。

自 1853 年定都南京，之后两年太平天国首与外国交往。期间有英国公使濮亨（Sir George Bonham）及美国公

---

① 《贬妖穴为罪隶论》，《太平天国》（一），第 284 页。
② 在《天条书》中，答复了那些把拜上帝会看为洋教的人："又有妄说拜皇上帝是从番，不知上古之世，居民一体皆敬拜皇上帝。"《太平天国》（一），第 73 页。
③ 《原道醒世训》中说："天下凡间，分言之则有万国，统言之则实一家。皇上帝天下凡间大共之父也，近而中国是皇上帝主宰化理；远而番国亦然。……天下多男人，尽是兄弟之辈，天下多女子，尽是姊妹之群，何得存此疆彼界之私，何可起尔吞我并之念。"《太平天国》（一），第 92 页。

使麦莲（Maclane）等到访南京。据当时的翻译官麦多士所记 1853 年见面的情况，初时南京的官员下令到访者下跪，经再三交涉，不得要领。直至北王问英方人士是否崇拜天父上帝，他们应对说已行之八九百年，于是北王赐座。其间交谈涉及外交、通商、贸易等，但北王并不热衷，反而十分注重宗教信仰，麦多士这样记载：

> 我之所言，北王全闻之，但答语甚少，甚或不置可否。彼所谈者，多系询问吾等之宗教信仰，以及发挥彼等之信条。彼言吾等均是同拜一上帝，同一为上帝之儿女，大家都是兄弟①。

从北王的应对，可见太平天国所关注的是一种基督教天国在人间的情形，他们并没有国与国的观念，也不是要在众多国家之上建立一个统领的国家。洪秀全奉上帝之命，在地上建立一个天国，凡与天国的信仰相同，就是兄弟，凡与信仰相异，就是邪魔。我们从下面太平天国给英国的函件，便可知悉一二：

> 真天命太平天国天朝谕尔远来英人知悉，尔等英人久已拜天，今来谒主，特颁谕抚慰，使各安心清除疑惑……
> 尔海外英民“不远千里而来”归顺我朝，不仅天朝将士兵卒踊跃欢迎，即上天之天父天兄当亦嘉汝义也。兹特降谕，准尔英酋带尔人民自由出入，随意进退。无论协助我天兵歼灭妖敌，或照常经营商业，悉听其便……为此用特示以吾主太平诏命，告谕尔等英人，使凡人皆识崇拜

---

① 《英国政府蓝皮书中之太平天国史料：第六函件》，《太平天国》（六），第 903 页。

天父天兄，而且得知吾主天父所在之处，凡人合心朝拜其受命自天也。特此谕示，一体周知。

太平天国癸丑三月二十六日（阳历 1853 年 5 月 1 日）

细阅内文，确有令人发笑的地方，虽然天下一家，但洪秀全仍保留中国古代帝王思想和华夷之辨的思想，以致对外人仍是自尊自大。外人来访一律用"进贡"，真命天子只在太平天国，英国领袖称为酋，有别于"王"。另一方面，英人之可以自由出入及贸易，不是基于国际外交条例，而是基于同一信仰。因此，太平天国对外人是以天下一家的"天国"观，却产生不出要求中国国家主权，废除或修正南京条约中不平等条目的民族思想。外国人并没有因为太平天国与他们有共同信仰，而以"兄弟"相待，反之，事事以政治利益为考虑前提。当他们看到太平天国锐势始衰的时候，早于 1859 年 2 月 5 日，英国驻华公使普鲁斯写给英国外交大臣马尔墨斯伯里的一份报告，提到他与清廷商议后，英国官方立场是"帮助清政府把太平军赶出南京"。[①] 另一方面，过去罗孝全曾赞赏带有传播福音意义的洪秀全革命，几年后认为太平天国的"基督教教义"严重偏离正统。罗孝全 1861 年访南京后，描述洪秀全等人"在上帝面前，大都是可憎的"[②]。他们没有政治组织，也偏离圣经教道，以致他决心离开他们。之后，大多西方传教士都把太平天国视为"异端"，划清界限[③]。

---

① 乾兑：《北京条约后外国侵略者对太平天国革命的干涉》，收在《太平天国史学术讨论会论文选集》第三册，第 814 页。
② 汤清：《中国基督教百年史》，香港道声出版社，1987 年，第 157 页。
③ 马大正：《外国传教士与太平天国革命》，收在《太平天国史学术讨论会论文选集》第三册，第 807－813 页。

四、天国观的满汉民族矛盾

中国是一个多民族国家，历代以来都存在民族矛盾和民族斗争，包括民族之间的压迫、剥削和掠夺。过去评价太平天国的反清革命，把它定性在农民对地主的斗争，或是民族之间的排斥仇恨。事实上洪秀全的反清，它的理据主要在宗教的正邪观念，而民族大义却是承接天国观的。

太平天国的一些诏令、训谕、檄文等都可以见到把满族与汉族彼此对立，称满族为"夷狄"、"胡虏"、"满妖"、"妖人"、"夷人"，称满族居住的地方为"妖穴"、"罪隶"，称清朝为"妖朝"，称其官兵为"妖将"、"鬼号"。另一方面，称汉族为"华人"、"花人"、"天朝人"，居住的地方为"中土"、"中国"、"神州"等。而这等尊汉贱夷的标准，固然有民族矛盾，但从用字看，则其中的宗教正邪占主导的地位。但太平天国针对的不是所有满人，而是清政府。他们所考虑的，主要是满人入关后外族政权所加于汉人的枷锁，这不是一个汉人与一个满人的关系，而是一个民族与另一个民族的对立。

在一篇东王杨秀清的讨胡檄文中，他先确定中国人自古敬天，因此中国人的子女是上帝的子女，非胡虏的子女。而中国称为神州，就是表示皇上帝赐给中国居住的地方。可惜清室盗取神州，混乱中夏，以夷乱华等，在檄文中说：

> 天父皇上帝真神也，天地山海是其造成，故从前以神州名中国也。胡虏目为妖人者何？蛇魔阎罗妖邪鬼也，鞑靼妖胡唯此敬拜，故当今以妖人目胡虏也。奈何足反加

者，妖人反盗神州，驱我中国悉变妖魔①？

之后杨秀清把清朝的罪行，诸如改变中国之原有制度、令男子削发留辫、改服饰，又纵容贪污、欺压汉人等，都是违反天命，其根本原因是不拜上帝。其之所以称为妖，即在于不拜上帝，因此被排于天国之外。而太平天国则利用民族矛盾，把清朝倒行逆施的政策，反复宣传，证明一个不敬拜上帝的政府，是何等可恶。例如清朝对汉人的剥削："妖之罪剥削民财，竭尽民力，固有数之不可胜数者也。"② 再者，"今北有直隶省，胡虏居于内城，外府各州县村乡之地皆为所有，而种田地之人即为胡虏之家奴"③。这些对清政府的不满，在洪仁玕的《诛妖檄文》中有详细陈述：

> 凡有美缺要任皆系满妖补受；而冲繁疲难者，则以华人当之……
> 若乎升迁选调，满妖则通同保荐，各踞显要，一属华人，则非妖头批驳。即是妖部阻隔，纵使功绩赫矣，终竟非贿不行。至兵则满兵双粮，华兵单饷，一遇战阵，则华兵前驱，满兵后殿。……
> 故世俗呼乡勇为挡死牌，而呼华兵为替死鬼……④

这种民族矛盾，是当时每一个汉人所深深感受到的，只叹无力也无法逆转时势。如今太平天国为他们提供了至

---

① 《颁行诏书》，《太平天国》（一），第162页。
② 《贬妖穴为罪隶论》，《太平天国》（一），第293页。
③ 同上。
④ 《太平天国》（二），第626页。

高的宗教理念，恢复老祖宗的宗教信仰，肯定神州是皇上帝所赐给中国人，中国人等同上帝的选民，要恢复中华大地的主权，必要把不信上帝的"胡妖"驱逐出中原，这才是顺天承运的做法。洪秀全的宗教观，非常有效地凝聚了汉本位民族，汉人不单是一家、一宗，而是整个汉民族，这是后来孙中山非常赞赏的民族主义。

虽然太平天国以宗教立场把清政府定性为"胡妖"，但他们所列出的讨伐罪状其实是清朝专制政府的罪行。洪秀全对个别的满人并无仇恨，只要他们敬拜上帝，就是一家一国，天下不同族类都是兄弟姊妹。如果太平天国成功，推翻清朝，他们的首要任务是传福音给他们，使他们成为一家一国，而非排斥杀戮。太平天国的理想是建立一个平等富裕的国家，由《天朝田亩制度》中的土地改革可见一斑。而天下一家、共事皇天上帝的理想，又可以大大减少狭隘的民族主义，使天下人彼此尊重，相亲相爱。因此，太平天国的革命绝非种族屠杀，而是要建立一个"天下一家"的理想世界。

五、孙中山与太平天国

洪秀全与孙中山被认为是近代中国两位重要的革命领袖。洪秀全借助基督教教义，组织了以农民为主的拜上帝会，用人们心中理想的天国，发动了向清朝统治的战争。19世纪末，知识分子及中产阶级为主导的革命力量渐渐形成，以孙中山为首的革命在早期也是打着民族主义的旗帜，与洪秀全一样，主要矛头指向清朝政府。中华民族的生存危机和中国人民的深重灾难，成为两者关注的重点。因此，太平天国起义和辛亥革命，都把推翻清朝的统治作为己任。洪秀全推翻清朝并非要追随三合会"反清复明",而是开创新朝,基督教的天国观成为革命的理论根据。孙中山虽然是基督徒,追随儒家的"天下大同",在革命的过程中却弃用基督教教义,也没有传统中国的帝王思想。因此,他与洪秀全同样要创立新朝。孙中山评价太平天国,也是从民族革命方面来肯定它。他在同盟会宣言中表明了他自己乃是继承太平天国的民族主义,以驱除外族的统治为目的:"惟前代革命如有明及太平天国,只以驱除光复自任,此外无所转移。"① 然而,孙中山强调,在驱除鞑虏、恢复中华之外,更提倡民生,并带更高的理念:自由、平等、博爱。他评价洪秀全的是英雄革命,而他自己的是国民革命,目的是使全国人都有上述理想。同盟会有四大纲领:(1)驱除鞑虏;(2)恢复中华;(3)建立民国;(4)平均地权②。

孙中山驱除外族统治的目的,在于他的民族主义,即汉人本位的民族主义,"中国开国以来,以中国人治中国,虽间有异族篡据,我祖我宗常能驱除光复,以贻后人"③。然而,我们不能假定孙中山认为满人与汉人是彼此排斥的,汉人是中国的本位,而满人是外来侵略者,驱除他们是天经地义的。孙中山的排满,与太平天国一样,主要是指清政府,或是迫害汉人的满人,而不是所有满人。他曾说:"民族革命的缘故,是不甘心满洲人灭我们的国,主我们的政……我们并不是恨满洲人,是恨害汉人的满洲人。"④

---

① 《同盟会宣言》,收在《孙中山选集》,香港中华书局,1956年,第68页。
② 同上,第69页。
③ 同上,第68页。
④ 《三民主义与中国前途》,收在《孙中山选集》,第74页。

这种观点看满人，事实上与太平天国是一致的，孙中山没有太平天国的正邪天国观，有的纯粹是本位的民族主义。而太平天国的反清民族革命，则完全为孙中山的国民革命所承继。然而，孙中山的革命有没有受他的宗教影响？则值得我们探讨。

六、孙中山的宗教观

研究孙中山宗教思想的论文不多，其中陈建明《孙中山与基督教》一文对此作了较深入的探讨。他把孙中山的信仰历程分为四个阶段：（1）虔诚信仰时期（1878－1885），即他12岁到檀香山投奔哥哥，在那里的基督教学校受教育，被学校浓厚宗教气氛感染，要决志加入教会，后被兄长拦阻，并被遣返家乡。后来在香港读书的时候，在港受洗甚至要成为传道人。（2）怀疑动摇时期（1886－1896）：读医学院期间，因受科学知识影响，对基督教教义产生怀疑。（3）信仰薄弱时期（1897－1911），因专心革命，无暇顾及信仰。（4）分析批判时期（1912－1925），以西方启蒙思想为主干，撰写建国方案，批判基督教思想。但论文却肯定孙中山始终是基督徒，没有离开基督教。而作者的结论是孙中山之所以仍保留基督徒的身份，主要是利用基督教给他带来的好处[1]。孙中山利用基督教，笔者也有同感。然而，他心中是否已接受了一定的基督教价值，用来建构他的三民主义，我们要从他的思想追索。

---

① 中山大学学报编辑部：《孙中山研究论丛》第五集，1987年，第5－8页。

1912 年，《他在北京基督教六教会欢迎词坦言："兄弟数年前，奔走呼号，始终如一，而知革命之真理者，大半由教会所得来。今日中华民国成立，非兄弟之力，乃教会之功。"① 这句话明显有客套成分，孙中山自少返教会，他对基督教有一定的感情；至后来由于忙于革命，从不主动踏进教堂②，其原因不是忙碌，而是他未能掌握基督教的道理（或神学）与革命及他的建国方案有何关系，以致基督教对他来说只有工具意义而没有本质意义。我们要看的不是他与基督教有没有关系，而是他对基督教有多少认识，对基督教的信仰有多大的委身程度。洪秀全对基督教虽然一知半解，甚至被传教士定性为异端，可是他对基督教的基本教义却贯彻始终，以基督教取代传统的儒家礼教，并且身体力行发扬光大。孙中山很明显受了众多学说影响，他崇尚西方资本主义文化、传统中国儒家精神、现代科学主义、启蒙理性思想等，而对基督教的认识竟然比一般信徒还要浅薄，他只有一点皮毛知识，因此在他整个思想中基督教的道理完全起不了作用，他只拥有一点宗教感情，以及希望利用基督教的外在势力帮助他完成革命。然而，基督教作为他个人的信仰，他算是一生守着。

七、孙中山的基督教思想

在孙中山的著作中，直接提及基督教的道理凤毛麟角，而他对基督教的认知，则十分浅薄，我们试分析他的基督教思想。

---

① 孟庆鹏：《孙中山文集》，团结出版社，1997 年，第 696 页。
② 冯自由：《革命逸史》2 集，新星出版社，2009 年，第 12 页。转引自《孙中山研究论丛》第五集，第 7 页。

1. 进化论与唯物论

孙中山虽然自少接触教会，但影响他的，并不是基督教保守的信仰，极有可能是当时的现代主义基督教，其次是进化论及唯物论。他的进化论与当时流行的不一样，因为他把进化的发展由动物而人，再由人而神。宗教的有神论是由人创造的，而非神创造人。

现代主义的基督教在 19 世纪已经流行，由美国传教士带来中国，它的主要思想是：

（1）应用及接纳一种追求真理的科学、理性方法，从事神学及研经的途径。

（2）要利用科学方法寻找正统信仰里恒久的价值，使其能满足现代社会的需要①。

接受这些观点的基督徒知识分子，基督教的永恒价值不在于《圣经》的启示，而在于它是否与科学相一致。孙中山在 1923 年向中国基督教青年会演时说，他以西南行政首长及国民党身份演讲，并不提基督徒身份，演讲内容围绕人格救国，而高尚的人格则是由低等动物进化而成，"人本来是兽，所以带有兽性、人性。我们要人类进步，是要造就高尚人格"。他解释说："很少宗教的优点，是讲到人神的关系，或同天的关系。古人所谓天人一体，依进化的道理推测起来，人是由动物进化而成，既成人形，当从人形更进化而入于神性。是故欲造成人格，必当消灭兽性，发生神性，那么，才算是人类进步到了极点。"②

---

① Mark A Noll, *Christianity in American: A Hand Book* (Grand Rapids: Eerdmans, 1983), pp. 383 – 384.

② 《孙中山文集》，第879页。

什么是神性？是道德？是超自然能力？还是佛教的觉悟、基督教的灵性？孙中山并非要严格讨论成圣或成德之路，宗教讨论人神关系是不错的，如果神性是进化的结果，这个宇宙难以有超越的上帝，上帝只是由人投射出来的观念。这点理论只是反映了时下人的常识观点，对神学、哲学及科学可算未有认真把握。

他对基督教的观点也是这样：

> 今日人类的知识，多是科学的知识；古时人类的知识，多是宗教的感觉，……宗教的感觉，专是服从古人的经传。古人所说的话，不管他是对不对，总是服从。……现在宗教知道专迷信古人经传之不方便的地方很多，便有主张更改新旧约（圣经）的，推广约中的文字范围，以补古人所说之不足①。

孙中山大概认为圣经的教道应随着时代改变，把圣经看成是千古不变的道理只是一种迷信。孙中山这篇演讲并不是讨论宗教的重要性，他指出欧美国家虽共信相同的宗教，还是会各卫其国，彼此开战。因此政治才是最重要，就算是基督徒也必须关心政治，宗教信徒不能政治中立，他这样说也是对的。

2. 精神物质相辅相成

在孙中山的心目中，他把本体和现象应用在一切事物之上，本体与现象不是割裂而是相辅相成，"总括宇宙现象，要不外物质与精神二者，精神虽为物质之对，然实相

---

① 《孙中山文集》，第879页。

辅为用"。精神属于本体界，必须与身体各部分配合，才能成就事情。他说："在中国学者，亦恒言有体有用，何谓体？即物质；何为用？即精神。……二者相辅，不可分离，若猝然丧失精神，官骸虽具，不能言语，不能动作，用既失，而体亦即成为死物矣。"①

孙中山的体用论显然与新儒家的体用论不同，新儒家说的本体是形上实体，是宇宙生成的根源，是一切存在的依据。孙中山的本体类似西方哲学的实体，是每一个存在事物现象背后的依据。孙中山不是哲学家，当然不会深究，而他的目的，也不是就形而上学发表议论。他的体用论，主要发扬革命精神，例如武昌革命，不在人多势众，而在革命军的精神力量。孙中山以本体先于现象，即精神统驭物质来建设他的国民心理学。

夫国者人之积也，人者心之器也，而国事者一人群心理之现象也。是故政治之隆污，系乎人心之振靡。吾心信其可行，则移山填海之难，终有成功之日：吾心信其不可行，则反掌折枝之易，亦无收效之期也……夫心者，万事之本源也②。

这里的"心"是指国民的社会心理，人的精神性远较肉体为重。革命、政治、社会等，它的成功都是系于人的心。因此，如何把国家建设的基础建构在健全的人格心理，是孙中山最关心的事情，他指出："大凡一个国家所以能够强盛的缘故，起初的时候都是由于武力发展，继之以种种文化的发扬，便能成功。但是要维持民族和国家的

① 《孙中山文集》，第740页。
② 同上，第783页。

近代思潮

长久地位，还有道德问题，有了很好的道德，国家才能长治久安。"①

孙中山的理论是一致的，都是基于他的"进化论"，他认为进化论是科学的，是客观真实。人由动物进化，动物性到人性，由人性而进化到神，即是由人性到神性。所谓神性就是高尚的道德性。当人摆脱兽性的自私、掠夺，就会进到人类的高尚品格。一个国家的长治久安，要看它的国民有没有这种高尚的道德情操。在孙中山看来，道德情操，可以是宗教，也可以是某种主义。宗教是一种工具，诱发人生出道德情操，而最后可以为这种理想牺牲。因为"宗教之所以能够感化人的道理，便是在他们有一种主义，令人信仰。普通人如果信仰了主义，便深入刻骨，便能够为主义而死"②。可见，孙中山是从人的终极关怀来看宗教，当人视某种主义或理想为他的终极关怀，这就是他的宗教。他把三民主义提升到宗教的地位，目的是让国民以它为自己的终极关怀，为它全力以赴，打造出理想的中国政治。三民主义如果要成为国民的终极关怀，它本身必须有一定条件，其中最重要的是它的天国观。

3. 孙中山的神学

孙中山虽然是基督徒，但他从没有言及基督教的基本教义，例如独一的上帝观、上帝的创造、罪与堕落、因信称义及基督的神性等。他甚至认为基督教这些最基本的信仰是迷信、不合科学。而基督教的价值只在于提升人格，帮助中国联系欧美的基督教国家。严格来说，孙中山只能算是一个名义上的基督徒。相对于洪秀全对基督教的认真

---

① 《孙中山文集》，第 119 页。
② 同上，第 352 页。

学习，完全委身，膺服于基督教教义，孙中山与其有极大区别。虽然洪秀全的教义有些偏差，这由于他没有机会完整学习，却不能否认他是一个对基督教诚实的追随者。在洪秀全的著作中，我们发现大量的基督教教义，而在孙中山的著作中，基督教神学竟付之阙如。

八、孙中山的民族主义

孙中山提出民族主义，是由于当时列强入侵，中国人失去抵抗的能力，为什么呢？就是因为中国人没有民族主义。满人入关，为了有效统治汉人，清初的时候以博学鸿辞招揽知识分子，有系统有计划消灭民族主义，结果中国人渐渐失去民族主义这个宝贝[①]。经过清朝二百多年的统治，中国只有家族主义和宗族主义，为了保护宗族，不惜械斗牺牲生命财产，但国家有事，却无人关心。在外人看来中国人一盘散沙，就是这个原因[②]。

要提倡国族主义，必先肯定民族主义。要肯定民族主义，必须确立汉本位，以驱除满人为目的。这是革命的原动力及合理化的根据。1906 年孙中山在东京的演说，有下面的一番话：

民族主义，并非是遇着不同种族的人，便排斥他。是不许那不同种族的人，来夺我民族的政权，因为我汉人有政权才是有国。假如政权被不同种族的人所把持，那就虽是有国，却已经不是我汉人的国了。我们想一想，现在国

---

① 《三文主义：民族主义六讲》，收在《孙中山文集》，第 87－88 页。
② 同上，第 61 页。

在那里？政权在那里？我们已经成了亡国之民了①！

孙中山把汉人与中国挂钩，中国只能是汉人的国，不能是满人的国，这是狭隘的民族主义。然而，在当时的情势，如果不能凝聚汉本位的力量，就不能建立强大的国家。到了革命成功之时，汉本位的国家观念，必须扩大为包括各少数民族的多民族国家本位，否则中国便会分崩离析。到了就任临时大总统的时候，孙中山说："国家之本，在于人民。合汉、满、蒙、回、藏诸地为一国，如今汉、满、蒙、回、藏诸族为一人，是曰民族之统一。"②

汉人推翻了满人，满人是否亡国呢？如果汉人能够容纳不同民族为一国，其他民族有没有统治中国的权利？孙中山在这里提出一个非常重要的理念，就是汉人推翻了清朝，不是建立一个纯以汉人为本位的国家。在革命的时候，是朝向汉人本位的国家，因为当时满人是以一种狭隘的民族主义把国家作为满人的私有化。孙中山虽然朝向建立汉人本位的国家，却不是以国家为汉人的私有化。他继续说："满清时代辱国之举措，及挂外之心理，务一洗而去之。持平和主义，与友邦益增亲睦，使中国见重于国际社会，且将使世界渐趋于大同。"③

孙中山的民族主义包括两个部分：一是主张种族论的民族主义，这可在革命初期强烈排满的情绪中看到，它是以血缘为主的观念。历史上很多朝代在衰弱的时候特别显出强烈的种族论意识，清初的王船山就有这种狭隘的民族主义。二是文化中国的民族主义，以文化代表的民族为

---

① 《孙中山选集》，第73页。
② 《孙中山选集》，第82页。
③ 同上，第83页。

主，血缘为次。革命成功后，文化代表的民族主义是一种以小我连成大我的思想。由汉民族的独立自由，发展到五族共和，把中国里面的各个少数民族连结为一个大我的民族。到最后联合世界上弱小民族，共同打倒帝国主义。

我们不但要恢复民族的地位，还要对于世界负一个大责任……所以我们要先定一个政策，要济阻扶倾，才是尽我们民族的天职。我们对弱小民族要扶持他，对于世界的列强要抵抗他①。

孙中山的民族主义是以文化的民族主义为主，因此它的目的不是成就一国一民，而是朝向世界大同。他强调推翻清朝是"民族主义之一消极目的"，而"与满、蒙、回、藏之人民相见于诚，合为一炉而治之，以成一中华民族之新主义……斯为积极之目的也"②。

民族主义的目的是世界大同的阶段，孙中山的民族主义是有一种"天下"一家的大同思想，我们在下一段讨论。

九、孙中山的"天国观"

孙中山的民族主义最高的理想是世界大同，他写给黄埔军校的训词前四句是："三民主义，吾党所忠；以建民国，以进大同。"这四句后来成为中华民国国歌。他为友人及公共场所题字，最喜欢书写的就是"博爱"、"天下

① 《民族主义》第六讲，《孙中山选集》，第129页。
② 《论三民主义》(1919)，收在《孙中山文集》，第39页。

为公"和《礼运大同篇》的第一段文字。① 这里的大同思想，可称为一种乌托邦的天国观。这天国观与基督教的天国观不同的地方，在于孙中山从来没有考虑天国超越的视野，他的天国观是人类的一种乌托邦理想。他对"大同"的理解：一是国家的界限取消了，世界各民族在一个大家庭中和平共处；二是他把大同理解为国家范围内的一种社会制度，建立高度和谐的社会，实现民生主义。② 然而，在辛亥革命后的十年间，由于国内军阀割据及国外帝国主义的压迫，使他的民族主义有了重大调整，直接影响了他的天国观。

南京临时政府成立后，得不到列强的实质支持，临时政府未能在国际社会上获得应有的地位。袁世凯以他拥有的清室剩余的军力，威胁刚组成的新政府，结果吞吃了革命成果，不单成为中华民国大总统，更压迫革命党人，排斥议会。后因称帝不成，羞愤而死，却造成军阀割据。孙中山回忆这段历史，非常感叹说：

我们自办同盟会以来，……把满洲政府推倒，但推倒之后，官僚之流毒日益加甚，破坏虽成功，建设上却一点没有尽力。……（原因是）我们秉政时的南京政府只得三个月，到了北京政府的时候，政权都归于反革命党手内……故从各方面看来，中国自革命后并无进步，反为

---

① "大道之行也，天下为公，选贤与能，讲信修睦，故人不独亲其亲，不独子其子，使老有所终，壮有所用，幼有所长，鳏寡孤独废疾者皆有所养；男有分，女有归，货恶其弃于地也不必藏于己，力恶其不出于身也不必为己，是故谋闭而不兴，盗窃乱贼而不作，故外户而不闭，是谓大同。"
② 吴义雄：《超越大国强权的窠臼——试论孙中山的大同思想与国家观念》，收在高桥强等编《道德、理想、大同——孙中山与世界和平国际学术研讨会论文集》，中山大学出版社，2001年，第122页。

退步①。

　　同时期在另一篇演讲中，孙中山说得更明白，辛亥革命主要表现在民族解放主义，后来"为情势所迫，不得已与反革命的专制阶级妥协。此种妥协，实间接与帝国主义相调和，遂为革命第一次失败之根源"②。为什么反革命的专制与帝国主义有关呢？事实上在 1912－1924 年间，孙中山亲眼看见了英、日等帝国主义进侵中国各地，他们要把这些地方从中国分出去，又支持军阀实行割据分裂政策。这种分裂中国民族和中国国土的做法，是帝国主义的基本方针。面对如此严峻的国际形势，孙中山的民族主义号召中国各民族共同对抗列强的侵略，而它的合法性就在于世界大同③。他在 1924 年《中国国民党宣言的旨趣》中说：

　　　　此次我们通过宣言，就是重新担负革命的责任，就是计划彻底的革命。终于把军阀来推倒，把受压迫的人民完全来解放，这是关于对内的责任。至对外的责任，要反抗帝国侵略主义，将世界受帝国主义压迫的人民，来联络一致，共同动作，将全世界受压迫的人民都来解放④。

　　可见，孙中山的天国观是他的新民族主义，即不单把汉民族从清朝的压迫下解放出来，更是把全世界的民族从强权的帝国主义解放出来，"大同"、"天下为公"成了孙

----

　　① 《中国现状及国民党改组问题》（1924），收在《孙中山文集》，第388 页。
　　② 《中国国民党第一次全国大会代表大会宣言》（1934），收在《孙中山选集》，第 521 页。
　　③ 方强：《孙中山晚年民族主义转变的原因》，中山大学学报编辑部《孙中山研究论丛》第五集，1987 年，第 131 页。
　　④ 《孙中山选集》，第 533 页。

中山最高的理想，而这理想又是本于他的民族主义。孙中山仍然不忘《大学》的治国平天下的政治理想，他的天国观是一种仁者无敌的最高实践。他在《三民主义》中的《民族主义》说："我们要先决定一种政策，要济弱扶贫，才是尽我们民族的天职……对于世界的列强，要抵抗他们。"为什么呢，因为孙中山深深体会到被帝国主义列强所欺侮，因此"想到人人身受过了列强政治经济压迫的痛苦，将来弱小民族如果也受这种痛苦，我们便要把那些帝国主义来消灭，那才算是治国平天下。"①

我们为什么称这种大同或天国的理想是一种乌托邦呢？因为它是一种超越的视野，不受现状的限制，虽然它的实现看来有可能遥遥无期，但它却是全人类的共同价值、共同盼望、共同追求的目标。孙中山与洪秀全不同的地方，在于洪秀全身体力行把他的宗教天国观实践于地上，虽然后来失败却曾经有辉煌的成就。而洪秀全之所以推翻清廷，目的不是种族屠杀，而是要建立"天下一家，共事创造主"的理想世界。孙中山虽然自称为基督徒，却欠缺了洪秀全的宗教热情，以一种乌托邦式的天国观，追求儒家式的"天下为公"、"世界大同"的理想社会。

十、结语

洪秀全凭着他炽热的宗教感情，发动了疾风暴雨式的革命，在短短数年间，太平军的足迹踏遍了十八个省，攻克过六百多个城镇，使清王朝受到极大的震撼。洪秀全以民族主义作为革命的基础，而以基督教的天国观为革命的理据，使太平军以绝对服从上帝的精神，建立一个"上帝

① 《孙中山文集》，第129－130页。

一家"的太平天国。孙中山虽然是基督徒，他的大同思想属于儒家式的空想主义——治国平天下。他提升三民主义为宗教，却欠缺宗教的炽热精神。大同思想是人类伟大的理想，可是它不能提供战斗的力量。人文精神基本上是一种妥协的精神，在孙中山的一生中屡见不鲜：先是与帝国主义妥协，以换取列强对临时政府的支持，后又向袁世凯妥协，让出大总统位，以为巩固议会，可以规范袁氏。这些决定不单没有为中国带来好处，孙中山自己后来也非常后悔①。洪秀全却义无反顾地进行反清革命，给人一种鲜明的正邪二分的态度。历史上两者都没有取得胜利：太平天国只有十多年寿命；民国革命的成果则为军阀所吞噬。但他们的民族主义对我们今日仍然有很大启示，只有清晰的民族主义才能建立强大的中国，但真正的民族主义不应是排外的、狭隘的。对内是天下一家，彼此相爱；对外是世界大同，反对霸权。民族主义不是集体的自我膨胀，而是应有一种天国的向度，超越集体的自私。

洪秀全与孙中山的宗教思想不同，但他们的民族主义都有这种天国的向度，这种天国观念是乌托邦式，是一种理想，也是一种超越的视野。这种天国观成为人民追求的目标，而且是超越时空、超越国界的一种人类共有的盼望。无论基督教或儒家式的天国观，都为狭隘的民族主义带来张力，这是今日中国富强起来的起点。

（作者单位：香港·中国神学研究院）

---

① 《中国国民党第一次全国大会代表大会宣言》（1934），收在《孙中山选集》，第 521 页。

《安提戈涅》中的"人颂"
与民主政治

| 刘小枫

　　直到今天，西方还不时上演索福克勒斯的《安提戈涅》①。《安提戈涅》的剧情是在俄狄甫斯杀父娶母这一古希腊著名传说上嫁接出来的故事：俄狄甫斯的两个儿子波吕涅刻斯和厄忒俄克勒斯为争夺继位厮杀双亡，克瑞翁（俄狄甫斯的妻子、母亲的兄弟）当王执政。新王克瑞翁宣布，波吕涅刻斯是敌人，死后应暴尸荒野，厄忒俄克勒斯则是"共和国"的捍卫者，为自由的新生而死，理当厚葬。然而，波吕涅刻斯和厄忒俄克勒斯的胞妹安提戈涅却认为，新王的法令抵触神律，她不能容忍自己的兄长波吕涅刻斯暴尸荒野遭禽兽噬食，决意掩埋尸体。于是，安提戈涅陷入两难处境：若依传统宗法埋葬自己的兄长波吕涅克斯，安提戈涅就会因忤逆国法被处死；若依从国法不埋葬自己的兄长，安提戈涅则会因忤逆神律遭天谴——安提戈涅做或不做都陷入忤逆之罪。

　　荷马诗作已经提到俄狄甫斯杀父娶母的事情，虽然非常简略，具体情节不得而知，但足以证明关于俄狄甫斯的

---

　　① 此剧汉语演出首演于1982年。依据罗念生先生的翻译，其子罗锦麟执导。

忒拜传说相当古老。品达的《奥林匹亚竞技凯歌》之六叙述到俄狄甫斯的儿子争夺王位的厮杀，虽然没提到安葬波吕涅刻斯的事情，同样足以证明，俄狄甫斯子女们的故事在民间也早已被描述得有声有色，即便品达妙笔生花，也绝非一无所本。肃剧诗人并不无中生有或从无到有"创作"某个题材，而是多以古代传说为题材。诗人之所以为诗人的试金石，在依据传说编构具体情节上见功夫。品达的神话诗记叙过的七雄对七雄的故事，在埃斯库洛斯的名剧《七雄攻忒拜》中变得更为具体、生动。不过，在索福克勒斯之前所有涉及俄狄甫斯三代的忒拜传说的成文诗作中，都没有出现过安提戈涅（仅有一些涉及安提戈涅的妹妹伊斯墨涅的民间原始材料）——埃斯库洛斯的《七雄攻忒拜》结尾部分的哀歌体咏唱中，出现了安提戈涅，但一般认为，这部分并非出自埃斯库洛斯手笔，而是后来重演《七雄攻忒拜》时根据索福克勒斯的《安提戈涅》添加的。由此看来，索福克勒斯笔下的安提戈涅故事八成是他的演绎——"安提戈涅"这个名字的希腊文的字面含义是"反-出生"，与荷马笔下的奥德修斯一样，名字就带有寓意。

索福克勒斯编织《安提戈涅》的故事用意何在？

《安提戈涅》这部剧作行动简单，但戏剧人物的连接方式错综纠结，在索福克勒斯的传世剧作中也显得颇为特别。就戏剧结构而言，单一戏剧形象是肃剧的写作原则，索福克勒斯自己的其他剧作也大多是单一戏剧形象。但《安提戈涅》却打破了这一套式，剧作名称是"安提戈涅"，中心形象却是克瑞翁。安提戈涅在剧情发展到四分之三时就因赴死而出场（行943，全剧1353行），克瑞翁的戏却贯穿始终，若非克瑞翁从头到尾在场，整场戏就显得断了情节线索。可以说，这部剧作实际具有双重戏剧主角：安提戈涅和克瑞翁。安提戈涅的戏在剧中其实不多，但角色非常重要，克瑞翁戏很多，但明显不是这部肃剧中的"英雄"——结构与角色的如此交错配置，未见于索福克勒斯的其他传世剧作。因此，与其把双重戏剧主角视为索福克勒斯在戏剧作法上的突破，不如理解为索福克勒斯所要表达的戏剧主题：这场戏剧冲突既是两个有血亲关系的人（舅舅与外甥女）的直面冲突，又是国法与不成文习惯法的直面冲突，同样重要的是，这场冲突是男人与女人的冲突。冲突双方都既赢了也输了：安提戈涅因克瑞翁的国法而死，克瑞翁则因安提戈涅的死而家破子（儿子和妻子）亡。对此，黑格尔作出的著名解释是：这是两种片面的伦理力量的冲突——"家庭亲情、对弟兄的义务"与"国家的公共法律"的冲突。这一解释使得我们只能把眼泪平分给安提戈涅和克瑞翁。然而，黑格尔的解释背后却隐藏着形而上学的辩证法原则：出现对立面的矛盾冲突是必然的，随后出现更高的综合也是必然的。

索福克勒斯写下《安提戈涅》为的是展现黑格尔的形而上学原则？

不得埋葬敌人的尸体，也不准亲属祭祀，只能让飞禽走兽来吃食，其实也是古老的政治伦理（参见荷马的《伊利亚特》开篇）。但在索福克勒斯笔下，这一古传伦理变成了人为的立法——在写于《安提戈涅》之前的《埃阿斯》的结尾部分，索福克勒斯已经涉及这一古传伦理：埃阿斯死后，墨涅拉厄斯下令任何人不得收殓尸体（行 1047－8）。墨涅拉厄斯的一长段戏白清楚说明了要下这样的命令的理由（《埃阿斯》，行 1052－1090）：埃阿斯是敌人，死了就应该曝尸，任由飞鸟果腹，任何人都没有权利掩埋尸体（《埃阿斯》，行 1062－5）。墨涅拉厄斯还强调，自己颁布的禁令就是法律，法律必须有威严，因为"在城邦之中，法律如果离开了敬畏，就不可能给这个城邦带来繁荣"①。在这里我们看到，不得埋葬敌尸这一古传伦理已经被索福克勒斯用来体现城邦统治者的立法——雅典城邦从王政走向民主政制，是以一系列法制改革来实现的，可以说，人为的立法是民主政制的成因，也是民主政制的体现②。因此，《安提戈涅》中的克瑞翁颁布同类法令，可以看作是民主政制的体现。

由此来看，索福克勒斯关注的问题很可能是：民主政制的人为立法的限度究竟何在。在《安提戈涅》中我们可以看到，墨涅拉厄斯式的法令遭遇到强硬挑战：来自亲情原则的挑战——《安提戈涅》的剧情好像是从《埃阿斯》的结尾衍生出来的，或者说，《安提戈涅》的故事被编织出来，为的就是考验人为立法的威严：安提戈涅这个名字的原文既可以理解为"反抗出生"，也可以理解为"针锋相对的出生"。然而，在索福克勒斯笔下，"家庭亲情、对弟兄的义务"与"国家的公共法律"是两种片面的伦理力量吗？倘若如此，我们就很难解释整部《安提戈涅》的结构：这部剧作的真正主角是克瑞翁。尽管克瑞翁不是这部肃剧中的"英雄"，但也绝非坏君王。他显得相当有理性，坚持自己的"国家理由"——可是，克瑞翁这个新王的法令一经颁布便遭遇抵抗，而且步步升级：从歌队（忒拜老人们）、卫兵（普通人），到安提戈涅（外甥女），再到自己的亲生儿子海蒙。可以说，《安提戈涅》

文本新读

---

① 《埃阿斯》，行 1074－5，沈默译文。
② 参见亚里士多德《雅典政制》6. 1：梭伦"制定各项法律 [νόμουξἔηκε]，勾销种种债务"。

的情节推动力就是抵抗法令：法令显得片面，抵抗却显得颇为全面。戏开场时（前台戏），天还没亮但快要亮，安提戈涅把妹妹伊斯墨涅找来商议掩埋兄长的事情（行 1 - 99）。两姐妹一见面，强烈的血缘感情就自然而然流露出来。可一涉及是否掩埋兄长时，姐妹俩马上产生分歧甚至冲突。诗人索福克勒斯让我们看到：新王的政令撕裂了血缘感情——伊斯墨涅对违忤法令心有余悸，安提戈涅决定独自担当，履行妹妹的义务，用尘土掩埋兄长。安提戈涅的决定显得完全是自投法治罗网，明知故犯，决意要让克瑞翁这个新王过不去——戏就这样开场了。在剧情的发展过程中，安提戈涅的戏剧性格没有变化，始终坚定、执著。与其不同的是，随着剧情的发展，对克瑞翁的法令充满恐惧的伊斯墨涅看到姐姐的困境，胞妹之爱又使得她重新与姐姐站在一起。她最后质问克瑞翁："你竟然要杀自己儿子的未婚妻。"（行 568）

面对安提戈涅的挑战，克瑞翁的态度起初非常强硬，先知忒瑞西阿斯出场时，他还在抵抗，直到自己的儿子海蒙（安提戈涅的恋人）得知父亲要处死安提戈涅，决意以死反抗父命时，克瑞翁才不得已放弃自己的原则——与伊斯墨涅相似，海蒙起初也惧怕父亲颁布的法令，但后来却认为自己的父亲根本就丧失了理性（行 726），于是也立场鲜明地与安提戈涅站到一起。克瑞翁把安提戈涅关在囚洞中，并未真的想要处死她，但安提戈涅却毅然决然自我了断。海蒙闻讯随即自杀，其母（克瑞翁的妻子）闻讯也跟着自杀，王室一家最后仅剩下精神接近崩溃的国王，有如一具行尸……克瑞翁起初为何态度强硬？因为他有自己的政治信念，然而，索福克勒斯却让这样的政治信念陷入自然亲情的网罗，最终作茧自缚。说到底，从剧作的情节和结构来看,《安提戈涅》并非如黑格尔所说的那样,让国家理由与亲情伦理显得都是片面的,而是在展现民主政治崇尚的人为立法的困境——索福克勒斯身处民主政制鼎盛期,他可能更关注种种人为的制度创新,而非片面伦理的辩证冲突。

现在我们来看位于第一戏段(行 162–331)之后的第一肃立歌。

前台戏一开始就展示了新的立法如何导致姐妹俩亲情瓦解,随后,忒拜老人组成的合唱歌队唱着进场歌(行 100–161)进场,进一步铺展姐妹俩亲情瓦解的戏剧情景:外敌的威胁一旦解除,国内政治纷争跟着就来了——政治问题不仅在于共同体之间的相互敌对,更多在于共同体内部的相互敌对。第一戏段一开场,便是新王克瑞翁发表的一通有如就职演说的长篇讲辞(行 162–210,近五十行),在宣告自己当王的同时,克瑞翁宣告:不准安葬国家的敌人波吕涅刻斯。这位新王的抱负或政治理想似乎是:通过最低限度的律令来建立政治秩序,有如我们今天所说的建立一个法制的社会,或者实现技术化的统治。

诗人让笔下的忒拜老人组成的歌队马上表示异议(行 211–222),从而表明新的政令与习传伦理相抵触(与《埃阿斯》行 1091 以下相同)……这时,卫兵前来报告,发生了神奇的事情:波吕涅刻斯的尸体已被掩埋,看上去还举行过应有的仪式。克瑞翁大怒,把这件事定性为蓄意挑战国法的政治事件,要严肃查办。歌队也感到大惑不解,觉得国内没谁会有这么大的胆子,于是想"这事会不会是神力所为"(行 236–278 行)。

克瑞翁新立的国法基于维护城邦利益,尽管显得是一种全新的政治价值,仍然具有自足的政治正当性。安提戈涅依据习传伦理掩埋波吕涅克斯，则无异于质疑了民主政治的立法——克瑞翁不顾及传统习俗，在神法之外人为立法。不过，眼下的疑问是：掩埋波吕涅克斯的事究竟是谁干的，谁有这么大的胆子，竟然不怕死——作为观众，我们知道是安提戈涅干的，因为她在前台戏中已经誓言要掩埋哥哥的尸身，但在剧中，究竟谁干的却是个谜。这一疑问首先引出的进一步疑问是：竟然有人胆大妄为！正是在这一语境中，歌队唱起了被后人称为"人颂"的第一肃立歌（行332－375）——让人费解的是，第一肃立歌通过揭示 Dinanthropus sapiens［有心智的人］来提出谁如此"胆大妄为"这一主题。

肃立歌起头两句是修辞性的起兴：

［第一曲节］ ①
［332］神奇的东西何其多，
没有什么比人更神奇；

一般来讲，修辞性起兴仅仅是为引发观众关注诗人接下来要说的内容，此乃古希腊抒情诗的习传手法②。但这里两次用到的 δεινός［神奇的］这个形容词本身，已经引人关注，因为这个形容词具有多义性：令人惊骇的、令人敬畏的、让人惊诧的、令人可怕的……这里的含义很难确定。不仅中文难以确定，西方语文同样很难，即便我们读了索福克勒斯接下来让歌队咏唱的内容，仍然难以确定这

① 依据 Th. C. W. Oudemans/A. P. M. H. Lardinois, Tragic Ambiguity：Anthropology, Philosophy and Sophocles' Antigone（前揭）中的"第一肃立歌"释义（120－131页）和 Mark Griffith, Sophocles：Antigone（《安提戈涅笺注》，Cambridge Uni. Press 1999）并参考罗念生先生译本移译。
② 比较萨福，残篇16；品达，《奥林匹亚竞技凯歌》1，1。

个语词的意涵。可以确定的仅是，索福克勒斯在这里用这个形容词表达了对人的惊叹：人的意志潜能简直不可限量，神奇无比。因此，我们先权且选用"神奇的"译法。当守卫尸体的卫兵前来报告尸体被人掩埋时，已经率先用到这个形容词：卫兵说，自己遇到了一桩 τὰδεινὰ［神奇的事情］（行243），这里同样可以理解为"让人骇然"或"令人感到可怕的事情"。随后歌队说，"这事会不会是神力所为"（μήτι καὶθεήλατον；行278），使得我们可以先权且选用"神奇的"含义。

这指的是安提戈涅的胆大妄为让人感到神奇或者惊讶或者可怕吗？看似如此。不过，克瑞翁的立法行为同样算得上胆大妄为，在歌队或普通人看来，同样是一桩 τὰδεινὰ［神奇的事情］——守卫尸体的卫兵在合唱歌队唱起肃立歌之前，第二次用到这个形容词，就是用在克瑞翁身上（行323）。在肃立歌之前，卫兵两次用到这个语词，分别用在安提戈涅和克瑞翁身上，如果不是诗人无意为之，就很可能表明，诗人让安提戈涅和克瑞翁分享了这个语词。这样一来，肃立歌起兴的 δεινός 这个形容词究竟指安提戈涅的"胆大妄为"还是指克瑞翁的"胆大妄为"，就让人难以琢磨了。

雅典观众听到歌队唱起"神奇的东西何其多"时，很可能还会想起埃斯库洛斯的《祭酒人》中第一肃立歌的起兴句："大地养育了许多神奇的东西……"［πολλὰμὲν γᾶτρέφει δεινὰ］（行585）。埃斯库洛斯笔下的歌队咏唱的是：女人一旦爱起来会意志决绝、不顾一切（比较欧里庇德斯，《美狄亚》第二肃立歌的起兴，行627-634）——似乎女人的爱既可以说是"神奇"，也可以说是"可怕"。无论"神奇"还是"可怕"，总之说的是女人的"胆大妄为"。因此，如果要说索福克勒斯这里的用词首先是让观众想到安提戈涅，也顺理成章。毕竟，显而易见的是，随着民主政治的发展，女人在政治事务中的作用越来越重要，或者说，女人参政是民主政治成熟的标志——古希腊戏剧从肃剧到谐剧的发展，可以清楚地看到这一点。在《安提戈涅》中，诗人索福克勒斯让我们看到，挑战国王法令的竟然是一位年轻女子，的确让人感到既"神奇"又"可怕"（比较行 376－383），尽管在我们今天看来，这既不"神奇"又不"可怕"。

埃斯库洛斯的《祭酒人》中的歌队咏唱的是大地上有"许多神奇的东西"，索福克勒斯的肃立歌唱的是"神奇的东西何其多，没有什么比人更神奇"——索福克勒斯明确用到"人"这个语词，而且第二次用的是形容词比较级 δεινότερον［更神奇］（行 333），从而可以说，歌队的意思已经不仅是安提戈涅和克瑞翁的"胆大妄为"让人既感到"神奇"又感到"可怕"，而且上升到对"人"的哲学思考。

果然，接下来肃立歌分三段递进述说"人"这一族类如何"更神奇、更厉害"，从头到尾没有提到安提戈涅或克瑞翁的名字。

首先咏唱的是人类征服自然环境的能力（行 334 起）：人的 δεινός［神奇、厉害］首先体现于征服人类生活于其中的大自然——大海、土地和天空。虽然大海变幻莫测，人却能不畏风险，敢于航行；虽然大地"默然恒在"、"不知疲倦"，通过长年累月耕作，人也能把大地折腾得疲惫不堪，伤痕累累。

这家伙非要

[335] 顶着冬日的南风跨越茫茫大海，
　　　在层层浪壑中驾驭翻腾四涌的波涛；
　　　神们中最为年长的大地呵，
　　　默然恒在、坚韧不疲，
　　　这家伙偏要翻来覆去消磨，
[340] 年复一年犁头来回，
　　　用马类逶迤翻耕。

　　"顶着冬日的南风"和"驾驭翻腾四涌的波涛"凸显出人的胆大（或勇敢）：竟然敢于跨过大海去到海的另一面；"翻来覆去消磨"的宾语为"大地"，围绕这个宾语有三个修饰语词："神们中最年长者"、"默然恒在的"、"坚韧不倦的"。在诗人笔下，大地显得非常不情愿听任人为了人的好处来折腾自己；仅仅为了温饱，人类完全没必要如此"翻来覆去消磨大地"——按赫西俄德《劳作与时日》中的说法：人类当初根本无需太多劳作，劳作一整天就可以轻松得到一整年的食粮（行42 –46）。
　　这一曲节实际上还高度概括了人类的技术文明成就：征服大海和陆地（如今征服太空）必须得人发明的器具。难以断言的是，歌队要强调的是人发明了船和犁一类器具，还是要强调人挑战自然时的大胆和坚定。一开始就提到航海，为整首肃立歌定下了含糊的基调：一方面像在肯定人敢于冒险和有技术性操控能力；另一方面，又像是在指责人鲁莽、没有约束，人的贪欲超出了人的自然需求（比较贺拉斯，Odes，1.3.9 以下）。

　　［第一对衬曲节］
[342] 诱捕快活无忧的鸟儿类，

驱赶野栖的猛兽裔，

[345] 捞捉大海里的水下游儿族，

用的是精心密织的网罗，

人呵心思真周密；

甚至想出法子制伏栖息山野的林中兽，

[350] 给鬃毛蓬松的马套上驯服之轭，

还有不肯就范的犟牛。

承接前一曲节，歌队的咏唱转向人征服自然界中的动物；虽然鸟儿在天上飞、鱼儿在水底游，人却能通过发明鸟笼、渔网之类器具捕获它们；即便凶悍的动物，也敌不过人的聪明才智之"轭"。这里实际上提到两类动物：供人吃食的动物和被驯化后供人指使的动物。不仅如此，在第一曲节，"人"类的征服范围在大海和大地的平面，这里说到天上的飞鸟和海底的游鱼，表明人的征服范围伸展到天上和海里（说到鱼儿时用的是"大海里的水下造物"，"大海里"和"水下"是叠词修辞手法，与开头的"海面"形成对比）。让人费解的是歌队在这里说用（驯服的）马耕地，因为人类耕地一般用骡子或牛，很少用马儿，何况下文（350行）才说到驯服马。要么，这里说的并非用马儿耕地，而是泛指驯服马类，要么，歌队说"用马类"耕地意带有讽味：人贬低了马这一高贵的畜类。

歌队说，"人"类征服供人吃食的动物时所用的工具是"精心密织的网罗"——"网罗"实际上针对三类动物（不仅捕鸟用网罗，猎兽也用网罗，打鱼更少不了"网"），似乎对各类动物一网打尽。说到征服被驯化后供人指使的动物时，诗人用的是所谓"法子"（μηχαναῖς = ἡμαχανή），这个语词（相当于拉丁语 machina）就是如今所谓"机器"的词源，其字面含义是"用篱笆、围栏"，似乎削弱了人的支配和控制能力，但"法子"在这里也可以指驯养马和牛的驯具（轭、缰绳、嚼子之类），包含驯化术的意思，实际上表明了人的支配能力。

不过，"制伏"支配的宾语究竟指哪类动物并不清楚。"栖息山野的猛兽"指不同于马和牛的单独一类动物吗？形容词"栖息山野的"与"山林中的"显得矛盾，因为后者可用于几乎所有可驯养的家禽动物，比如牛、猪和马，以及羊和山羊之类（比较荷马《奥德赛》卷九，155；《俄狄甫斯王》1100；柏拉图《法义》677b）。不过，行350以后似乎区分了这两个动词所支配的宾语为不同类的动物："制伏"狂野的动物（走兽），驯化温顺的马牛羊。歌队似乎要说的是，人征服动物的目的在于：减少动物的野性，驯化动物为人服务。"制伏"和"套上驯服之轭"两个动词表明，人征服动物不外乎采取两种方式：要么杀、要么驯服——对不容易驯服的动物就杀，对可以驯服的动物就驯服，尽管对后一类动物，人要成为统治者也还是需要大动脑筋（从"精心密织的网罗"到发明驯具的"法子"）。

人对人的统治岂不同样如此？对不驯服的就杀（克瑞翁要杀安提戈涅，威胁要处死卫兵），对可以驯服的就用"网"（法律）来驯服——"精心密织的网罗"这个复合形容词的前半部分 δίκτυον［猎网］就是后来的拉丁语 dictator［专政官］的词源。这并非随意联想，因为，"人呵心思真周密；甚至想出法子制伏［περιφραδὴς ἀνήρ · κρατεῖ δὲ μηχαναῖς］……"这个句子显得颇为惹眼：动词"制伏"的希腊文原文的字面含义是通常所谓"统治、强制"，一看就带有强烈的"支配、操纵"的政治义涵，与前面说到人与大自然的关系时用的动词完全不同，甚至与用于人无法驯服的动物的动词（343 行：11）也不同，倒是与剧中克瑞翁的用法相同（行 61－64，173，485，679－680）。给马"套上驯服之轭"［όχμάζεταιάμφιλόφω ζυγῶ］的动词 όχμάζεται 本义为"抓紧、捆紧"，引申为"驯服"，也就是用器具把某物牢牢套住，尤其指套住马。但校勘家大多倾向认为，这里的动词本来是 ύπαγάγετ' （＝ύπ－άγω［带到下面、征服；慢慢引导］，被动态含义通常为［被欺骗]）。倘若如此，"套上轭"便无异于解释了"制伏"带有的政治寓意，或者说表明了政治支配的整全方式：既要严法管制（套住），又要循循善诱（蒙骗）。无论如何，两个动词的含义最终要表达的都是"驯服"——"驯服"民人从古至今都是政治的基本难题。

肃立歌接下来就说到人的政治生活。从开始的征服大海到这里的征服野性动物进而到驯服温顺动物，人的征服对象在上升，征服能力和技巧在提高，最后是人对人的统治。

［第二曲节］
人教会自己语言和风一般快的心思，
以及有规有矩的群性，
［355］无法耐受的天寒地冻以及雷暴的鞭打都能躲避，
［360］真样样有办法；
人绝不会没有出路，
即便面对的是未来，
唯有哈得斯无法逃避；
甚至无可奈何的病痛

也想得出办法对付。

　　所谓人"学会语言"，与如今探究的所谓"语言起源"问题毫不相干。按照古希腊的习传说法，人的语言来自于 θέσει［神的安排］，而非靠人的 φύσει［本性］，索福克勒索当然熟悉这一习传的说法。在这里，歌队用"自己学会"这一说法，似乎要强调的是，人为了自己的好处，通过自己的努力而发明了语言。这种说法固然会让人想起埃斯库洛斯《被缚的普罗米修斯》中普罗米修斯的说法，"我怎样使他们变聪明，使他们有理智"（行444，罗念生译文）；但更值得联想到的还是民主时代的著名智术师普罗塔戈拉提出的"文明起源论"。语言与思想连在一起，有了语言就会产生出思想。"风一般快的心思"的比喻来自荷马（比较《伊利亚特》卷十五80-83："有如一个人的思想捷驰"，"用敏捷的智慧偏偏想像"；《奥德赛》卷七36："他们的船只迅疾得有如羽翼或思绪"），但荷马的意思不是说有思想如何崇高、如何了不起，而是说"心思"一类的东西行走快捷、迅疾，从而像"风一般"。但在智术师那里，含义就不是这样了——雪莱在《被解放的普罗米修斯》中说：普罗米修斯给人带来语言，语言又产生出思想，从而，思想成为万物的尺度。

　　人"自己学会"的第三种（最后一种）非自然性的东西是"群性"——原文 ὀργάς（= ἡργή）的意思是"冲动、脾气、情绪；激情、愤怒"，相当于古汉语中的"情性"，因为 ὀργή 本为人"自身上长出来的东西"，通常指天生的禀赋（参见《埃阿斯》行639），但也可以指人通过学习获得的品质（参见西蒙尼德辑语7，11）。但在这里，"情性"带有形容词"有规有矩的"［ἀστυνόμους］

界定，这个形容词是个复合词，由"城市、乡亲"（与异方人相对）［ἄστυ－］＋"宗法"［νόμος］复合而成。因此，ὀργάς 当译作"群性"，所谓"有规有矩的群性"，意为人类组成共同体生活的类似于本能的情性，也就是人的政治本能。亚里士多德在《政治学》中就说道，ἀστυνομία 是人区别于其他动物的标志，这一标志与人类发明出语言相关：语言被发明出来为的是解释什么是有益的、什么是有害的，什么是正义的、什么是不义的。只有人才有善恶感和正义与不正义感，有了这种感觉，人们才组织起家庭和城邦。

值得注意的是，按肃立歌的说法，这种本能形成于人支配自然之后，与当时的自由民主知识分子智术师的说法相同，而与柏拉图笔下的苏格拉底的说法相反：人的政治本能在人支配自然的能力形成之前就有了。按肃立歌的说法：人自己学会语言、理智和生活规矩，似乎为的是"逃避"自然状态，进而逃出自然状态——这意味着政治的起源来自人逃避自然状态的冲动。

第一曲节描绘的是人与自然的关系，第二曲节转向了人的政治方面，从学会语言、理性、立家、建立城邦到学会医术，人为自己设计出避难所（政治源于逃避），逃避所有对自己有害的东西，面对未来，人"方方面面有出路"。唯一无法对付的只是死亡——人与无所不能的神已经差不多，唯一的差别是：人会死，神不会死（比较现代政治原则基于逃避死亡）。在短短五行里，"逃避"一词出现了三次，"逃避"自然与人类政治文明的关系在这里得到揭示。

到这里我们才看到，人类的 δεινός ［厉害］何在，或者说"人"类凭靠什么而显得"更为神奇"——凭靠人自己学会的"语言和风一般快的心思",用哲学语言来概括,就是人的心智,因此这首肃立歌被后人称为"人智颂"。事实上,歌队这里所咏唱的的确可与现代西方哲学相互发明——语言与思想在现代西方哲学中被黏得很紧,其无需证明的前提便是:人的语言能力不是神赐予的,而是人"自己学成"的。不仅如此,人类的群体生活法则(法律)也是人自己给自己订立的,而非来自神的规定——"自己学成"的含义有如康德所高扬的人的理性"自律"(自主)或人"自己给自己立法"。幸好还有死亡能结束人无休无止的折腾,但倘若人"风一般快的心思"找到了不死的方法(比如今天的基因工程),人的"神奇、厉害"还会更为"神奇、厉害"。

[第二对衬曲节]
[365] 实在聪明哦,总有制器的
法子对付出乎意料的事情;
于是,人时而卑劣,时而高尚。
谁织成地上的法律
和发誓要履行的神们的义,
[370] 谁就会使城邦繁荣昌盛;但也会毁弃城邦,
倘若谁
得意地胆大妄为。
我才不愿与这号人
有交情,不愿与干这类
[375] 事情的人为伍。

文本新读

肃立歌在最后这一曲节出现了转折:前面三个曲节明显是对人之成人的描述,说的是人的一般性,这里却突然转向人的实际生存，或者说突然转向剧情的具体语境，最后歌队甚至还表明了具体的政治态度。不仅如此，整个这一曲节的文义也显得非常含混。首先，前三行仍然承接第二曲节的文义，因此，"于是，人时而卑劣，时而高尚"一句显得颇为突兀，文意似有断裂。"谁就会使城邦繁荣昌盛；但也会毁弃城邦"与第二曲节最后的"真样样有办法；人绝不会没有出路"的句式呼应，两句之间都是分号，如此连接带有转折意味——"真样样有办法；人绝不会没有出路"的连接似乎意味着：人固然样样都行，但总有难以应付的时候。同样，"谁就会使城邦繁荣昌盛；但也会毁弃城邦"连接起语义完全相反的两句，似乎在具体说明"人时而卑劣，时而高尚"。前面说到"人"有时好、有时坏，在这里进一步说到"无论谁"（行 370）和"这类"（行 374），肃立歌从一般的立场转到了更为具体的立场。然而，这一具体的立场显得含混：要是有人做了"大胆妄为"的事情，就会危害整个城邦，因此歌队要与这种人划清界限。"我才不愿与这号人有交情"表明了歌队的政治立场，但"这号人"指谁，并不清楚：可能指克瑞翁，但也可能不是，或不仅仅指他，因为，368－371这四行中出现的四个关键词语（"地上的法律"、"凭神们发誓要遵守的义"、"城邦"和"胆大妄为"）把克瑞翁和安提戈涅这对冲突的双方都涵括在内。"织成"［παρείρων］的本义是把丝线织进织体（比较色诺芬《会饮》6，2），支配的宾语为"地上的法律"［νόμουςχθονός］；意思是把法律编织进人们的生活中，从而显得是在肯定克瑞翁的立法，否定安提戈涅的违法。但"地上的法律"和"凭天神发誓要履行的义"连用，又表明歌队认为地上的"法律"与"凭神们发誓要遵守的义"　　［θεῶν τ'ένορκον δίκαν] 应该一致，从而似乎又在否定克瑞翁的行为，肯定安提戈涅。

"谁就会使城邦繁荣昌盛；但也会毁弃城邦"，原文仅两个语词：ὑψίπολιςἄπολις，均为省略系词的表语句。这两个语词都是复合词，词干都是 πολις［城邦］，不同的前缀使得两个语词构成反义词：ὑψίπολις 的意思是"在城邦中有光辉形象"（类似的构词法参见品达《皮托竞技凯歌》8，2：μεγιστόπολις；8，22：δικαιόπολις；《俄狄甫斯王》510：ἁδύπολις），隐含的前提是：让城邦繁荣昌盛。换言之，谁让城邦繁荣昌盛，谁就是 ὑψίπολις。与此相反，ἄπολις 意为使得城邦不复像城邦。但何种行为会使得城邦不复像城邦或会让城邦繁荣昌盛，在这里并不清楚。如果按克瑞翁在开场的演说中的说法，ἄπολις 就是破坏城邦法律的人（行 185）；克瑞翁的确认为，自己通过建立法律秩序［νόμοισι］，就会使城邦繁荣昌盛（行 191）。但如果按"凭天神发誓要履行的义"来衡量，ἄπολις 就不会是指安提戈涅，而是指克瑞翁。

无论如何，有人做了"大胆妄为"的事情，既可以指安提戈涅，也可以指克瑞翁。

（作者单位：中山大学比较宗教研究所）

文本新读

遗音当年寂寞心

——对《往日琐事》的一种宗教学解读①

| 张贤勇

一、小引

几年前，笔者在暨南大学主办的一次有关基督宗教与中国社会的研讨会上作过一个讨论经典与解释的即席发言。该发言的其中大意是说，我们通常所谓"经典的解释"，分辨起来大致有三层不同的含义：一是对经典文本的解释，二是历史上形成的对经典文本的经典性解释，三是经典文本内部所示例的经典性解释。这第三种含义虽然往往为今天的读者所忽视，却是主导历史上第一种、第二种含义理解的关键所在。比如，孔子的诗教之于"三百首"，福音书中耶稣的比喻之于天国，都是显著的例子。但是，所谓"经典文本"，都有其非经典的起源，《诗经》、《论语》也好，四本福音书也罢，概莫能外。有意义的恐怕是，无论哪种意义上"经典的解释"方法与进

---

① 此文原为参加"宗教的现代社会角色"研讨会（深圳，2011 年 1 月 13－15 日）所提交的论文。原讨论稿题为《百年巨变》，今移作文章第四部分的标题（该部分已有较大扩充和订补），但仍保留原稿的副题。在此向参与研讨的各位学者顺致谢意，特别感谢对论文质疑问难的张宪教授（中山大学哲学系）和李大华教授（深圳大学宗教文化研究所）。有关研讨会的详情，请参看笔者写的与会侧记《青青世界去来》。

路，对于我们今天解读非经典文本，都有相当的助益。本文尝试用细读和参校的方法，对一位名不见经传的作者所写的小书《往日琐事》，作一种宗教学的解读。

《往日琐事》英文原名为 The Day of the Small Things，作者浦安讷（Anna Seward Pruitt, 1862－1945），山东画报出版社 2010 年 4 月出版的程麻汉译本有一副标题："一位美国女传教士的中国记忆"。作者出生在美国俄亥俄州胡格诺派一个移民家庭，11 岁加入公理会，21 岁时转入长老会，25 岁时（1887 年秋）作为长老会的传教士前来中国，在山东结识了 1882 年受美南浸信会差遣来华的传教士浦其维（Cicero Washington Pruitt, 1857－1948），次年（1888 年）同其结婚，育有儿女六人，除两人幼年夭折外，其余四姐弟都在胶东长大，后回美国继续求学，其中长女艾达著有同中国有关的书籍多种，如：《汉家女》、《殷老太太》、《在中国的童年》[1]。浦安讷同其丈夫 1936年名列退休传教士名单，1938 年回美国安度晚年，并撰写《从零开始》（Up from Zero）等书。

《往日琐事》是本篇幅不大的个人回忆录，主要记载了作者与家人以及传教团在山东的登州（今蓬莱市）、黄县（今龙口市）和芝罘（今烟台市）等地的生活和活动情况。虽说作者没经过严格的社会学训练，但是她的记录大多是第一手的见闻，在笔者看来，对于我们了解一百多年前中国北方那个"富裕而有影响的商业中心"（本书[2]第 4 页）及周围地区的风俗人情及社会风貌，都既有社会

文本新读

---

① 参见书后所附译者程麻的《百年深情——代译后记》中所述，《往日琐事———位美国女传教士的中国记忆》，程麻译，山东画报出版社，2010 年，第 177 页。

② 此后本文所引，凡出自此书《往日琐事———位美国女传教士的中国记忆》，皆只随文注出页码，以省篇幅及读者翻检之劳。

学和人类学的调查价值，也有宗教学研究上的重要意义。

本次研讨会的主题是"宗教的现代社会角色"，而关于"现代社会"的定义，中外学人意见不一。如果说一百年前的中国北方仍然处在前现代社会，那么《往日琐事》所述的恰恰是中国传统社会在向现代社会转型的初期所感受到的种种脉动以及一位有份于这种转变、具有爱心的女"洋鬼子"（广东白话就直接称呼"鬼婆"了）的见证。从这个意义上说，该书不仅有历史价值，更有现实意义。

元遗山《论诗绝句》第二十首有句云："朱弦一拂遗音在，却是当年寂寞心。"《往日琐事》作者的心曲如何，全书结尾处有消息透露。今人能否成为知音，端看我们如何把卷细心绎味了。

二、《往日琐事》中记载的传统宗教与信仰

《往日琐事》的作者既然是基督新教的传教士，这本书中所记自然大部分都同基督教有关。但是，其中也有一些篇章记载了中国当时的传统宗教的点点滴滴。

1. 关于道教

书中"北沟的故事"里面提到，在北沟"整个村子只有三个基督徒，即王太太和她丈夫的两个侄子。这三个人原来都是绝对的道教信徒，曾经执著于禁止吃肉和其他祈祷行为来赎罪"。他们的道教师傅姓仲（Mr. Jong），是"一位真正的禁欲主义者，仲夫人也是一个道教徒。他们曾各自独身生活了三十年，始终郑重其事地拜神"（第79页）。王太太皈依基督教之后，也希望师傅和师母能接受

这种新的信仰。对此，作为常年修行的道教徒，仲先生夫妇的反应很不相同："仲太太觉得，她们以前所有行善的努力，并不能使自己从深重的罪恶中得到解脱。而仲先生却不愿意放弃那些已付出巨大代价积累起来的功德，并不情愿转而充当基督教义的代言人。他不肯承认自己是一个需要救世主的罪人。"（第 80 页）

作者接着写道："道教学说认为，通过高雅的生活，灵魂会变得圣洁与伟大，而人日渐腐朽的身体到时候就像成熟的蛹，只是一个包容着不朽灵魂的躯壳。如同蚕蛹裂开蜂蝶飞出，圣洁之人将摆脱身体的束缚而无限自由，灵魂会冲破枯萎的外壳而升天。过去就有通过这种方式化身不朽的八位仙人。"（第 80 页）[1] 北沟属登州，八仙过海的故事传说就发生在登州（蓬莱市）的蓬莱阁，当地仙道文化的根基自然非同一般。

2. 关于佛教

作者在《往日琐事》中提到中美饮食习惯的差异时，有如下的描述："当时在中国，人们对'从牛身上挤出来'的任何东西，比如牛奶和黄油，厌恶到了差不多令人作呕的程度，极端的时候，甚至讨厌我们从芝罘买回来的少量奶酪。我们的厨师认为，连中国的老鼠都不愿吃那种让人恶心的东西。""佛教把牛视为神，认为杀牛吃肉是犯罪。黄县那时有骡子肉和驴肉，商贩有时候会用它们在商店里冒充牛肉。"（第 18－19 页）

由此可见佛教思想在当时胶东地区的普及和深入人心之一斑。译者对"佛教把牛视为神，认为杀牛吃肉是犯

---

① 作者这里所记，可能受其基督宗教观念的影响，不一定是准确的仲先生修道理想的再现。关于这一点，我们后面再谈，此处暂且按下不表。

文本新读

罪"一语下注脚，说"印度教视牛为神圣，中国佛教徒似乎没有这样的观念"。把牛视为神的说法固然有牵强的一面，但中国佛道传统中忌戒屠杀耕牛，则是不争的事实①。

作者在"播种于沃土"这节文字中，还记载了一位信佛的老太太开始接触基督教传教士所传福音的事："在整个世界上，还有什么令人愉快的事情，能与引导一个饥渴的心灵去寻找上帝慈父般的爱来取代愤怒与复仇的念头相提并论呢？有一天，我去拜访一位面目慈善的老太太，以前我们并未深谈过。她是一个佛教徒，已有多年不吃肉，做善事念佛经，以求从罪过中获得救赎和从轮回中得到解脱。素食对于从罪过里解救一个人未必有什么效果，但她的肤色确实很好。我曾见过许多不吃肉以求变得圣洁的男人和女人，他们通常比那些吃肉的邻居更清秀，皮肤更加光滑与鲜亮。"（第35－36页）作者显然是用基督宗教的救赎观来看佛教的素食主张，自然不能无隔，她虽然如实记下常年素食者的皮肤光洁的观察，却不能领会悲悯之心是守斋食素（不杀生）的要义。

"这个老太太做了寡妇之后，曾去寺庙里修炼。她能够背诵一些佛教经典，并在白天和黑夜真诚地实行禁欲，但她并不以此为满足。"

"他的儿子说：'妈，到黄县的尼姑庵去吧，你还能从尼姑那里听到更多的教义。'于是，她便去了县里的尼姑庵，希望能看到更多的光明。可她发现，尼姑们竟是一

---

① 从中国传统社会中影响很大的劝善书就可见一斑。以"三圣经"为例，《文昌帝君阴骘文》中有"勿宰耕牛"之语，《太上感应篇》提到的罪过包括"非礼烹宰"，《关圣帝君觉世真经》中所说"近报在身，远报子孙"作恶行为中赫然列有"宰杀牛犬"。

副无知女人的放荡模样，对一些佛教经典的了解还不如她知道得多。他们不祷告，却用本该祷告的时间去赌博与干坏事。"

"她很痛心和失望，差一点儿就想回家了。这时，一个同情她的朋友说：'县城北门外有些外国人在提倡新的教义，你为什么不去看看他们？'"

"她来了以后，急切地倾听曾和我共事的两个女基督徒讲了半天时间。她们告诉她救世主，告诉她救赎不是靠劳作而是靠祷告。她们告诉她，只有她的上天之父的大爱才值得崇拜。离开的时候，她以开朗的神气说道：'现在我觉得，这正是我这一辈子该找的。'"（第36页）

笔者之所以不厌其详抄录这几段文字，是因为此事记载方面尚有漏洞或不周全之处，值得进一步探讨。紧接着这位老太太那句开朗的赞语之后，作者记道："此后，我再也没有见过她，但我希望能够再遇到她，我们会共同分享信仰得到拯救的更多事例。"（第36页）破绽在"此后"二字①。由于作者记叙时没点明年代，我们只能推想是作者在黄县开始布道工作之后并不太久发生的事情，而此时距写作这本回忆录的时候已经年代久远，作者自己也已记忆不真切了。关于这段纪事的进一步解读，我们也放到后面第三部分去展开，这里先继续检视书中其他有关宗教的记载。

---

① 若说此后指的是作者的两位基督徒同事传福音之后，那么前面作者说的"有一天，我去拜访一位面目慈善的老太太，以前我们并未深谈过"等语，便失去呼应；若说此后指的是后来作者的登门拜访之后，那么似乎表明后来的深谈并没有产生积极的效果；还有一种可能性，即此处所说"此后"，作者并两位基督徒同事同老太太初次见面之后，作者改天登门拜访，结果并没见到这位老太太——这样的解读，也会使"以前我们并未深谈过"一语显得无着落。

文 本 新 读

3. 关于民间信仰[①]

《往日琐事》中有一节写的是"麻风病患者"（第53
－55页）。作者说，有天清晨，在自家后门发现"一个得
病的男孩子"，他原先在城里干活，得病后被老板赶出，
"在庙里躺了几天，情形变得更坏了，和尚害怕他死在他
们手里从而背负责任，又把他撵到了街上"。他得知不远
处有行善做好事的外国人，就决定去找他们，"他四肢并
用，痛苦地爬了将近一英里的路，用一天一夜的时间来到
了我们院子。"（第53页）作者接着叙述怎样对这个男孩
及时护理并通知其家人前来，又派人用独轮车将其送回
家，其后有两段评论性文字，其中一段说："得病被认为
是对本世或前生所犯任何罪过的一种报应。因此，只有那
些与某一病人的利益有直接关系的人，才会去照顾他。而
陌生人去帮助他，甚至有为自己招来上天报复的危险。一
个离开家的得病者，并不期望陌生人的帮助。他的病情越
来越加重，他越要赶紧回家。能够体面地死在自己家里，
是一个人的本分，而不愿意为自己的死连累任何人。他们

---

① 何谓"民间信仰"？李亦园先生有段话说得极为扼要，虽然
这番话是针对台湾情况而讲的："台湾的宗教根据官方的许可登记者
共有十一种，包括佛教、道教、伊斯兰教、基督教、天主教、理教、
轩辕教、喇嘛教、天帝教、天德教与一贯道等。但是这种官方的核准
与登记的形式分类，在实质上并不能包容绝大多数台湾居民的信仰内
含，因为百分之八十以上台湾居民的宗教都是扩散式的信仰，一种综
合阴阳宇宙、祖先崇拜、泛神、泛灵、符箓咒法而成的复合体，其成
分包括了儒家、佛家，与道家的部分思想教义在内，而分别在不同的
生活范畴中表现出来，所以不能用'什么教'的分类范畴去说明它，
因此宗教学者大都用'民间信仰'或'民间宗教'称之，而绝大多数
的人的宗教信仰都应归属于这一范畴，即使一些自认为是无信仰的
人，在某一程度上也或多或少具备了民间信仰的成分于其思想之中。"
（李亦园：《台湾民间宗教的现代化趋势——对彼得柏格教授东亚发展
文化因素论的回应》，载《李亦园自选集》，上海教育出版社，2002
年，第199页）

不像我们以往的福音文明那样，大都对给别人带来麻烦并不怎么在意。"（第 53 – 55 页）

生重病，尤其是当时还没法根治的麻风病这样的传染病，老百姓当然会有一种因果报应的联想，但是这种想法一般只归之于民间信仰的范畴，不能指实为佛教、道教或其他体制完备的中国传统宗教。作者没提任何宗教的影响，而只用被动语态说"被认为"，实在是明智的。《往日琐事》还有另外几处也记载了民间信仰观念和实践，下面试各举一例。

作者在回忆教会在起步阶段的工作困难重重时，提到先前两个传教士家庭遭遇的变故："乔伊纳夫妇回美国探亲时得了病，而达沃先生有一次在从芝罘回来的路上得了肺病，最终去世了。那里的教会只好关闭。"（第 10 页）对此变故，当地的中国老百姓怎么看？作者的记录挺有意思："那些不信教的邻居们说：'没有什么可奇怪的，这些外国人给自己带来了厄运。他们得罪了黄鼠狼。'"（第 10 页）狐仙崇拜和信仰，在民间非常流行，作者当然不相信，但是她还是将这些后来同样成为她邻居们的评论忠实记载了下来，而且在前面提到买房卜居时记下了担心风水不好的问题（第 7 页）。另外，对从事基督宗教研究的人来说，几乎不言自明的是，此处作者所说的"不信教"，特指不信基督宗教甚至基督新教①，并不是说这些邻居是一切教都不相信的无神论者。

浦安讷有时不经意间写下的一二闲笔，也透露出同中国社会的民间信仰密切相关的践行方面的点点滴滴，比如在"夏天的烦恼"的末段，就有如下的叙述："日落以后，我们习惯走进外面一个墓地。那里看起来像是一片草木丛生的树林，我们就坐在用来向神灵供奉食物的花岗岩桌子上（我们享受这点特权，丝毫没有想到会亵渎神圣）。只有在那时，我们才感觉到城南那些山脉多么漂亮。"（第28页）其实，19世纪来华的基督新教传教士对这些风俗感到少见多怪，大概是因为他们忘了在基督宗教历史上，古代和中世纪不少地方的教会都有类似的祭奠举动，例如，在奥古斯丁《忏悔录》中，就明确记载了他母亲莫妮卡有在圣徒墓前"好一口"的习惯②。

此外，浦安讷在书中对义和团的描述，从宗教社会学以及宗教人类学的角度去观察，实际上也是当时民间信仰的一种反映："义和团员们不但使用武器，还会施展魔法。他们声称，借助咒语与喝特别制作的药水，可以变得刀枪不入。他们曾经向人们展示自己的威力，似乎能够有效地证明，无论子弹射来还是刀架在脖子上，都不会伤害他

---

① 值得注意的是，除了记载闹义和团时有间接暗示（参见第152－153页），作者在这本书中竟然没有记述历史上以及当时山东的天主教的情况。历史上的山东，尤其是青州到蓬莱一线，曾是天主教重要的传教区。例如，据美国学者孟德卫（D. E. Mungello）的研究，方济各会的利安当在山东15年间（1650－1665）共给4000人施洗，而同时耶稣会的汪儒望施洗的人数更多达一万。（孟德卫：《灵与肉：山东的天主教，1650－1785》，潘琳译，张西平审校，大象出版社，2009年，第75页）另外，书中几乎也没有对当地伊斯兰教情况的记载，而在一两个世纪之前，山东有些针对天主教的教案，是因穆斯林抗争而起的。

② 参看奥古斯丁《忏悔录》卷六第2章，周士良译本（商务印书馆1982年），第92－93页。

们。"（第 149 – 151 页）作者接着说："回想当时的人们，就像着迷一样疯狂，人人热衷于帮会和习武。成群的老年妇女被当时的习气所迷惑，也像苦行僧一样练武和跳舞祭神。年轻的女孩子同样参与进去并屈从那些不可思议的说法。"（第 151 页）

4. 关于儒教或礼教传统

除了可以归类到道教、佛教和民间信仰的记载，《往日琐事》中大量的文字，都通过一位外国妇女的眼睛，见证了当时儒教或礼教传统的广泛而深刻的影响。下面也分门别类，列举若干有关的记载。

（1）祭祖。黄县教会所在，原是用买下的民房改建的。作者记叙道："二排房原是丁家后人供奉祖先牌位和举办大婚与葬礼的地方，改成了浸信会教友的会客室与基督徒礼拜场所。"（第 9 页）根据"教徒的婚礼"一节的记载，我们看到，即便是基督徒的婚礼，其中也包括祭祖的内容："婚礼仪式中非基督教部分的宗教形式，是向新郎家族的祖先牌位磕头礼拜。"（第 40 页）① 当时有些同传教士打交道的人，在作者看来是有备而来，他们针对传教士要他们皈依基督教的劝说，有这样的回答："我知道那是对的，可上帝是编造出来的。我相信教义，但在我父母去世以前，我不能成为基督徒，我得在他们坟前跪拜。"（第 38 页）在记录中国社会的丧葬习俗时，作者写道："有不少人由于孩子夭折而痛苦万分，其中最痛心的是丧失了未来生活的希望，因为要靠活着的子孙们敬拜祖先。"

---

① 注意这句话别扭的措辞。但其根本问题不在译文，而在作者费尽心思，想要把难圆的话说圆满。

（第50页）"平度的迫害"所叙情节（第85－87页）也与祭祖有关，详见下面"宗法"例所引。

（2）孝悌。书中特别记录了平度第一个基督徒的事迹："已在平度教会做了几年牧师并为数千信徒做过洗礼的李先生，是当地第一个信徒，他曾是黄县初级班的成员，但并非那六个受洗者之一。他的父亲和兄弟们竭力反对他们眼中的外国宗教宣传。"（第69页）作者这里所说，可能是暗示李先生之所以没有成为最初六名受洗者之一，尽管他个人的信仰已经很好，主要的障碍是家人的反对。对父亲的孝敬以及对兄长的顺服，使得李先生对受洗入教有所顾忌。作者接着叙述："有一天，李先生曾请我丈夫和朱先生到他家里去。他们在那里很快察觉出一些不太友善的苗头。"于是，浦其维退到村外，等候朱先生出来。"李先生陪同朱先生终于出来了。他脸上流着血，他的兄弟打了他，还拉着头发拽他，但他忍受着一个基督教徒可能遭到的迫害，从未试图自我保护。"（第69页）其实，这里不只是反映出如作者所说那种基督徒的忍耐功夫，还体现出传统礼教在李先生身上的影响——对兄长的打骂要能逆来顺受。事情的缘由，待读者读了下面一段，就能大体明白了："三个谦恭的信徒一起跪在道路旁边，向那些故意为难年轻基督教徒的兄弟们乞求。他们这样做并不奇怪，在几个月以前，李先生已经说服他父亲成了自己忠诚追随的主的信徒。"（第69页）这一揭示具有喜剧色彩；但是对今天的读者来说，仍有两点悬念：一是父亲在大儿子打小儿子时是否在家？有何反应？二是这些兄长后来是否也同父亲和弟弟一样，成为基督徒？若不是，他们怎样同父亲相处①?

（3）宗法。宗法制是传统中国社会的一个鲜明特点，虽然一般会将这个词同专政制关联起来，忽视了这一制度在氏族内部的重要作用。从历史上看，别嫡庶、分亲疏，对维护家族的稳定，巩固"族权"，极为要紧。《往日琐事》在这方面也给我们提供了一些鲜活的素材。这里举两个例子。第一个例子是前面"祭祖"例中已经提及的"平度的迫害"关于事情的缘由和最初的发展，浦安讷记叙如下："对于平度的那一小群拒绝上庙，甚至不祭拜他们祖先的基督教徒们来说，新年后的第一个洗礼仪式是至关重要的时刻。这些人的家属们认为，基督教要想立足就不能在教规上那么严格，否则将来恐怕不会有人敢于加入外国人的教会。较早的基督教徒段弟兄便受到过残酷迫害。他曾经被允许退出教会，但他拒绝了。他的亲戚们便一拥而上，拳打脚踢，把他像抬猪一样用杠子吊着抬到家庙去，并在那里折磨他。"（第85页）此处的庙或家庙，其实就是一般所谓家族的祠堂，在祠堂里折磨云云，无非是根据族长或宗子的命令，对这个"家族败类"、不肖子孙用家法"伺候"，实行惩罚罢了。《往日琐事》中还有一段有意思的记载，同样也指向宗法制。作者追忆说："有时候，也有一些没有受过教育的基督教徒，会以纯粹无知的热忱把他们的朋友带到教堂里来观看，靠讲述世俗利益的诱惑来吸引他们。有些人向教会捐钱，则是为了逃避为村里合请祭祀演出必需交纳的款项。"（第124页）这最后一句话正是值得特别注意的重点。可以断定，"村里合请祭祀演出"所需的费用，并不像后来"新农村"

① 同悬念之二相关的，是母亲立场的取舍，虽说在传统社会，夫为妻纲是一般原则。

的行政命令下的"苛捐杂税",而仍然是依托各大家族所作的劝募,甚至是同姓家族内部的派捐。逃避这种捐,其实也是对宗法制的一种挑战,虽有危险,但有连朝廷都不敢得罪的洋人撑腰,"不法之徒"遂易得逞。这种细节描写,是在一般官方的正史甚至地方志中都难得见到的。

(4)孝道。这类例子,笼统来说,自然也可归入前面的"孝悌",但仔细分辨,还是有所不同,所以这里另立一类。作者在"好人与坏人"(第 123 – 126 页)一节的最后,记了一件在她看来多少有些匪夷所思的事情:有个孩子"意外地致命伤害了一个与其年岁差不多的长辈。按照中国的法规,这算不上正式的杀人罪,但比一般打架要严重得多。因为被害人是他的长辈,他属于'忤逆',理应被'千刀万剐'。于是,那孩子只好求助我们,不知是否能让中国衙门免于惩治他"(第 126)。作者承认,教会在那些岁月确实"曾力图从当地严酷且有失公正的衙门里拯救一些人。然而,教会毕竟不是人们逃避当地法律的避风港"。那么,怎么解决这一难题?浦安讷接着写道:"这一悲剧最终完全按照中国方式化解了,尽管从表面上看来,这与中国人讲的'孝道'有些不太相符。那个无意中杀死了其长辈的人的父亲,请求在他儿子出事的地方接受惩治。他的要求最终被应允了。中国人认为父母的生命比孩子更重要,这才让他得以救了儿子一命。而反过来,一个儿子无论如何也没法挽救他父亲的生命。"(第126 页)可惜我们无法还原这一事件的具体过程和细节,否则可以就此做一篇很好的比较伦理学的文章。限于作者这里提供的材料,我们大概可以推断说,这个致人丧命的孩子或许是家里的独子,父亲年龄已相当大,不大可能再生一个儿子。在提倡"不孝有三,无后为大"的礼教社会，父亲对祖上的孝，自然体现在自己有后嗣，能延续家族的香火，所以才有如此举动。这里作者看到的"中国人认为父母的生命比孩子更重要"还只是事物的一方面，而这一方面恰恰是顺应不能犯上作乱、"忤逆"长辈这一逻辑的；同样顺着这一逻辑——这一点作者大概忘了——中国传统社会是对儿女舍生救父母的孝行总是大加赞美的，想想"二十四孝"的故事，我们大概就能明白。在本书"黄县的教徒"（第73－79页）一节，作者还记载了另一段同礼教社会提倡的孝道有关的事情，这事同样让外国传教士感到困惑。在姜家村有位基督徒叫姜德存，年轻时是本村参加同外村械斗的一伙人中的领头大哥式人物，他的一位堂兄弟在某次械斗中遇难，妻子成寡妇，膝下无子女，而姜德存有四个儿子，其中一个（大概为长子）早年出家当了和尚，其余三个后来随父亲加入了教会。姜德存堂兄弟的守寡媳妇觉得："自己应该有个孩子做自己的继承人，好永久祭拜她和她死去的丈夫。这位姜兄弟尚未从异教的观念中完全解脱出来，便把他的一个儿子给了她。"（第76页）这种过继的事，在以前很平常，但是那些来华传教的老外们就见外了："我们不愿意通过审定教会成员个人信仰的真实程度，去裁决是否该保留其会籍。我们多少知道，教会不太会赞同这位改变了信仰的'打手'以及他的异教徒儿子的做法。可他的两个小儿子都有受过基督教教育的媳妇，她们始终是那异教村庄暗夜里的明灯。"（第76－77页）① 由此可见当时教会领袖遇到这种具有中国特色的信徒问题时心里矛盾之一斑。总之，姜德存儿子的过继风波，说到底还是从强调"不孝有三，无

① 请注意这里作者对姜德存及其过继给堂弟媳的儿子的称呼用语。

文本新读

后为大"的孝道生发出来的，也仍是外国传教士不易领会之事。

三、基督徒的遭遇及作为：四则个案

前面一部分用了不少的篇幅来摘录《往日琐事》一书中大量有关中国传统宗教的文字，这些文字大体上是站在旁观者的立场记录下来的，虽有因作者的无知和偏见引起的误读与谬解，总的来说不失为客观。而在本文这第三部分，笔者则希望能从前面引述过的材料中，挑选某些事例作为个案，并补充、对照有关当时基督宗教传入之后在当地引起紧张和冲突情况的记载，然后尝试作一种立足于现代宗教学研究的解读。

宗教人类学家史拜洛教授（Melford Spiro）提出的宗教"三功能论"在比较宗教学上有深远的影响，这种理论认为："人类的宗教信仰大致有三项重要的功能，那就是生存的功能（adaptive function）、整合的功能（integrative function）与认知的功能（cognitive function）。"① 李亦园先生概括地解释说："所谓生存的功能就是帮助人类克服种种生活上与心理上的挫折、困难、恐惧、不安，借信仰之力量获得安定、安心与安全；所谓整合的功能就是借共同信仰以巩固团体的凝聚力、整合社会的组织力，发挥人类社群关系的至高境界；所谓认知的功能则是满足人类对于终极意义的困惑，提供对人生、宇宙、存在与道德等

---

① Melford Spiro 原文 "*Religion: Problems of Definition and Explanation*"，原载 Kilborne B. & L. L. Langness ed., Culture and Human Nature: Theoretical Papers of Melford Spiros, Chicago: University of Chicago Press, 1987. 此处及随后概括性的说明都引自李亦园《宗教的社会责任》一文，载《李亦园自选集》，第 215 页。

等根本问题的解答。"虽然李亦园先生接着史拜洛的"三功能论"进而提出自己有关宗教信仰的层次和功能的分类表①，对于一般宗教信仰现象的分析，"三功能论"提供的理论框架已经足够宽裕。下面我们就试着对《往日琐事》记载的一些事例，进一步作些简要的个案分析；同时需说明的是，因限于篇幅，在进行这些分析时，不拟作广度的拓展和深度的挖掘，仅以阐明问题为指归。

个案一：信佛的老太太

书中提到那位信佛的老太太，听从朋友的建议，来找提倡一种新教义的外国人谈谈，结果"她来了以后，急切地倾听曾和我共事的两个女基督徒讲了半天时间。她们告诉她救世主，告诉她救赎不是靠劳作而是靠祷告。她们告诉她，只有她的上天之父的大爱才值得崇拜。离开的时侯，她以开朗的神气说道：'现在我觉得，这正是我这一辈子该找的。'"（第36页）对这位信佛的老太太而言，宗教信仰发挥作用的，主要仍然是所谓"生存的功能"。她信佛以及前往寺庙修炼，当都与守寡有关②。

孰料黄县的这间尼姑庵，却让老太太大感"痛心和失望"，因为她心目中的清净地，实际上是个"是非窝"，她发现，对佛经无知的尼姑们竟还生活放荡，"他们不祷告，却用本该祷告的时间去赌博与干坏事。"赌博之外，这些放荡的尼姑还干什么坏事？作者不失厚道，就点到为

---

① 详见《李亦园自选集》，第217页。
② 守寡后，"她能够背诵一些佛教经典，并在白天和黑夜真诚地实行禁欲，但她并不以此为满足"。从上下文不难推断：这位老太太家境应该相当不错，可能还有些文化，虽常年吃素，身体保养得却很好，年纪也不是很大，膝下还有一大帮儿女需要照看，自身仍有正常的性欲要求，既不愿改嫁，自然向往红杏出墙，自然向往青灯古卷的清净世界。所以，她成年的儿子建议说："妈，到黄县的尼姑庵去吧，你还能从尼姑那里听到更多的教义。"（第36页）请注意此处特别点出"尼姑庵"，而不是一般寺庙，大概在儿子眼中，和尚们仍然是男人，对寻找清净的守寡母亲或恐仍有诸多不便吧？

止，未作申论；但今天的读者其实不难想象。

在我看来，这一个案最有意思的，还在于揭示出佛教徒与基督徒面对面时的彼此隔膜，或者毋宁说，是基督新教传教士对这位潜在皈依者的信佛老太太信仰需求的无知。我认为，恰恰是那两位女基督徒的"偏见"，才拒人于千里之外。这两位基督徒，同作者一样，认为宗教信仰归根结底就是祷告，凡事"靠祷告"，自以为与老太太志同道合；其实大错特错。老太太重视的是修为，是包括禁欲在内的"劳作"（善工）！而不是"靠祷告"的一句空话，或者诸如"只有她的上天之父的大爱才值得崇拜"之类隔靴搔痒的话头。如此对话或宣教，岂非南辕北辙？套用"三功能论"，信佛老太太看重的是宗教的"生存的功能"与"整合的功能"，而基督教传教士强调的似乎属"认知的功能"，结果才有这种相见不相识的局面。

与此相关的，是当时外来宗教（基督新教）同本地传统宗教相遇之初，观念和词语借用——或如行话所谓"格义"①——的问题。这里我们只有浦安讷的叙述，而没有信佛老太太的陈情。除去翻译上可能带来的问题，这个个案还表明，不同宗教信徒之间的转述，大有模糊失真之处。佛教徒当然也讲祝祷，但在"他们不祷告，却用本该祷告的时间去赌博与干坏事"的语境中，几乎没有人会怀疑此处"祷告"当是"念佛"的替身。两位基督新教

① 海内外研究中国思想的学人近来开始在西学东渐回顾的语境下重新探讨这问题（可参见刘笑敢、林安梧等人的著述）。但是，关于格义的解说，仍以陈寅恪先生《两晋南北朝史（高等学校交流讲义）》中所引《高僧传》肆竺法雅传的讲法最为探本、扼要："雅乃与康法朗等以经中事数，拟配外书，为生解之例，谓之格义。"（《陈寅恪集·讲义及杂稿》，三联书店，2002年，第111页；陈先生最早揭出此义于"支愍度学说考"，重申于"与刘叔雅论国文试题书"，此二文今分别收入三联书店版"金明馆丛稿"初编及二编。）

女信徒的解说，"救赎不是靠劳作而是靠祷告"，也似曾相识，可是在使徒保罗那里讲的是"因信称义"，怎么到了中国又将信心化简为祷告的方便法门了呢？难道是这两位妇女原来也曾皈依佛门，如今用净土宗的"易行道"或师"云门三句"之故伎而在因机施教？老太太最后说："现在我觉得，这正是我这一辈子该找的。"或许也有言外玄机，否则岂不是表示相见恨晚、当即便拜倒基督宗教的门下？怎么又会回到尼姑庵去呢？作者"此后"念着的这位老太太，便如泥牛入海无消息了。此外，前面所引"北沟的故事"中解释道教学说时的文字，显然也带有浓厚的基督教灵魂观的色彩，同道教讲究的养生、长生久视及羽化登仙，仿佛圆凿方枘。

个案二：矛盾者的托辞

面对传教士热情的宣教工作，有些人心里矛盾重重，前思后想，反复掂量利弊得失之后，他们有现成的话来推辞搪塞，作者称这些人有备而来，因为他们回答说："我知道那是对的，可上帝是编造出来的。我相信教义，但在我父母去世以前，我不能成为基督徒，我得在他们坟前跪拜。"（第38页）这些矛盾者的言辞，其实也是矛盾的。有两点值得注意。假定这里译文没有问题，那么"可是""但是"之类，恰恰是是是而非非，进一步（"我知道那是对的"、"我相信教义"）之后再退一步（"可上帝是编造出来的"、"但在我父母去世以前，我不能成为基督徒"），或说退一步再进一步。此其一。其二，言者究竟是说不能在父母生前还是父母身后成为基督徒？父母生前，儿女不需要也无从到双亲坟前跪拜；父母去世后，儿女到坟前跪拜，自然合情合理，但不能证明"在我父母去世以前，我不能成为基督徒"理所当然。难道言者想表达的是——"现在入教倒无所谓，我父母去世后，我就不能再当基督徒了，因为得去他们坟前跪拜"？

其实，这个事例说明这样一个道理：矛盾者的言辞矛盾也好，还是言辞矛盾者心里矛盾着也罢，关键在于当年作为异质文化的基督宗教同中国文化和宗教传统相遇时，那些外国传教士或代言人本身对中国人的习俗和思想会有一种说不清道不明的爱恨情仇或说"心结"，一方面他们觉得"孝敬父母"是天经地义的（此条列入"十诫"，而且上帝被尊为"天父"），另一方面则觉得"坟前跪拜"等仪礼分明是异教的迷信陋俗，是犯"拜偶像"的天条的。若是坦然承认，"祭祖"和"坟前跪拜"之类，不是同基督信仰相抵触的宗教仪式，基督徒完全可以参与其间（如后来天主教会所明令允许的①），哪里还会有如此多的矛盾者的托辞？哪里还有必要在谈到基督徒婚礼时，非得加上一句"婚礼仪式中非基督教部分的宗教形式，是向新郎家族的祖先牌位磕头礼拜"（第40页）？前面提到的姜德存儿子的过继风波，实质上也缘于这里所讨论的问题（第76－77页；参见本文第二部分4之"（4）孝道"中的论述）。

个案三：平度的迫害

如前所述，"平度的迫害"之起，导火索在平度"那一小群拒绝上庙，甚至不祭拜他们祖先"的基督徒，作者回忆中的这个事例，在宗教学研究上，至少有两点值得注意。第一，从宣教学和比较宗教学的角度来看，严规与宽

---

① 教宗庇护十二世（Pope Pius XII）1939年颁布"众所皆知"（Plane compertum est）通谕，称"允许教徒参加祭孔仪式；可以在教会学校中放置孔子之肖像或牌位，并容许鞠躬致敬；如果教徒必须出席带有迷信色彩的公共仪式时，必须抱持消极的态度；在死者或其遗像、牌位之前鞠躬，是被允许且是适当的。"

容，不仅相对而立，而且合在一起，构成一把双刃剑。那些拒绝祭祖的基督徒，固然在严格遵守基督宗教的"教规"，但同时破坏和开始瓦解礼教传统的规矩！他们那些教会外的"家属们"（族人）呼吁基督宗教不要"在教规上那么严格"，以便立足中国社会，却忘了礼教传统也可以变得更加宽容的！那位段弟兄受"残酷迫害的打击"时，确实有人想宽大为怀，允许给他第二次机会的，所以他"被允许退出教会，但他拒绝了"（第85页）。译本中的此句文意不是很清楚，实有歧义。一般的理解是，教会宽大为怀，允许他自动退出；但从上下文来看，更可能的解释是：族长等人当着众人的面，给他悔过自新的机会，让他自己表明退出教会的心志。"但他拒绝了"，于是乎，那些族人"便一拥而上，拳打脚踢，把他像抬猪一样用杠子吊着抬到家庙去，并在那里折磨他"（第85页）。

折磨本身也成为双刃剑。若是段弟兄被折磨死了，那无非是对入教效尤者有杀鸡给猴子看的震慑；结果是段弟兄挺过来了，既抬高了他个人的名声，又渲染了他所矢志效忠的信仰之大能。这就难怪原来对基督宗教还将信将疑的族人，此后偏偏会起了信心。历史的天平是倾向了那些投向新宗教怀抱的族人。但"瘦死的骆驼比马大"，根深蒂固、源远流长的宗法制并未顷刻瓦解，而是至今余威犹在①。

第二点值得注意的，是宗教社会学向来关注的家族归主现象，这在我国大家族聚族而居的农村地区尤为常见，比如广东、河北等地都有"天主教村"，浙江、河南等地也有基督新教的"福音村"存在。在传统的礼教社会中，万事开头难，既经开头，因循成例运作下去，就并非难事了。在平度的迫害过后，基督徒人数反而增加而不是减少，完全可以未卜先知。那位起初入教遭受父亲和兄长竭力反对的李先生（第69页），后来父亲随他入教，其他的家人和族人，先后入教的可能性很大。作者在介绍这位李先生时，特别提到他"已在平度教会做了几年牧师并为数千信徒做过洗礼"，数千受洗的信徒中，有多少出自他的家族，就不得而知了，但数量和比例应该不会很小。姜德存家皈依基督教的情况，也是一种具体而微的家族归主现象（第76-77页）。就这种家族归主现象本身来看，宗教彰显出的，仍然主要是"生存的功能"与"整合的功能"。

在宗教社会学的研究中，若从家族扩大开去，我们会注意到前现代及现代移民社会中也有这类常见的侧重生存

① 我本人有次难忘的经历。我认识广州某教会一位老太太，有一天她请我同内人去她家坐坐，顺便开通开通她家的老头子。这对结婚四十多年的老夫妻，生活算挺美满的，大儿子在澳大利亚工作，特地给偏瘫的父亲买了台高级的按摩床放在家里，老两口同小儿子住在一起，还有出嫁的女儿经常回来探望。老人家又有何事想不通需开通呢？原来太太一直动员早已退休在家的先生一起信耶稣，先生觉得信耶稣的都是社会底层的，没文化没地位，总是拒绝。老太太觉得我见多识广，多年研究基督宗教，认得不少有学问有地位的基督徒，或许能改变她先生的偏见。她先生后来同我笔谈，告诉我他是潮汕人，而且是当地一个大家族的宗子，不敢轻言信基督。若干年后，我太太接到邀请，这位老太太请我们某日中午到某餐馆吃饭庆祝。后来才知她家先生终于受洗成为基督徒了。几个月后听到消息说，这位先生已安然归主、返回天家。

与整合作用的宗教皈依现象。前现代的情况，可以举出清代早期四川天主教的情况为例证。美国学者鄢华阳在《清代早期四川天主教会的建立》中指出："在四川天主教徒最集中地区中有一个在江津地区的胜冲坪。江津最显要的天主教家族姓骆，它在胜冲坪建立了一个会口。骆家很可能是客家人，他们原籍在广东，可能在 1690 年前后在江西南康地区定居。1695 年，该家族皈信天主教。后来不久，也许在 1700 年或 1701 年，骆良位和骆良义兄弟带领他们的家族移民来到四川。"① 这里的移民，自然指的是张献忠之乱后，湖广填四川的迁徙潮。鄢华阳在另一篇论文中则说："1661 年，奉教官员许钻曾被派往重庆，他邀请了法国传教士穆格我来照管从外省来的天主教徒移民。穆氏只待了两年，但却为 170 人付洗。生存的天主教人口有了逐渐的增长，大部分来自于移民而非劝化改宗。"②

现代移民社会中的例子，则可举今天中国大陆东南沿海打工群体。在这些打工群体中，既有原来从家乡承继过来的宗教信仰，也有在工作的当地新近信奉的宗教。据说，有时候雇主的宗教信仰会影响到雇员，极端的情况可能是雇主有意识地规范和强化雇员的宗教信仰。在很多时候，这种宗教群体的活动及其人数的统计，都是隐形的。由于我国历次的人口普查都未将宗教信仰作为待查项目，所以目前各地政府掌握的宗教人口的数字，显然都不够准

---

① 鄢华阳：《清代早期四川天主教会的建立》，载顾卫民译《中国天主教历史译文集》，广西师范大学出版社，2010 年，第 8 页。

② 鄢华阳：《清代早期四川天主教会的建立》，《中国天主教历史译文集》，广西师范大学出版社，2010 年，第 14 页。按：此处"许钻曾"，当为"许缵曾"之误。许缵曾，字孝彦，号鹤沙，松江华亭人，其母为徐光启孙女圣名甘第大者；陈垣先生撰有《许缵曾辑刻太上感应篇图说》及《华亭许缵曾传》（参见方豪：《中国天主教史人物传》第二编"许缵曾"，宗教文化出版社，2007 年，第 278－284 页）。

确。不久前在深圳大学召开的一次会议上，曾听到深圳佛协一位有名的法师质疑有关广东省佛教信徒人口的一个统计数字，最令人难忘的，是这位法师说：那个全省的数字还不如他掌握的深圳一地佛教徒的数字大！事实上，影响统计准确度的因素之一，就是大量的包括打工群体在内的流动人口①。

个案四：麻风病患者

"麻风病患者"（第53－55页）在全书中是个疗治创伤的典型个案，虽然这一记载也很容易让读者联想起《新约圣经》福音书中记载的种种有关麻风病人的事例。这一个案清楚表明，患上麻风病之类疾病的患者，不仅要忍受身体上的病痛，更要承受因患这种疾病给自己和家人带来的精神上的极端苦闷和沉重压力。"得病被认为是对本世或前生所犯任何罪过的一种报应。因此，只有那些与某一病人的利益有直接关系的人，才会去照顾他。而陌生人去帮助他，甚至有为自己招来上天报复的危险。"（第53页）"人们认为，得病不过是因为得罪了神而遭到报复，治病的人会面临着自己受到诅咒的危险。"（第169页）今天的读者当然可以轻易地将这些斥之为毫无科学根据的迷信，但是对于沉迷在这种迷信中的人，恐怕是没有丝毫办法的，就如同当今普通民众对艾滋病患者的无端恐惧一样。

在《往日琐事》中，还有多处提到宗教在社会生活中的疗治作用，这种疗治既可以是针对肉体的创伤，也可

---

① 这在佛教和道教尤其如此。天主教和基督新教则还需要考虑到所谓"官方教会"、"三自教会"与"地下教会"、"家庭教会"的等不同信仰群体交错所带来的复杂因素。

以针对精神和心灵的痛苦①。由于此书描写的时代等局限，这些事例多数同基督新教有关。比如，作者在"中国的家庭"一节，开头便说："即使在我能够流利地使用汉语交谈以前，我也非常高兴应邀到中国人家里去。……女基督徒们常常要求我给她们讲解福音，而我早期的服务经常是寻找那些有各种身体缺陷的家庭成员并去帮助他们。在那些妇女、儿童甚至富人里面，我发现有些疾病和伤害是需要心理抚慰的。有些小毛病，我也有能力调治，并会很快取出自己无论到哪里都习惯携带的几种相当有用的药品。"（第46－47页）后来，从美国前来加入传教士行列的有专职的医生。作者在《往日琐事》结尾处提到这种"医疗宣教"的效果："随着医疗工作的展开，当地人在情感上与看法上一直对艾尔斯先生相当尊重，从而大大有益于福音的传播。""穆罕默德靠锐利的武器征服皈依者。我们的医生则通常凭手术刀使皈依者受益。他们最满意的是能够通过外科手术解除痛苦。中国人没有外科医生。"（第168页）"医疗工作的开展及其良好的效果使病人的身体与精神两方面都得以痊愈。……在病人康复之前，每天都有福音宣讲伴随其身，使他们通过医生和护士的无私服务，真切感受到福音的力量。"（第169页）"因为看到医疗工作的前景，连住在遥远山村中的佛教僧侣也对我们产生了兴趣。后来，教会组织了起来，最主要的成果便是推动了康复工作。"（第170页）

"麻风病患者"个案的意义还在于提醒我们对现实处

---

① 疗治创伤属于基督宗教中全人关怀的一种源远流长的传统。福音书中记载耶稣传道过程中，经常会有行"医病赶鬼"之类神迹的事。当今在我国不少的农村和山区，尤其是缺医少药的地方，基督徒中仍盛行这种俗称医病赶鬼的"信仰医治"。

文本新读

境的反省。在现代社会，正如在前现代社会一样，总有异己力量的肆虐，总有人不能把握自己命运的叹息，也总有相对弱势的群体和个人，也总有对现实深怀不满的人。对于这些人，宗教提供帮助，提供安慰，提供疗治。《往日琐事》中描写最多的弱势群体是妇女，从童养媳到纳妾填房，从婚后遭丈夫遗弃的傻妇人，到行路艰难的裹脚妇女，可谓应有尽有。作者从某些侧面，也描写了基督宗教给一些妇女的命运带来的改观。比如学医的女孩子，"掌握了使盲人复明的技术"（第 170 页），而更多的女孩子进了女校读书。那些年龄大的妇女，仍可通过学唱诗的办法，开始学认字。起初进步显得缓慢，但是天长日久，变化就是巨大的。百年之后的中国妇女，照笔者推测，大概都会庆幸没有"着急"出生在百年之前吧？

身体受疾病的折磨与心灵受歧视和压抑，都需要解脱和治疗。宗教活动及其场所，便从某种意义上为社群成员提供了联谊的机会和互助、交流的平台。就妇女来说，平时不能抛头露面，参加宗教活动以及庆典、祷告会等，就完全是正当的了。当然，除了宗教的作用，传统社会也有一些渠道同样能帮助社会中的弱势群体，关于这些，《往日琐事》也有记载，例如通过结拜和认干女儿等，这里可以从略。

作者在书中还提到："一些麻烦缠身的人常希望加入教会来替自己报仇。"（第 124 页）这点也值得注意。一方面我们得记住基督教在华确实有包庇恶棍横行乡里、包揽辞讼等个例，另一方面也确实有中国老百姓觉得基督宗教体现公正，可以为自己伸冤雪耻，甚至报仇。但是，百年之前，在基督新教还是一个洋教的年代，当一个中国人不再相信自己的同胞和政府，反而求助于外人，总是件悲哀的事。浦安讷在这点上表现得异常清醒。她接着写道："我经常叮嘱我的丈夫，他应该更致力于把人们领出教会而非把他们领进教会。以前总有一个似是而非的说法流传市面，认为信教便有求必应。人们还不懂得，在精神上信仰宗教并不等于过分追求那种连政府都无法给予的保护，以便使自己得到什么好处。"（第124页）

这类个案给我们的启迪，仍然主要是关于宗教的生存和整合功能的。在"三功能论"中，那个认知功能如果说有的话，至少从《往日琐事》记载来看，也是极为单薄的，比如前面提到的学唱赞美诗兼识字扫盲的例子，当然像李亦园先生所说的终极性追问等，在本书中却不易找到印证；至于开办学校、培养人才，虽有社会服务的积极意义，无奈已经偏离了宗教的本务和要义，此处更无须多提。

四、百年巨变

这部分题作"百年巨变"，主要有两层用意，一是对应本文解读的这本书的书名《往日琐事》，意在表明书中所记"往日琐事"恰恰成为今日所说"百年巨变"的见证；二是回应此书译者程麻的"代译后记"·的标题"百年深情"。前者反映出客观世界——中国现代社会——中的深刻变革，后者则体现出百年来国人对基督宗教以及外国传教士的观感、认识和评价的巨大变化。客观世界中的变革，大家有目共睹。《往日琐事》所述，大都是百年以前中国北方城镇的风貌，而本次研讨会的主题是"宗教的现代社会角色"，着重的是当今甚至未来中国社会中宗教作用的探讨，当然也不一定排斥对欧美社会中宗教角色的

文本新读

探讨。就笔者的学习和思考而言，中国在百年来的现代化进程中进展不算迟缓，从北方到南方，从乡村到城市，浦安讷当年在《往日琐事》中描述的，对我们大都已显得陌生，至少今人已很少像我们的前人那样行严格的"华夷之辨"、死守"夷夏之大防"了。在宗教学研究领域，我们已很难像浦安讷这些外国传教士那样，可以冷眼旁观，细细描写作为外来宗教的基督新教同中国传统宗教之间发生的种种遭遇了。在当今中国社会，我们大概都倾向于承认这样的说法：传统的传统已不复存在，外来的传统已深入到我们内部，新中有旧，旧中有新，你中有我，我中有你。说老传统已蜕变为新传统也好，称新传统更新了老传统也罢，传统已变了，但是传统仍在，传统还会不断变下去。

然而，就我们的主观认识来说，可能仍是见仁见智，发展极不平衡。此书译者程麻的"百年深情"，主要是为浦安讷的长女艾达所著《在中国的童年》在美国再版而撰写，"百年深情"之类的动情话，大体也是针对阅读自己的龙口（当年的黄县）"老乡"艾达著作而发，文中称艾达"在晚年出版的《在中国的童年》一书中，一往情深地回忆了自己和弟弟们在宋家疃的生活感受。不但文字描述细致入微，而且近年来经与村里的老人们核对，其中作者凭小时记忆所画的村庄轮廓和宅院平面图都相当准确，可见那一时期的生活对艾达来说是怎样刻骨铭心"（第176页）。程麻也很坦率地说，他原来对传教士的看法："无非一言以蔽之：外国人来华传教是'文化侵略'。""随着后来中国变得日见开明与开放，自己在逐步了解艾达·普鲁伊特的生活道路及其家族的情况以后，不由得对这个曾生活在家乡的美国家族日益有了浓厚的兴趣，觉得以前对外国来华传教士全面排斥的看法有点不分青红皂白。"（第 174－175 页）程麻总结说："综观艾达一家在黄县的经历，即使人们对其父母信奉的基督教教义不愿苟同，她们的所作所为对当地来说也是利多于弊，何况他们还有像艾达这样终生眷念着故乡黄县，并为中国社会与抗日战争作出过贡献的优秀儿女。"（第 175 页）这里，作者程麻对传教士及其宗教信仰在看法上仍有相当保留，即便有所肯定，出发点依然是功利性或实用性的，从某种意义上翻译《往日琐事》有"母因女贵"（或"父母因女儿受尊崇"）的意味，因为："艾达称得上是一位与中国大地和人民血肉相连又对中国历史有所贡献的优秀美国女性。虽然在美国反共潮流嚣张时期，她曾受到过无端的怀疑和排挤，但中国始终没有忘记她对这片热土的真诚与深情。新中国成立以后，艾达几次接受中国政府邀请来华访问，并出版了多部关于中国的著作。"（第 176 页）而且，程麻指出，艾达对中国的深情厚谊并非孤例，包瑞德、谢伟思和戴维斯等"也大都是出生在中国的美国传教士后代"（第 178 页），"艾达同他们一样，证明传教士及其后代曾是美国联系中国的人脉纽带，决不应该因为一些外国传教士曾在中国大地上胡作非为，便将像艾达那样的传教士家庭也视为'帝国主义代理人'。"（第 178 页）其实，可以加入这些"出生在中国的美国传教士后代"行列而且更具代表性的，应是司徒雷登和赛珍珠。

　　由此可见，百年巨变也包括我们对外在事物和客观世界的了解和认识。"百年深情"作者对传教士及其后代的现有评价，不仅不可能出自百年之前黄县的父老乡亲，五十年前中国大陆的学者也不可能有，甚至三十年前程麻先生自己也想不到。对传教士及其后代的评价，实同对传教事业本身的估价有关，而兹事体大，既超出本文范围，也并非笔者的学术兴趣所在。前面所谈，只是为下面的探讨张目：除了本文引用的与宗教学有关的材料，《往日琐事》本身究竟有何价值？换句话说，作者写作这本书，究竟想表达什么？要告诉读者什么？如果脱离文本本身的证据，一味从外在的利弊功过来着眼，最终的评价免不了会看走眼，体会不了作者遗音中所包含的"当年寂寞心"。

本文前面小引中曾经指出，《往日琐事》作者的写作意图，在全书结尾处有所透露。现在可以从本书第五章"重大转变"的最后一节"在新的纪元"中，摘引最后两段，以见作者心曲之一斑：

才智与天赋令人称奇的中国人，亟需其领导者像基督那样凭借谦恭与爱心行事，引导他们建立一个比用枪炮与刺刀更容易维持的强盛与稳定的社会，以拯救那些屈服于极权的人们。

纵观中国历史，无神论、自由性爱等在学生中到处"散布"的情势，从来没有比现在更加严峻。因此，亟需像基督教一样深刻的教育来拯救。异教理论为这种情势提供了适宜的土壤，只有基督教的基本教义才能够抑制住那已经伸出根须的种子，使中国未来新一代人具有"免疫"的能力。我们美国对此将永远怀有浓厚的兴趣。（第171页）

撇开作者清楚而坚定的美国人的立场和传教士的思想，这番话很具体地反映出作者对差不多百年前的中国社会的认识以及对其将来的期盼。这里，对作者来说，人我的界限很清楚（中国与"我们美国"），但是她对中国人的爱也决不含糊。细读这两段文字，我不禁会遐想：这些话，若说是出于冷战时期某位美国人之口不也挺合适、挺可信？甚至将之抽离出来放到网上，让读者猜是否出于当代美国人的手笔，岂不十之八九会得到肯定答案？那么，问题究竟在哪里？是百年来美国人对中国的"偏见"没有根本的改变？还是咱们中国百年在"经济、社会面貌与民众生活"已发生巨大变化的同时，仍"也延续着某些经久未变的东西"？（第177页）而这些东西又并非如程麻所说，是"源远流长的中华文化传统"？如果我们能弄明白这个问题，我们大概就称得上《往日琐事》作者的知音，也对今天所谓的中国现实问题有比较清醒的认识。

洪迈《容斋四笔·得意失意诗》有云："久旱逢甘雨，他乡遇故知；洞房花烛夜，金榜题名时。"多少年来，看重乡情乡谊的中国老百姓几乎都会说这句"他乡遇故知"。有意思的是，顾随先生《驼庵诗话》中对此有下面的一问一答："难道他乡人不是人吗？但总觉不亲近。"[①]程麻在"百年深情"一文的末尾，称组译浦安讷母女的《往日琐事》和《在中国的童年》，是"希望这两本书的中译本出版不仅唤来龙口乡亲们的欣喜，也能够使全国读者们多结识一位'外国乡亲'。每一位中国人都应该以有艾达这样的'外国乡亲'感到欣慰与自豪"（第179页）。其实，这种希望同现实之间的差距仍然很大，不会有多少读者愿意真心认艾达这样的"外国乡亲"，道理很简单，第一，艾达这样的"中国出生的美国人"（China–born American，或简称CBA）不能类比于我们所说的"美国出

① 顾随讲述《驼庵诗话》（叶嘉莹记录，顾之京整理），天津人民出版社，2007年，第105页（其中的问号，据《顾随诗词讲记》中的版本更改，中国人民大学出版社，2010年，第119页）。

生的华裔美国人"（ABC），既非中国公民，现在又不生活在中国，而仍是叶落归根在父母之邦——"我们美国"，本质上同浦安讷这一代没有区别；第二，我们这种攀乡亲的做法，经得起对方"难道他乡人不是人吗"这一问吗？能让对方心里真接受美国同胞在他们反而"总觉不亲近"说法吗？第三，最麻烦的或许是，我们一方面在同老外攀乡亲，另一方面不常在视乡亲如外人吗？最近曲阜盖教堂引起的风波，根柢就在这里。

其实，将当今中国社会中的基督宗教仍然看作"洋教"，未必不是一种逆反的"西方中心论"思想在作祟。基督宗教是世界性宗教，并非狭隘意义上的西方宗教，而且其大部分信徒都生活在第三世界，当今最有活力的恰恰是亚非拉的教会而非传统欧美的所谓"基督（宗）教国家"。从实践上来看，解答基督宗教是否"洋教"问题，应该深入基层进行调查研究。

在思考"宗教的现代社会角色"问题时，我们往往会有一种这样的感觉，就是宗教在现代社会中扮演的角色，比起在前现代社会来，似乎没有太大的变化，可能在教育、法律和政治等具体层面的功能萎缩了，主要的"生存的功能"和"整合的功能"仍在继续发挥作用。甚至在教育领域，按照恩格斯对杜林臆想式的未来"社会主义社会"所批判的那样，宗教及其神话和诗歌，仍有不可取代的价值和作用①。对照《往日琐事》中的记载，本文第三部分列举的四个个案中，除了其三"平度的迫害"，其余的都仍有可能发生在我们今天的社会。但是，"平度的迫害"之一去不复返，恰恰也说明了中国社会在百年历程中经历的巨变。

其次，在关于现代社会的讨论中，民主和法制，和谐与公正，都不断进入我们的视野。从宗教学研究的角度来看，宗教能为这样的现代社会提供怎样的有益思想资源以及正反面的教训，也是值得认真关注和探讨的。

第三，现代社会的宗教命运究竟如何？会进一步退隐吧？还是会重新焕发活力？有没有可能通过人为的办法，比如行政干预，来促进其消亡，以迎接科学发展观的昌盛？或者从根本上说，宗教对现代社会究竟是祸还是福？是带来的祸大，还是带来的福大？能有客观的衡量吗？千秋功罪，凭谁评说？

（作者单位：中山大学哲学系）

---

① 恩格斯这段话是这样说的：至于美学方面的教育，杜林先生不得不一切重新做起。从前的诗对此都不适用。在一切宗教都被禁止的地方，学校里自然不能容忍从前的诗人惯用的"神话式的或其他宗教式的剪裁"。"例如歌德非常喜爱的诗的神秘主义"，也是为人嫌弃的。这样，杜林先生自己不得不下定决心，向我们提供诗之杰作，这些作品"符合于某种同知性相称的幻想的更高要求"，并描述出"显示世界的完成"的真正理想。但愿他别踌躇。经济公社只有以那种和知性相称的亚历山大诗体的急进步伐前进，才能起征服世界的作用。（《马克思恩格斯全集》中文版第一版，第20卷，人民出版社，1965年，第345－346页）

| 儒学承传 |

《论语》在西方的第一个版本
（1687 年）

| 梅谦立

引论

从 17 世纪起，中国经典传向西方，使得它们不仅仅
作为中国的经典，而逐渐变成全世界的经典。在这里，我
们试图了解中国经典传向西方的开端，即西方人如何第一
次阅读、理解、翻译和传播《论语》，使这本书在西方人
的心目中成为最能代表中国文化的文本。《论语》在西方
的第一个版本处于一本可以被看作中国思想的百科全书之
中，即《中国哲学家孔夫子》（*Confucius Sinarum Philoso-
phus*，巴黎，1687 年，后被简称为《孔夫子》）。它系统
地介绍了先秦百家、先秦儒家、宋明儒家、道教及中国佛
教。除了《论语》翻译之外，它还包括《大学》和《中
庸》的翻译。

这篇文章由四部分构成。第一部分介绍《论语》翻
译成西文的历史过程和背景，主要阐释传教士在礼仪之争
的背景之下的意图。第二部分讨论《论语》拉丁版本的
标题、结构、排版等问题。第三部分介绍和分析《论语》
拉丁版本所显示的孔子——把他看作一位哲学家、一位圣
人等。最后一部分从译文中分析儒家的基本观念，如

"仁"等，以及讨论一些专题，如《论语》译文所阐释的宗教观、政治观等。

（一）翻译《论语》的历史背景

用儒家经典来学习中国语言和文化

为了理解《论语》的拉丁版本，我们先要简单说明它的历史来源和背景①。其实，1687 年所出版的译文积累了耶稣会传教士一百年的功夫。从 1583 年起，来华的传教士主要用《四书》来学习中文。在学习的过程中，他们用《四书》来准备一些语言教材。意大利人罗明坚（Michele Ruggieri，1543 - 1607）就是第一位来写这种语言教材的耶稣会士，把《大学》前半部分翻译成拉丁文②。1594 年，利玛窦还翻译《四书》的重要部分，并在他的学生身上验证了这个教材的效果。后来，金尼阁（Nicolas Trigault，1577 - 1628）也说，新来华的传教士都在用利玛窦的译本来学中文③。很遗憾的是，利氏译本失传了。

1624 年，耶稣会中华省副省长李玛诺（Manual Dias，1559 - 1639）确认传教士来华的四年制的"课程计划"

---

① 更详细的描述参见梅谦立《最初西文翻译的儒家经典》，《中山大学学报》，2008 年第 2 期，第 48 卷，第 131 - 142 页。

② 1588 年，罗明坚还没翻译完《四书》，就被要求返回罗马，无法完成他的计划。只有《大学》译文的前半部分正式出版；Antonio Possevino, Biblioteca selecta qua agitur de ratione studiorum (Rome, 1593). 参见：Knud Lundbaek, "The First Translation from a Confucian Classic in Europe", in China Mission Studies Bulletin, I (1979)？：9.

③ Pasquale d'Elia, Fonti Ricciane, 2 vols (Roma：La libreria dello stato)，2：35；被引用于 Lionel Jensen, Manufacturing Confucianism (Duke University Press, 1997)，327.

（ratio studiorum）①。其中，传教士被要求学习《四书》和《尚书》。后来，在江西省建昌市，当时的中华省副省长郭纳爵（Inácio da Costa，1603－1666）试图改进利玛窦的翻译，跟他的学生殷铎泽（Prospero Intorcetta，1626－1696）一起出版了《中国智慧》（Sapientia Sinica，1662年)②。译文包括孔子生平两页、《大学》部分十四页。五位耶稣会士修订了该译文③。这本著作被当代学者认为是"第一本中、拉双语译文"④。后来，殷铎泽把《中庸》翻译成拉丁文，书的标题为：《中国政治伦理知识》（Sinarum Scientia Politico－Moralis，1668－1669年)⑤。

这些译本具有几个共同特点：（1）中文拉丁文对照；（2）字面上的翻译；（3）每个汉字带一个编号，跟拉丁文字对应；（4）汉字也标注耶稣会士所发明的拼音。这种编辑更方便西方人理解、朗读和记忆。

用经典来成立正统

后来，除了学习中文和理解中国文化之外，《四书》扮演了新的角色，即要证明中国古代传统的祭祀是完全合

---

① 1619年，耶稣会成立了中华省，不过，它不是完全独立的，而归属于日本省。关于"课程计划"，参看：Liam Brockey，Journey to the East（Harvard University Press，2007），p. 266.

② 参见：Henri Bernard－Ma? tre，Sagesse Chinoise et Philosophie Chrétienne（Paris&Leiden，1935），p. 128?；也参见：Brockey，pp. 278－279.

③ 修订者有：Canevari，Gouvea，Brancati，Couplet，de Rougemont. 参见：Albert Chan，Chinese Books and Documents in the Jesuit Archives in Rome. A Descriptive Catalogue：Japonica－Sinica I－IV（Armonk，NY：M. E. Sharpe，2002），p. 11.

④ Jensen，p. 114.

⑤ 这本很特别的书今天收藏于罗马耶稣会档案馆（JS 3 III）。除了《中庸》译文之外，书还包括更详细的孔子生平。1668年，在广州只木刻了《中庸》译文的最初26页。1669年，在前往欧洲的路途中，殷铎泽在果阿停了一段时间，使他能木刻了其他刻板，印刷了，而把印刷品的两个部分装订在一起。

理的，不带任何偶像崇拜的色彩，使中国天主教徒可以祭祀祖先。其实，这场争论的第一个主要原因就是中国人自己对祭祀有不同的理解：不仅每个地区的风俗习惯和观念有所不同，而且，乡下的农民与士大夫对祭祀的理解有很大的不同。然而一个农夫和一个士大夫可以在一起参加同样的礼仪，即使他们对这个礼仪本身有不同的理解，一般来说，这个不成问题。相反，传教士要保持天主教信仰的纯粹，不允许中国天主教徒跟偶像崇拜有任何妥协。不过，因为传教士居住在不同的环境中（有些在乡下，有些在城市或皇城），所以，他们对祭祀有不同的看法。再加上，传教士们有不同的神学立场：有些比较偏向奥古斯丁主义，也有些比较偏向阿奎那主义①。因此，传教士之间开始有了所谓的礼仪之争。

为了解决这种困境，有些耶稣会传教士试图通过研究中国经典而得到一个彻底的解决方案。在这里，我们可以看到经典的重要角色：为了成立"正统实践"（orthopraxis）要先成立"正统理论"（orthodoxy），而这个"正统理论"基于对经典的正确理解。当然，我们可以反思，西方人用经典来追求文化和信仰的"正统实践"和"正统理论"的依据是否恰当。也许今天我们更强调，经典能获得各种各样的解释，甚至于有矛盾的解释。不过，无论是中国经典，还是西方经典，往往都被权威利用来成立一些规范。

以学术的方式来理解经典

为了规范对于礼仪的理解，传教士试图确定关于经典

---

① 在奥古斯丁来看，人的本性已损坏了，人们只凭自己具备的理性无法对天主有正确的理解。相反，阿奎纳强调，天主所给的理性使人们可以对天主获得某种正确的理解。

的正统理解。不过，一投入中国经典的诠释传统这个大海，他们就发现，关于《四书》的解释各不相同。他们必须做出选择，比如他们要选择用《四书》的哪一个版本，还要选择用哪个解释者的解释，而且，他们要为自己的选择进行辩护。再次，因为他们希望他们的翻译获得很高的权威性，他们决定要做字面的翻译，使他们的翻译尽可能接近原文①。不过，因为《四书》原文不容易理解，他们还是决定要选择一个注疏家，把他的注释从字面上翻译成拉丁文。翻译成西文的过程中，有些部分对于西方读者还是不易懂，因为西方的读者缺乏关于中国历史的知识，因此传教士要提供很多语言和历史材料。只有这样费力的学术工作，才能使他们的翻译获得权威性，从而证明他们关于中国礼仪的观念是正确的。

因此，在广州，从 1666 年到 1671 年，有一批传教士投入了对《四书》的翻译工作：除了前面所提到的殷铎泽之外，还有奥地利耶稣会士恩理格（Christian Herdtrich，1624－1684）和两位佛兰芒耶稣会士，即鲁日满（Francois de Rougemont，1624－1676）、柏应理（Philippe Couplet，1622－1693）。1668 年，殷铎泽返回了欧洲，把《四书》的翻译工作委托给恩理格、鲁日满和柏应理。他们花了三年时间继续翻译，加上中国注疏家的注释译文。这样一来，译文不再是一本语言教材，而更具有学术价值。不过，因为工作量太大，在翻译过程中，他们决定放弃《孟子》，而只完成《大学》、《中庸》、《论语》的译

---

① 《孔夫子·论语》："Versio Litteralis unà cum explanatione"（1）.

文①。此后，还有六位耶稣会士修订了译文。1671年，译稿被寄到欧洲。

中国经典与欧洲政治

翻译的正式出版还要等待十多年。可以说，最后的出版有两个重要因素：第一是柏应理自己的意志。在广州，他花了很多精力进行翻译，而1683年，当他返回欧洲的时候，也很费心地想办法出书。第二个主要因素就是当时法国国王想要跟东方国家发展外交。如此，1684年9月25日，柏应理跟路易十四见面，讨论把一批法国传教士派到中国②。1687年，在皇家图书馆馆长 Melchisédec Thévenot（1620－1692）的大力支持之下，这本书最终面世，书名为《中国人的哲学家、孔夫子，或者中国知识——用拉丁文表述，通过殷铎泽、恩里格、鲁日满和柏应理的努力》③。

很明显，路易十四支持《孔夫子》是出于一些政治原因。从他的角度来说，并不是儒家经典让他的朝代更辉

---

① 参见 Henri Bernard－Maitre, Sagesse Chinoise et Philosophie Chrétienne（Paris&Leiden, 1935), 131。后来，法国耶稣会士卫方济把《孟子》翻译成拉丁文，完成了《四书》的翻译，还加上《孝经》和《小学》：《中国帝国的六书》Sinensis Imperii Libri Classici Sex（Prague, 1711）。

② Virgile Pinot, La Chine et la Formation de l'Esprit Philosophique en France（1640－1740）（Paris：Geuthner, 1932), 44。1685年3月3日，六位"法国钦差数学家"出海。Guy Tachard（1648－1712）停留在暹罗（今天的泰国），而1687年7月23日，其他五位达到了宁波。他们的名字是 Jean－François Gerbillon（1654－1707）, Joachim Bouvet（1656－1730）, Jean Fontaney（1643－1710）, Claude Visdelou（1656－1737）, Louis Le Comte（1655－1728）.

③ Confucius Sinarum Philosophus, sive Scientia Sinensis latine exposita studio et opera Prosperi Intorcetta, Christiani Herdtrich, Francisci Rougemont, Philippi Couplet。《孔夫子》出版几个月之前，《大学》的英文版面世。参见：Matt Jenkinson, "Nathanael Vincent and Confucius's 'great learning' in Restoration England", in Notes and Records of the Royal Society, $\frac{60}{1}$,（2006）：pp. 35－47.

煌，而相反，他通过对远东文化的接纳，来显示他自己的智慧。为了感激法国国王，在著作的开始，柏应理加上了"至法国国王的信"，今天读者也许会感觉柏应理的谄媚有一点过分：

今天，从远东，来了一位君子，他出自中华帝王的皇家血统，人们称他孔夫子——被所有中国人一致尊奉为他们国家历史上最有智慧的伦理哲学与政治哲学老师和圣贤……确实，伟大的国王啊，这个孔夫子到您这里来，他通过您的关怀和皇家的慷慨，而来到高卢，并得以在陛下脚前叩首，他将对您的智慧广加赞誉，并且还会承认，他自己的智慧，不管在他的同胞那里得到了怎样难以置信的荣光和崇高，和您比起来，也只是如同星星之于太阳……出色的孔夫子设想并其著作中展示了如此卓越的皇帝，而他确实从王国的前辈君王中没有找到任何与他愿望相符之人，他回到那个最完美君王的形式和理念，而说出这句话："待其人。"这就是"我们应该等待的人"。某一天要来的人，通过某些神圣和令人惊讶的智慧，把自己显示出来，那时我们于公于私都无复他想。伟大国王啊，如果他活在今天看到您，难道他不会承认，您就是这个人[①]！

这段文字暗示，虽然中国达到了很高雅的文明，孔子的最高理想却没有在中国真正地实现过，而只有在路易十四的身上实现过。如同在中国历史上一样，在欧洲的《四书》也很难避免政治的干涉。中国经典给中国皇帝提供他们政权的合法性，给耶稣会士提供他们传教政策的合法

---

① 《孔夫子·致法国国王的信》。

性，也给法国国王提供光荣。

（二）《论语》拉丁版本的标题、结构、排版等问题

《孔夫子》的标题和副标题：以孔子本人为中心

在讨论《论语》拉丁文标题之前，我们首先需要解释一下整个著作的标题。传教士逐渐认识到，他们所面对的中国思想构成了一种体系，即"中国知识"（Sinensis Scientia）。因此，殷铎泽翻译《中庸》的时候，他用"中国知识"为标题。他暗示，中国思想体系能够回应"欧洲知识"（Europea Scientia），从而建立两个体系之间的思想桥梁。而且，耶稣会士认为，"中国知识"有它自己的经典体系，即《四书》。其中的《论语》作为"中国知识"的第三本书。

出版的时候，柏应理还在书的封面上保留了"中国知识"的字样，只不过并非著作的标题，只是副标题而已。柏应理决定把注意力从"中国知识"转到"孔夫子"本人，使标题变成为"中国人的哲学家孔夫子。"虽然中国思想界把孔子放在很高的地位，但是，直到近现代，在中国文化思想中没有"孔教"，而只有"儒家"。然而，柏应理不妨把整个著作挂在孔子的名下，好像孔子一个人能够代表整个中国思想。柏应理很可能考虑到，一个哲学家比一套哲学理论更有吸引力。或许他要证明，孔子的伟大不仅仅是在他的思想方面，更主要在他的人生。无论如何，柏应理突出了孔子。这种选择后来在西方思想里有很大的影响，因为直到今天一般的西方人不知道"儒家"这个名字，而只知道"孔夫子主义"（Confucianism）。①

---

① 在《中国哲学家孔夫子》中找不到名词（Confucianismus）而只有形容词（Confuciana Schola，119页）。

如此，西方汉学从一开始就偏向"孔夫子主义"的经典，而几乎忽略了中国的其他经典。虽然 19 世纪开始翻译和研究其他经典，但是，至今"孔夫子主义"仍占上风。也许，我们可以理解为，中国经典传入西方的时候，西方人有选择的空间，选择最符合他们自己兴趣的经典。

孔子的图像

在《孔子传》前面，柏应理附上了孔子的画像，这是西方人第一次看到孔子的像。孔子画像有一点类似中国传统的孔像：他有胡子，戴冠，持笏①。不过，背景完全不是中国的。一般来讲孔像是放在孔庙前的，然而虽然这幅画的最上面写着"国学"（可能是指北京的国子监），但建筑物完全不像中国的孔庙。柏应理很可能是要避免描绘一座庙宇，因为在《孔夫子》的译文中，"祖庙"并非翻译成 templum，而是用更世俗的表达，即 aula（厅）②。如此，柏应理故意选择比较世俗的场所，即图书馆。不过，它又不像中国的藏书楼，而更像欧洲的图书馆。

其实，16 - 17 世纪的欧洲，很流行把人像画在某种背景上，比如一个图书馆。我们可以把孔子的画像跟 16 世纪的《圣奥古斯丁之梦》比较③。如同孔子一样，圣奥古斯丁也在图书馆里面，他自己的著作排列在书架上。孔子像的背景建筑物跟这个背景很类似，只是后面的耶稣像

---

① 虽然我还没有找到孔子持笏的图画，不过很可能有。

② 参见关于"子贡问曰：赐也何如？"（5.4）的评论（pars tertia, 19）。明朝的时候，孔庙有了很大的改变，把宗教意味去掉，"庙"变成"厅"。

③ Vittore Carpaccio, Vision of St. Augustine, 1502 - 04, Canvas, 141 x 211 cm, Scuola di San Giorgio degli Schiavoni, Venice. 孟德卫把它跟另一幅画作比较，参见 David Mungello, Curious Land: Jesuit Accommodation and the Origins of Sinology (Stuttgart: Franz Steiner Verlag Wiesbaden GmbH, 1985), pp. 272 - 276.

替换为一个缺口。这两幅画都用透视法，而且天花板是类似的。另外，《孔夫子》的图画是完全对称的，表达出很理性化的安排次序。很明显，《孔夫子》所要表现的孔子，并不是一位神秘的宗教创立人，而是一个哲学家，一名学者。

《论语》的拉丁文标题和结构

《论语》的拉丁文标题作为"论证者之间的话"（Ratiocinantium Sermones）[1]。这种翻译强调《论语》的哲学色彩，强调它的理性部分。在解释这个标题的时候，柏应理这样写道："对话中的人们也是进行哲学探讨。"因此，进行对话的人们并不是一般的群众，而是一些很严格的哲学家。西方读者很容易想到柏拉图的哲学对话。

前文已提到，郭纳爵和殷铎泽在中国最早出版的《大学》和《中庸》只有经典原文，不包括注释。这样的翻译很难让西方读者理解，而且，读者很容易理解错误，造成不必要的争论。因此，耶稣会士决定要把中国的权威注释同时翻译成拉丁文。不过，问题在于怎么排列原文和注释。按照西方传统，原文和注释要完全分开，把注释放在原文旁边。比如，《圣经》版本都是按照这种模式来编排的。后来，西方著作把注释放在脚注上，再后来，把注释变成尾注。从边注到脚注，从脚注到尾注，西方版本把原文与注释之间的距离一步一步拉开。可以说，这种方式重视原文，能保证原文独立于诠释者的解释。

相反，在中国传统中经典文字和注释相互融洽，它们之间存在很明显的连续性，只有字体的大小能做区分。如此，读者自然而然从原文读到注释，从注释回到原文。注

儒
学
承
传

---

① 法国图书馆的手稿有更长一点的标题："论证者之间对话的问答"（Ratiocinantium quaesita et responsa, 335）。后来，柏应理把标题简化。

释给原文提供一些解释，而反过来，原文给解释提供权威。如此，原文和注释成为一体。

耶稣会士编《四书》译文的时候，他们并没有跟随西方的排版传统，而主要跟从了中国的传统。法国国家图书馆所保留的手稿可以为证。那里的手稿跟中文版本一样，经典文字和注释文字有连续性，只是把注释的拉丁字母写得小一点。不过，出版的时候，由于西方印刷术难以把大字体和小字体连接在同一行上，因此，经典文字和注释文字变成了同样大小的字体。虽然如此，在出版物上，我们还是能区分原文和注释，因为有些词附加了编号来对应原来的汉字。比如，《论语》的开头如此：

Confucius[1] ait[2]：Operam dare imitationi[3] sapientum，&[4] assiduè[5] exercitare[6] sese in hujusmodi studio imitandi，[7]nonne[8] olim delectabile[9] erit? Quasi dicat：suae principiis ferè omnibus difficultates insunt ac spinae; verumtamen si devoraveris istas magno animo vicerisque，tu quisquis sector es virtutis ac sapientiae，si exemplis simul ac documentis virorum sapientium ob oculos tibi positis constantiam junxeris cum labore，planè fiet ut recuperata paulatim claritate&integritate primaeva naturae nostrae，insignis etiam facilitas atque peritia sequatur tuam exercitationem，delectatio verò peritiam&facilitatem.

我们立即就可以知道，拉丁文的前两行代表《论语》经典原文，因为几乎拉丁文的每个字都附带了一个编号来对应原文："子曰：'学而时习之，不亦说乎?'"这一段后面部分的文字不带编号，因为它对应中国注疏家的解释①。本来，这些编号是为了更容易学习中文，如同在郭纳爵和殷铎泽的译书上。不过，与中国的刻板不同，17世纪的欧洲印刷厂无法处理汉字，因此在编辑的过程中，柏应理不得不放弃把汉字写上去②。虽然汉字消失了，但是，译文的许多部分还保留了这些编号，使读者还能猜得到，哪一个部分是经典文字，哪一个部分是注释文字③。

　　总之，译文的编辑方法基本上遵从中国传统，要把经典文字和注释相融洽。反过来，我们可以考虑，现代西方的《论语》版本都把注释作为脚注，或者尾注，这样的编辑方式不尊重中国传统的经典诠释。可以进一步说，中国近现代的《论语》版本也都把经典文字和注释严格地区分开来：经典构成一个单独的文字，下面有注释，这样破坏经典文字和注释的密切关系。而且，注释变得更专业，包括："今译"、"注释"、"评论"。我们可以思考，这种方法对于经典的阅读有什么后果？跟传统的诠释学有什么关系？我个人认为，从学术的角度来看，区分原文和后来的解释是非常关键的。不过，在古老的经典上用这样的方法也许会带来更多的坏处。近现代的人也许以为，他们可以把握住经典原文。其实，在我来看，这是一种幻想。关于孔子所说的每句话的处境，我们今天理解得很少。因此，我们需要摆脱这种"正式性"的过滤，而更要从传统的诠释学角度来阅读经典。

儒
学
承
传

---

　　① 其实，在前两行有些不带编号的拉丁文，这是因为古代汉语很简略，而翻译家不得不加上一些文字，使意思更明白。
　　② 《孔夫子》，《大学》，第1页。
　　③ 整个《大学》和《中庸》还有《论语》的前两章保留了这些编号。不过，在第三到第二十章的《论语》中，西方读者无法区分原文和注释，这两者完全融合在一起了。

孔子的《论语》或者宋明的《论语》?

虽然孔子的话永远消失了,不过我们还有编撰于汉朝的《论语》。确实,拉丁文版本主要反映出的并不是汉朝的《论语》,而是宋明的《论语》。虽然传教士关于宋明理学有所保留,而主张要回到原来的儒家①,但是,他们必须跟他们同时代的人阅读中国经典。如此,1624 年的"课程计划"不妨推荐用朱熹的《四书集注》。然后,由于礼仪之争,接纳中国古代思想的最激进的耶稣会士需要表现出他们跟宋明理学要严格地划清界限。他们在广州翻译《四书》的时候,决定不要以《四书集注》为标准,而是要用他们已经很熟悉的另一个注疏本来代替,即张居正的《四书直解》②。

我们要回到《论语》的开端,"子曰:'学而时习之,不亦说乎?'"《孔夫子》如此翻译经典和注释:

孔夫子说:"努力于模仿智人,而且在这种模仿的努力中不断地锻炼自己,难道不是很可贵的事情吗?"或说,几乎所有的开端都有困难与妨碍,不过,如果你用勇气克

① 在我看来,耶稣会士没有明白宋明理学的核心概念,如"太极"和"理"。他们用亚里士多德的思想体系来理解朱熹的思想体系,使他们得到一些错误的结论。比如,他们认为,宋明理学偏向唯物主义、无神论、泛神论。

② 按照孟德卫教授,《孔夫子》采用了《张阁老直解》的 1651 年版本。参看:Mungello, David E, "The Jesuits' use of Chang Chü - Cheng's commentary in their translation of the Confucian Four Books (1687)", in China Mission Studies Bulletin, 1981, p 16; Curious Land: Jesuit Accommodation and the Origins of Sinology (Honolulu: University of Hawaii Press, 1985), p. 269. 并不奇怪,张居正对《四书》的注疏今天藏于罗马耶稣会档案馆(《张阁老正字四书直解》,1635 年;Japonica - Sinica, I - 14;参见:Chan, Chinese Books and Documents in the Jesuit Archives in Rome, pp. 13 - 14. A)和巴黎国家图书馆(Courant 2844 - 2846 and 2849)。除了张居正,《前言》说明,耶稣会士还参考两位解释者:邱琼山或邱浚(1420 - 1495)和张侗初或张甬(1604 年进士)。

服它们，那么，你真是美德和智慧的跟随者。而且，如果由于智人的榜样和教诲放在你眼前，你把坚持和努力相连接，那么，我们本性最初的明亮和完整一步一步地回复。很突出的顺利和技巧一定会伴随着锻炼而来，而且，喜悦也会伴随着顺利和技巧而来①。

一眼看去，经典部分和评论部分都表现宋明理学的理解。比如，"学"被理解为"模仿智人"。这个说法来源于朱熹："学之为言效也……后学者必效先学者之所谓。"② 张居正有类似的说法："学是仿效。凡致知力行，皆仿效圣贤之所为。"同样，"我们本性最初的明亮"的一步一步回复是翻译朱熹和张居正的"以明善而复其初也"。

不过，译文中有些观念不能在朱熹和张居正的注疏中找到，而很可能是耶稣会士有意无意地加上去的。比如这里，拉丁文提出了本性的"完整"。也许，这种观念来源于基督教所谈，在堕落之前，人是完整，而后来，他失去了天主的恩宠，失去他的"完整"。不过，《论语》的大概意思没有变，而只能说，译文给原文提供新一层的解释，使欧洲读者更容易理解和接受。

确实，《四书集注》与《四书直解》的解释基本上是一致的，但仍有两点不同：第一，朱熹大量提出前面的解释者，有的时候，他接纳他们的立场，却经常提出他自己的另一个解释。因为他认为，前辈的解释者没有把握经典的意义，换句话说，朱熹在《四书集注》中跟前辈的解释者争论。四百年之后，张居正当然没有必要论证，他完

① 《孔夫子·论语》（pars prima, 2）。
② 朱熹：《四书章句集注》，中华书局，1983年，第47页。

全跟着朱熹的解释。第二，张居正专门给十岁的万历皇帝注疏，而且他要求万历每天诵读《大学》十次①。张居正认为，一个统治者应该采用儒家经典作为统治的基础，以使他能在这个基础上改革人性和社会②。《四书直解》是给十岁的孩子写的，所以文字易懂。张居正只是用白话文来给十岁的万历皇帝介绍朱熹的注疏而已。

《前言》说明，耶稣会士跟着张居正的评论，因为"与其他当代解释者不同，他没有创作新的神秘教义"③。其实，这个说法很难成立。虽然译文主要依据张居正的文字，不过，张居正的解释离不开朱熹。《四书直解》的次序和最大部分内容跟《四书集注》是一致的，大同小异。我个人认为，传教士不可能没有发现这一点。他们故意强调了张居正的所谓的正确性，使他们的翻译不受其他传教士的批评。选择张居正是策略性的。

确实，宋明理学对于《论语》的解释在西方人看来有很重要的好处，它使原文得到了一种浓厚的哲学意味，使西方人更容易在哲学思想上进行理解。因为朱熹把《论语》的哲学色彩发挥出来，如此耶稣会士能够把它当作为一种哲学作品。

（三）介绍和分析《论语》拉丁版本所显示的孔子

哲学家孔子

在《论语》译文中所介绍的孔子，有三个比较突出的影响：孔子是一位哲学家，他述而不作，他是一个圣

---

① 参见朱东润：《张居正大传》，白话文化出版社，2000 年，第 167 页。

② 关于万历皇帝和张居正之间的复杂关系，参看 Huang, Ray, 1587, A year of no significance（New Haven: Yale University, 1981），pp. 1 –41.

③ 《孔夫子·前言》，第 114 页。

人。我们先讨论哲学家孔子。在《论语》译文中，"哲学家"这词出现五十多次。然而经常没有中文词来支持这个用法。可以说，这种用法是修辞学性的，通过重复地出现来影响读者的理解。不过，除了这些修辞性的用法，我们还能找到与原文有密切关系的用法。这里，我想举两三个例子。我们还回到《论语》的第一章，来翻译"子曰："君子食无求饱，居无求安，敏于事而慎于言，就有道而正焉，可谓好学也已。'"（《论语》1. 14）：

孔夫子说："当被饮料和食物补养时，拥有美德的人不会为了自己被填饱、装满和吞食而做这些事情，而是为了生存和补充力量。再次，他不会热切地追求他居住在其中的房子的舒适和快乐。还有，他在处理事情时积极勤勉，在言辞上小心谨慎。他要这样做，不是对自己满意或者失意，而是接近并好学地追随在智慧和美德上有天赋的人，并且被他们的建议和榜样带领到某种原则上。事实上，谁达到这样的原则，就可以被称为哲学家，并且他足以被如此称呼①。"

在这里，"哲学家"并不涉及什么抽象理论，而更是某种生活方式。哲学家就是向前辈学习生活之道，而且他能按照这个过生活。"哲学家"这种概念跟原文有什么关系？其实，philosophus 很正确地翻译原文的"好学"，因为它的含义就是"喜欢智慧者"、"好智慧者"。

第二个例子是《论语》中很出名的短文："子曰：'吾十有五而志于学。'"《孔夫子》如此翻译：

① 《孔夫子·论语》（pars prima, 8）。

孔夫子主动向他的学生们解释，他在哲学的追求上，在人生的不同阶段，获得了什么进步。他说：“当我十五岁的时候，我马上致力于深入学习祖先们的教导或者哲学。”①

如此，孔子一生的事业就是哲学。而且，孔子不仅是哲学家，而且如同柏拉图或亚里士多德一样，他创立了一个“学校”（gymnasium）②。《论语》中几次提到的“六艺”，被翻译成“自由技艺”（liberales artes）③、“自由学科”（liberales disciplinae）④，或者“善技艺”（bonae artes）⑤。这样的翻译暗示：中国的六艺和西方的“自由技艺”一样不试图培养职业人员或技术人员，而是要培养自由人。因此，《孔夫子》所描述的孔子是一个很伟大的哲学家，使他能成立一个教育体系。

述而不作的孔子

《孔夫子》把孔子比作一位哲学家，不过，著作的《前言》很清楚地表达《论语》的“述而不作”（7. 1）这个道理：孔子不是创立人，而是一个继承者，他把贤人的教导整理起来。如此，《孔夫子》也提出这种观念：连孔子自己也是一个解释者⑥。

《孔夫子》要说明，孔子的教导有很古老的来源，回归到尧舜，甚而回归到黄帝。柏应理也试图证明中国的古

---

① 《论语》2. 4；《孔夫子·论语》（prima pars, 10）。
② 《论语》11. 2：“子曰：‘从我于陈蔡者，皆不及门也。’”；《孔夫子·论语》（pars sexta, 69）。
③ 《论语》9. 2，9. 7；《孔夫子·论语》（pars quinta, 53, 55）。
④ 《论语》7. 7；《孔夫子·论语》（pars quarta, 57）。
⑤ 《论语》7. 19；《孔夫子·论语》（pars quarta, 41）。
⑥ 参见《孔夫子·前言》，第102页。

代历史可以跟圣经历史相连：大洪水之后，挪亚把关于天主的正确认识传给他的子孙。而在子孙中有伏羲，他从美索不达米亚迁徙到中国。如此，中国民族从一开始就有对天主的正确理解，而且，由于它有与其他民族不同的封闭，纯粹的信仰能保持很久而不受偶像崇拜的污染。为了证明中国文明的古老历史，柏应理在译文中提供了很丰富的历史资料。柏应理编写了更完整、更详细的历史年代，放在《孔夫子》的最后部分作为附录：《中华帝国年代表》（Tabula chronologica monarchiae Sinicae）①。

不过，柏应理对于中国古代历史的关注跟清朝的思潮有一些关系。那时，儒家经典引起了一些知识分子的浓厚兴趣，特别是《五经》，因为他们要远离宋明理学的形而上学，而发挥关于经典的新诠释方法，即考据学。如此，我们可以看到，《孔夫子》的解释学处于不同诠释传统的十字路口。在这种历史背景之下，孔子有很特别的地位。他没发明任何东西，不过，孔子通过智慧和哲学，最明白中国古代的精神，而且更重要的是，他在自己身上体现出这种精神。因此，《孔夫子》把孔子作为圣人。

圣人孔子

似乎来华的耶稣会士没有得到天主教会的批准就把孔子封为圣人。"圣人"也翻译成 sanctus（英文：saint 或者 holy）。但是一般来说，西文当代翻译成 sage②。《孔夫子》不妨把孔子作为"圣人"，因为大部分人都这样认为。不过，《孔夫子》还表达出：孔子自己没有承认这一点，而

---

① 在《中国历史》（Sinicae Historiae，1658），意大利耶稣会士卫匡国（Martino Martini）已经提供了中国历史年代。
② 《论语》9.6："固天纵之将圣"；《孔夫子·论语》："Coelum prodiga cum liberalitate perfecit ut sanctus esset."（pars quinta, 54）

只要求"君子"的称呼①。

不过,《孔夫子》还是避免了宋明理学对孔子的圣化。虽然孔子自己说他是"无知"②,在朱熹看来,孔子一出生是全知:为了鼓励学生逐渐提升自己,他故意否定他一出生是全知,而他向学生们描述他自己用功经过的历程。同样,张居正表示:"孔子之圣无所不知。"③ 在《孔夫子》中,耶稣会士没有提出朱熹和张居正的孔子全知说法。他们很可能要避免把孔子放在跟耶稣同样的地位,因为他们把耶稣看成是全知的,因为他能从他的天父那里都知道一切。

(四)《孔夫子》中基本观念

宋明理学的仁或基督宗教的仁?

作为《论语》的核心观念的"仁"是不那么容易翻译的。在《论语》拉丁文中有"诚实"和"心的真美德"④,还有"真实和稳定的美德"⑤、"内在、稳定和完整的美德"⑥,或者"仁爱和仁慈"⑦。可以说这种翻译很清楚地表达孔子把"仁"当作最卓越的美德,而基本上西文还是接近原来的意思。

---

① "君子"翻译成拉丁词:perfectus vir, probus vir, praeditus virtute。
② 《论语》9.8:"子曰:'吾有知乎哉?无知也。有鄙夫问于我,空空如也,我叩其两端而竭焉。'"
③ 张居正《张居正评论论语》,上海辞书出版社,2007 年,第 131 页。
④ 《论语》1.3;《孔夫子·论语》:"Probitas, vera cordis virtus"(pars prima, 3)。
⑤ 《论语》3.3;《孔夫子·论语》:"vera et solida virtus"(par secunda, 2)。
⑥ 《论语》6.22;《孔夫子·论语》:"interior, solida et consummata virtus"(pars tertia, 32)。
⑦ 《论语》6.30;《孔夫子·论语》:"charitas et pietas"(pars tertia, 34)。

不过，"仁"的西文翻译还是揭示出宋明理学的解释，比如，在"回也，其心三月不违仁"（6.7）中，没有翻译"仁"，只写拼音 Gin，而下面，另有斜体注解附在下面："仁这个美德就是心灵内在的稳定完美；通过它，我们总是跟随天赐的自然理性，因为这个理性，连一瞬间都不远离它的道路。"① 其实，这个注解反映出宋明理学的观念：第一，把"仁"与"本心"连接起来，第二，把"仁"跟"天理"连接起来。

　　按照《论语》的记载，孟武伯问孔子，子路是否有仁，孔子回答说："不知也。"张居正解释为："仁具于各人之心，难以必其有无。"拉丁文翻译为，仁在于"心灵的最深处"②。很明显，翻译依据朱熹的诠释。我们知道，朱熹把"仁"区分为两个层面，其一，仁在于本性；其二，仁在于表现。《论语》的另一处有"子罕言利，与命，与仁"。这里，《孔夫子》提供对"仁"的另一个定义："天赐的天真和醇美，以及所有美德的保卫和装饰。"③ 虽然在朱熹或者张居正那里我没有找到相对应的文字，不过，这种对"仁"的定义很符合朱熹的观念，把"仁"分为两层，它的本性和它的表现。

　　很明显，《孔夫子》所显示的孔子不仅是先秦的孔子

---

　　① 张居正：《张居正讲评论语》，上海辞书出版社，2007年，第59页。《孔夫子·论语》："Interior et solida animi perfectio qua fit ut naturale lumen coelitus inditum constanter sequamur, sic ut à suscepto cursu ne exiguo quidem temporis momento desistat"（pars tertia 29）。
　　② 《论语》5.8；《孔夫子·论语》："intimo cujusque animi recessu abdita"（pars tertia, 20）。
　　③ 《论语》9.1："子罕言利，与命，与仁。"；《孔夫子·论语》："de coelitus indita innocientia ac puritate cum praesidio ornamentoque virtutum omnium conjuncta"（pars quinta, 53）。

或汉朝的孔子，而更是宋明的孔子①。不过，传教士理解"仁"的时候，他们不得不受到基督宗教的"博爱"观念的影响。《论语》里，孔子问四个弟子他们最大的愿望。孔子肯定曾晳的回答，不过，《论语》没有很明显地表述为什么②。在斜字体的注解中，《孔夫子》提供了理由：

> 曾晳显然地倾向孔夫子哲学的最主要目的，这个目的是对所有人、所有年龄段的人的普遍慈祥和仁爱。因为这种仁爱，他对老人祝贺平安和宁静，在同辈和朋友之间建立信任与和谐，关心和同情年幼的少年人③。

看起来，这种解释离经典有点远。是否完全是传教士自己发明的呢？也不是。因为，张居正有如此解释：

> 故蔬食水饮，箪瓢陋巷，此乐也。用于国而安富尊荣，达之天下而老安少怀，施诸后世而亲贤乐利，亦此乐也④。

---

① 朱熹把"仁"分为两层，同样，他把"礼"分为两层："夫礼之全体有质有文"（朱熹《四书章句集注》，第 28 页）。如此，解释礼的时候，《孔夫子》加上同样的区分，比如在翻译《论语》3. 4："礼，与其奢也，宁俭；丧，与其易也，宁戚。"不过，今天让读者惊讶的是，《孔夫子》并没有把"礼"直接翻译成"礼仪"，而几乎各处都用很广泛的概念来翻译，即"义务"（officium）。确实，这种翻译可恰当地避免关于"礼"的太狭隘的理解。如此，《孔夫子》把"复礼"（12. 1）理解为"回到理性原有的节制"（Redire ad primaevum illud temperamentum naturae rationalis, pars sexta, 78）。这种理解依据朱熹，把礼看为"天理之节文"。

② 《论语》11. 26："莫春者，春服既成。冠者五六人，童子六七人，浴乎沂，风乎舞雩，咏而归。"

③ 《孔夫子·论语》："Tendebat ad scopum longè praecipuum Philosophiae suae, qui quidem scopus erat charitas? seu amor quidam communis erga omnes omnis aetatis homines"?（pars sexta, 77）。

④ 张居正：《张居正讲评论语》，上海辞书出版社，2007 年，第 176 页。

对张居正来说，因为在休闲生活中曾皙所获得的"乐"是完全无私的，所以，他最能关怀所有的人，最有资格治国。不过，这里，《孔夫子》把这种"普遍慈祥和仁爱"当作为"孔夫子的哲学的最主要目的"①。如此，孔子思想被理解为某种伦理哲学，或更恰当地说，某种具体的伦理观。确实，在这个层面，基督宗教的"博爱"与儒家的"仁"是一致的。虽然儒家保持某种等级观，特别是在五伦说上，不过，宋明理学的"仁"试图要达到普遍性。我们可以肯定，对传教士来说，《论语》所发挥的"仁"跟《福音》所发挥的"博爱"在实践伦理中，儒家与基督宗教是大同小异。可以进一步地说，传教士是从基督宗教的"博爱"来理解孔子的"仁"。

不过，他们这里所指示的"仁"，恐怕并不是朱熹所谈的"仁"的本性，而停留于"仁"的表现，把"仁"放在具体的行动上。确实，传教士比较容易接纳宋明理学的实践伦理哲学，甚至于他们同意宋明理学对心的重视，不过，他们对于宋明理学的形而上学，特别是朱熹的本体论，有一些保留。

鬼神问题

《论语》好几次提到鬼神。《孔夫子》把"鬼神"翻译成 spiritus。关于"祭如在，祭神如神在"（3. 12），《孔夫子》翻译张居正的解释："夫鬼神无形与声，岂真有所见，乃心极其诚，故如有所见耳。"② 耶稣会士在这里表示同意张居正的观念。传教士也许赞成这种说法，因为他们同样相信鬼神的存在，不过，这些存在者是无形的。从他们的翻译中，可以知道鬼神有两种：祖先的鬼神，还有"地方保护神"①。与古代中国相同，天主教承认还可以跟祖先保持精神上的联系，他们可以为活着的人转祷。同样，人们习惯向某个圣人祈祷，因为他专门保护一座城市，或一个地区。因此，孔子本身没有一点虚伪，完全忠诚于鬼神。

另外，《孔夫子》翻译《论语》中的"季氏旅于泰山"（3.6）的时候，翻译了张居正的评论："泰山是五岳之尊，其神聪明正直，必然知礼，岂肯享季氏非礼之祭，而反不如林放之知礼乎？"在《孔夫子》的巴黎手稿上可以看见这种文字。而且，《孔夫子》还说明，泰山不接受季氏的祭祀的这种说法在张居正对《论语》的解释中能够得到证明，古代人相信："鬼神具有智力和理智，而且有公正和正义。"②

《论语》记载，孔子说"获罪于天，无所祷也"（3.13）。《孔夫子》在翻译的时候，加上了一点："获罪于天，无所祷也，使其能得到罪恶的宽恕。"③ 在张居正那里，我们找不到"宽恕"的观念④，而只能找"感应之理"。在篇幅比较长的注解里面，《孔夫子》引入张居正的评论：

---

① 参见关于"吾不与祭，如不祭"（3.12）的评论（pars secunda, 6）。

② 《孔夫子·论语》："Esse praeditos intellectu ac mente, et aequi rectique studio teneri"（pars secunda, 4）。

③ 《孔夫子·论语》："A quo peccati veniam deprecetur"（pars secunda, 7）。

④ 不过，在评论"丘之祷久矣"（7.35）的时候，张居正提出"忏悔"的观念："夫所谓祷者，是说平日所为不善，如今高于鬼神，忏悔前非，以求解灾降福耳。若我平生，一言一动不敢得罪于鬼神，有善则迁，有过即改。"（《张居正讲评论语》，上海辞书出版社，2007年，第111页）

盖天下之至尊而无对者，惟天而已。作善则降之以福，作不善则降之以祸，感应之理毫发不差。顺理而行，自然获福，若是立心行事，逆了天理，便是得罪于天矣。天之所祸，谁能逃之，岂祈祷于奥灶所能免乎①。

　　张居正在这里提出"惟天而已"。朱熹只说："天即理。"② 我们可以理解，传教士更喜欢用张居正的评论，因为他不妨用"天"，而相反，朱熹用"理"覆盖"天"的观念。如此，他们认为，张居正保持了有神论，认为天有位格。不过，从张居正上面的解释中，很难确定他相信有位格的"天"、拟人化的"天"，或者他保持了宋明理学关于匿名"天理"的观念。无论如何，传教士如此阅读他的解释，把它当作一个根据来证明古代人有了这种信仰。因此，《孔夫子》在"天之所祸"上面加上了"图谋报复的天"这种观念③。虽然《孔夫子》肯定鬼神的存在，肯定人们可以向鬼神表达自己的需求，还肯定鬼神凭自己的理智和正义来答复，不过，让我们今天很惊讶，那就是《孔夫子》试图把这些活动看作非宗教。

基督宗教灵修的影响

　　《论语》提出了"克己"的观念（12.1）。《孔夫子》从字面上翻译为"克服自己"④。不过，朱熹和张居正都强调，所要克服的并不是"自己"，而是"人心之私

　　① 张居正：《张居正讲评论语》，上海辞书出版社，2007 年，第 34 页。
　　② 朱熹：《四书章句集注》，中华书局，1983 年，第 65 页。
　　③ 《孔夫子·论语》："Coelum vindex"（pars secunda, 7）.
　　④ 《孔夫子·论语》："vincere seipsum"（pars sexta, 78）。

欲"①。这里，《孔夫子》的诠释离受到了西方灵修学的影响，特别是斯多葛派，还有基督宗教，如同肯培（Thomas a Kempis）的《效法基督》（Imitatione Christi），强调"战胜自己"。

关于《论语》的"人而不仁，如礼何？人而不仁，如乐何"（3.3），张居正与程子和朱熹一样都强调："人而不仁，则其心放逸而不能敬，礼之本先失了。"② 为了表达这个精神状态，《孔夫子》用天主教的灵修标语："有美德的灵魂不要被各种动态动摇。"③ 这里的"各种动态"指示，灵魂受到恩宠或撒旦的推动④。如此，《孔夫子》暗示，孔子如同一个灵修导师一样提出怎么解决灵魂中的各种动态。

另外，按照《论语》的记载，孔子关于他的弟子颜回说，他"退而省其私，亦足以发"（2.9）。依据朱熹，张居正解释，孔子"见他一动一静，一语一默，都是我所言的道理"⑤。不过，《孔夫子》所理解的有所不同："首先颜回安静地思考孔夫子所提到的东西，然后，他行动和说话。"⑥ 翻译暗示颜回经过两个阶段：他先思考，几乎可以说他先祈祷，而然后，他行动。确实，在西方思想中，特别是在基督宗教，这种模式很普及，不过，儒家没

---

① 参观朱熹《四书章句集注》，中华书局，1983年，第131页；张居正：《张居正讲评论语》，上海辞书出版社，2007年，第178页。

② 张居正：《张居正讲评论语》，上海辞书出版社，2007年，第28页。

③ 《孔夫子·论语》："Necesse sit animum virtutis expertem variis concuti motibus"（pars secunda, 2）。

④ 关于耶稣会的灵修，参见圣依纳爵·罗耀拉（1491－1556）的《神操》（Spirituales Exercitationes），特别是"分辨神类的规则"。

⑤ 张居正：《张居正讲评论语》，上海辞书出版社，2007年，第18页。

⑥ 《孔夫子·论语》："Primum quidem silentio et per otium meditari quae à me sunt disputata; deinde verò sic agere, sic loqui"（pars prima, 13）。

有那么严格地区分先后。

政治次序

按照《论语》的记载，孔子说："非其鬼而祭之。"
(2. 24)，《孔夫子》加上了篇幅比较长的注解：

一直以来，中国帝国注意到以正确次序来安排和管理
一切，不管事大事小。古代君王和哲学家似乎从天文学中
找到了模范。他们观察到，星星的运行和运作都来源于某
种卓越的发动器，从中心向四周一级一级推动所有东西，
直到最小的①。

在朱熹和张居正那里，我们找不到一些对应的话。不
过，拉丁文把君主制度比喻为太阳系，这番话是从圣依纳
爵很出名的书信中一个字一个字地拿取出来的。在那封信
中，圣依纳爵表达了他关于服从的观念：如同太阳推动所
有星星的运行，在罗马的耶稣会总会长推动所有耶稣会会
员的行动，按照很严格的次序和等级②。在圣依纳爵看
来，这种安排能保障组织的效力。耶稣会士在中国的君主
制度上找到类似的模式：中国古代君王制定了很严格的礼
仪，使国家能保持次序。前面的注解还没完，不过后面的
部分大体上翻译了张居正的这番话：

---

① 《孔夫子·论语》："vincere seiipsum"（pars prima, 21）。
② "Epistola B. P. Nostri Ignatii de Virtute Obedientiae", in Les Constitu-
tions des Jésuites avec les déclarations: texte latin d'après l'édition de Prague (Par-
is: Paulin, 1843), 424 - 425?: "De là, sans doute, dans les Anges cette
hiérarchie, cette série d'ordres subordonnés les uns aux autres; de là dans les
corps célestes et dans tous ceux qui se meuvent ces places fixes, ces postes qui les
lient si étroitement l'un à l'autre, en sorte que la révolution et le mouvement
engendrés par un moteur suprême et unique parvient par degrés et par ordre jusqu'
aux derniers."

天子祭天地，诸侯祭山川，大夫祭五祀，庶人祭其先，是乃当然之分，祭之可也。若是不当祭的鬼神也去祭他，这便是谄媚鬼神以求福利，不是孝享的正礼，所以谓之谄也[1]。

当然，张居正的政治观跟孔子和朱熹有所不同。作为皇帝官员的张居正更强调政治次序。因为他的注疏是为万历所做，所以他对《论语》的解释带有很浓厚的政治色彩，认为儒家经典并不是为了大众而写。而更是为了统治者而写的。张居正以天上的次序来固定天下的次序。在某种程度上，他利用儒家经典为他的执政服务。因此，我们发现，耶稣会士对儒家的兴趣不仅存在于"内圣"方面，而且也在于"外王"方面。张居正的权利次序覆盖天上和天下，而耶稣会士完全接受它。也许，我们可以责备耶稣会士没有注意到：孔子的思想自由很难容纳这种绝对的中央集权。

结论

我们不能不承认，出于传教的考虑，传教士对儒家产生兴趣。他们认为，儒家经典不违背基督宗教，而相反，他们试图强调其共同点。虽然字面翻译还比较忠诚于原文，不过，有时却使原意歪曲。不过，我个人认为，我们不能停留在翻译是否正确的问题上。如同梅约翰教授所说，我们无法把孔子所说的每一句话的历史意义找回

---

[1] 张居正：《张居正讲评论语》，上海辞书出版社，2007年，第26页。

来①。确实，我们只能通过一代一代所传下来的诠释来理解《论语》。《孔夫子》非常明显地表现出，即使耶稣会传教士对宋明理学有所保留，他们还是无法摆脱宋明理学对《论语》的诠释。在某种程度上说，我们今天也是如此。

其实，就是因为耶稣会士接受了许多宋明理学的观念，使他们能在宋明理学的诠释上继续发挥对《论语》的哲学式的阅读。可以说，在西方的第一个《论语》版本特别强调这个经典的哲学色彩。后来，许多人还是继续发挥这种阅读方式。比如，理雅各的翻译大量依靠《孔夫子》，而他自己几次提及，孔子和他的门徒是哲学家②。最近，美国汉学家安乐哲和罗思文也提供一个"哲学式的翻译"③。当然，对耶稣会士或理雅各来说，强调《论语》的哲学性是为了表达《论语》与基督信仰之间没有冲突，而相反，他们把《论语》作为某种为了基督信仰而在理性上的预备。确实，《孔夫子》代表西方人提供儒家经典一种理性的诠释基础的第一次努力。虽然柏应理和其他耶稣会士几乎忽略了他们自己与孔子的历史距离，而断言他们所介绍的孔子是最原初的。但我个人认为，《孔夫子》的价值在于依据儒家经典来建立一座桥梁让两个不同的文明相互沟通。虽然西方人所构思的《论语》已偏离中国传统的诠释，不过，这可以说是对中国经典的新解释，使

---

① John Makeham, Transmitters and Creators, Chinese Commentators and Commentaries on the Analects (Cambridge: Harvard University Press, 2003), pp. 9 - 17.

② 参见: James Legge, Confucius: Confucian Analects, The Great Learning and the Doctrine of the Mean (New York: Dover, 1971), 138, 141, 143, etc。

③ Roger T. Ames and Henry Rosemont, The Analects of Confucius: a philosophical translation (New York: Ballantine Pub. Group, 1998)。

中国经典的解释更丰富，通过另一个文化得到新生命。不妨说，今天的中国经典学也应该包括西方对中国经典的诠释在内，特别是因为这种诠释在某种程度上影响了近现代的中国经典学。

（感谢中山大学哲学系博士生汪聂才和研究生齐飞智，我们在一起阅读了《论语》拉丁译文，并将其与朱熹和张居正的注释进行比较。最后，他们对这篇文章进行了仔细的校对工作。）

（作者单位：中山大学哲学系）

汉唐宇宙论儒学及其价值

冯达文

　　中国古典哲学思想史的研究，先秦时期由于出土文献较多，已备受关注；宋明时期，海外名家用力甚深，要在理论上再予推进似亦很不容易。但是汉唐思想，特别是汉唐儒学，虽不乏研究成果，却总让人觉得并不满意。

　　何以会令人觉得并不满意呢？直观的一个看法就是，汉唐时期，曾经出现古典社会的盛世——"文景之治"与"贞观之治"，而学界对汉唐思想特别是汉唐儒学的评价，却是那样的低下。

　　20世纪五六十年代以唯心主义有神论的框架去贬斥汉唐思想—汉唐儒学自不消说。奇怪的是海外一批推崇儒家的学者，竟也对汉唐儒学不以为然。牟宗三先生就称，董仲舒是宇宙论中心，他把道德基于宇宙论，要先建立宇宙论，然后才能讲道德，这是不行的，这在儒家是不赞成的①。依此，牟先生实际上把董仲舒开除出儒家行列。徐复观先生三卷本《两汉思想史》对思想个案研究做得非常细致，但是在评价上亦说，董仲舒以及两汉思想家所说

---

　　① 参见牟宗三：《中国哲学十九讲》，台湾学生书局，1983年，第76页。

的天人关系，经受不起合理主义的考验①。及至劳思光先生的《新编中国哲学史》，更把两汉至唐代视为中国哲学的衰乱期。他认为，秦汉之际，南方道家的形上旨趣，燕齐五行迂怪之说，甚至苗蛮神话、原始信仰等等，都渗入了儒学。支配儒生思想的，已不是孔孟的心性之学，而是混合了各种玄虚荒诞因素的宇宙论②，等等。显然，海外这些名家，对汉唐以宇宙论支撑的儒学，都取否弃态度。

这些前辈学者否弃汉唐宇宙论儒学的基本标准是什么呢？似乎就是这样两条：有没有凸显主体性③？是不是符合理性？汉唐宇宙论儒学是讲"天人相与"（董仲舒语）、依"天"立"法"的，自然没有凸显主体性；且"天"近乎于人格神，被赋予信仰意义，也不符合理性，因之，没有什么值得称许的。

而这样评价的两个标准，是从哪里来的呢？毫无疑问是从回应西学的挑战中来的。"主体性"和由主体"为自然立法"是近代西方哲学的中心话题；"理性"和用理性"审判一切"的主张则出自近代西方对中世纪神学的抗争。牟宗三先生称西方所讲的"主体"只是知识主体，中国古典儒学自孔孟起即凸显"主体"更且是"价值主

---

① 徐复观写道："董氏以及两汉思想家所说的天人关系，都是通过想象所建立起来的。这种想象，不是具体与具体的连结，而是一端是'有'，另一端是'无'，通过想象把有形与无形，把人与天要在客观上连结起来，这中间便没有知识的意义。所以他们都具备了哲学系统的形式；但缺乏合理的知识内容去支持此一形式。所以不仅是董氏，汉人的这类哲学系统，不能受合理主义的考验。"（《两汉思想史》第二卷，华东师范大学出版社，2001，第241页）

② 参见劳思光：《新编中国哲学史》第二卷"导言"，广西师范大学出版社，2005年。

③ 牟宗三称："孔子的重点是讲仁，重视讲仁就是开主体，道德意识强就要重视主体。……中国文化、东方文化都从主体这里起点，开主体并不是不要天，你不能把天割掉。主体和天可以通在一起，这是东方文化的一个最特殊、最特别的地方，东方文化和西方文化不同最重要的关键就是在这个地方。"（《中国哲学十九讲》，第77－78页。）

体"；这一主体有"创生"意义，亦可开出"存有"界①。牟先生这里强调的，实际上也是由主体"为自然立法"。劳思光先生只认孔孟心性之学为唯一判准，而傲视其他思想派别，所强调的则是自己认定的主体的至上性。徐复观以"不能受合理主义的考验"批判董仲舒与两汉思想家，无疑就以理性作为审判是非对错的法庭。

然而，20 世纪以来，由于主体性的过分张扬导致了人与自然的关系的严重对立，由于个人作为主体他人作为客体的过分强调，引发了个人与他人和社会的关系的空前紧张，人们已经意识到"主体性"的追求正在走向黄昏。事实上，许多西方学者亦已对这种追求作出反省②。

并且，在本世纪，由于中国经济的重新崛起，相应地必然带来中国文化的重新复兴。在新世纪的思想文化建构中，我们是不是不再需要对西方思想文化亦步亦趋？我们是不是应该回归中国文化本位，重新接续起中国古典文化的优秀传统？如果要回归中国文化本位，接续中国古典文化的优秀传统，那么，与其致力于如何开掘中国文化传统

---

① 牟宗三以"天"代表客观世界。他说："在孔子，践仁知天，虽似仁与天有距离，仁不必即是天，孔子亦未说仁与天合一或为一，然（一）因仁心之感通乃原则上不能划定其界限者，此即涵其向绝对普遍性趋之伸展；（二）因践仁知天，仁与天必有其'内容的意义'之相同处，始可由践仁以知之、默识之，或契接之。依是二故，仁与天虽表面有距离，而实最后无距离，故终可合而一之也。"（《心体与性体》第一册，台湾正中书局，第 22 页）牟氏于此即谓，从主观面开启的价值主体，可以借"仁心之感通"而开出而契接"天"所代表的客观世界，而显示其"创生性"。

② 美国学者弗莱德·R·多尔迈曾以《主体性的黄昏》为题标识自己的一部著述。在该著述的《前言》中他写道："面前这部著作所探索的是主体性的衰落或黄昏，以及这种衰落对社会思想和政治思想产生的反响。自文艺复兴以来，主体性就一直是现代哲学的奠基石。在政治学领域里，现代主体性往往培育着一种别具一格的个体主义：它不仅把自我作为理论认识的中心，而且把它作为社会政治行动和相互作用的中心。本书试图为读者通向一种'政治学后个体主义理论'而铺平道路，所以它不只是反驳个体主义，而且也力求剔除其人类中心论、'自我学的'和'占有性的'内涵。"（万俊人等译，上海人民出版社，1992 年，第 1 页）该书集中体现了西方学者对"主体性"的深刻反思。

中那些被看作具"主体性"、"理性"意义的成分，还不如关切在中国文化中更现成且更丰富的、以情感为纽带的社群意识，和以敬畏与感恩为基础的人与天地宇宙的和同意识。我想我们的思想史研究在新世纪里应该有一个转向。在作了转向之后，我们不难看到，后者的弘扬对本世纪更具迫切性，更有意义。

关于中国古典文化中以情感为纽带的社群意识，那是孔孟原创儒学奠基的，大家都比较熟悉，这里不再展开。这里要谈的，是以敬畏与感恩为基础的人与天地宇宙的和同意识。这是汉唐宇宙论哲学建构起来的思想信念。

宇宙论是什么？在中国哲学的话语中，宇宙论是指从天地宇宙的来源与变迁，说明现存现实世界中人与万物的特质、功能及其相互关系的一种理论形态。这种理论形态的具体内容，我想学界同仁都是非常熟悉的，这里不必一一介绍①。

问题在于如何为它"正名"，恢复它应有的地位，如何对它进行恰如其分的价值评价。这当中至少需要处理三个问题：其一是如何看待它其中包含的浓重的信仰成分的问题；其二是如何从认知的角度给它一个合理的说明的问题；其三是它作为一种存在论如何可以转出价值论的

---

① 宇宙论学说的源头，可以追溯到很早。春秋战国时期《老子》一说，《管子》一书的《四时》、《五行》篇，《礼记》一书中的《月令》篇，《易传》、《吕氏春秋》中的"十二纪"，都讲宇宙论。只不过，那个时期宇宙论没有构成主导地位。来到汉代，经董仲舒和《白虎通义》的努力，宇宙论才与儒学有更好的结合，成为直至唐代儒学的形上学。至于宇宙论的具体内容，不同的儒家学者，会有若干不同的表述。大体而言，是说的宇宙有一个共同的来源，就是元气。元气一分为二，为阴阳二气；阴阳二气的交感起伏，带出四时；阴阳交感，四时更替，又与方位、方向相关，于是有五行。天地宇宙就在阴阳交感、四时更替、五行生克中，"品物流行"，化生出千差万别的人人物物。董仲舒有个提法："天地之气，合而为一，分为阴阳，判为四时，列为五行"（《春秋繁露·五行相生》），所描述的就是宇宙由元气到万物的生化过程。

问题。

先谈第一个问题。

毫无疑问，宇宙论儒学有神学信仰的因素。董仲舒说"天者，百神之大君也"即是，谶纬之学更是。前辈学者对宇宙论儒学评价很低，神学走向是一大原因。但是如果我们把人世间的事情区分为两大层面（或两大领域），对宗教信仰的评价便有不同。一个是社会－国家政治的公共运作层面，那是需要讲求理性的，近代以来尤其如此。宇宙论儒学之困扰就在于在这个层面上也诉诸信仰①。另一个是日常生活的层面，那却是不可能过多地讲求理性的。过多地讲求理性，无疑是把"生活世界殖民化"，把人的活泼泼的生命划一化、枯干化了。在这个层面，需要的是情感与信仰。特别是民间的日常生活，尤需依托于信仰。民间日常生活是杂乱的，正是依托信仰，才获得秩序；民间日常生活是平庸的，正是依托信仰，才建构起意义。我们以前曾嘲笑农民的落后愚昧，因为他赚了一元钱还要拿出五角钱去拜神。但是如果仔细一想，我们便会感悟：这个农民之所以这样做，是因为他意识到光凭自己的能力不可能赚到那一元钱。他心存敬畏。正是凭着这种敬畏之情，他得以走出自我，走向他人与社会，乃至走向天地宇宙。他这不就是把自己平庸的生活与他人、社会乃至天地宇宙联系起来，从而获得了丰富的意义？试看当今某些企业家，他们总以为他的巨大财富完全是自己打拼得来的，

---

① 必须指出的是，即使在社会—国家政治公共运作的层面上，信仰特别是由中国古典宇宙论引申出来的独特信仰，由于推重政治施设必须依一年四季十二个月的不同状况行事而表现出一种生态政治哲学的特色，如是，与近代以降以政治自由主义为基础逼迫每个人不得不走向功利化与工具化的那样一种政治哲学，作一比较，实亦自有其长处，自有其价值。关于这一点，笔者的一篇题为《走在学思的路途上》（已收入刘笑敢主编《中国哲学与文化》集刊中，即将出版）另有讨论，这里不再展开。

于是任意地加以挥霍。他们对员工、对社会、对天地宇宙缺失敬畏与感恩，绝不可能感受到人生的真正意义。

续谈第二个问题。

前面一个问题说，宇宙论儒学有神学信仰的因素或走向。但是要注意，它并不是完全被神学化了的。它与基督教、佛教那种信仰有很大的差别。基督教、佛教等宗教，是从价值反省建立起来的。基督教的"原罪"意识和佛教的"苦谛"意识，都显示了一种价值反省。因为他们关注的是价值反省，所以尽管其经典充满神奇色彩，人们并不会由于它们缺失认知意义而予以轻忽。要知道，神话、传奇所提示的，并不是知识的可靠性与否，而是一种价值的指引。宇宙论不然。宇宙论讲的宇宙生成过程，是依持于农业文明中的经验与观察。它的起点是认知的。它之所以备受批评，另一大原因也就是它在认知上被看作不科学、不可靠。因之，要为宇宙论儒学翻案，需要从认知上作一番辨识。

宇宙论是怎样建构起来的呢？

可以这样说，宇宙论是通过把捉、还原大自然演化的节律而建构起来的。它的主要概念，如阴阳消息、四时轮替、五行生克，都是把捉大自然演化节律的基本概念。阴阳所把捉的是大自然的原始生命力；四时所把捉的是原始生命力在时间中的开展；五行以方位、方向为基点，把捉的是原始生命力在空间中的开展。

这也就是说，宇宙论所揭示的，是原始生命力在时间空间的演化过程，在演化过程中由于时空的不同交错，天地宇宙与天下万物就会形成并受制于不同的节律。

而宇宙论中"类"的概念所依据的，即是这种演化的节律。这是说，中国古典宇宙论中的"类"，并不是形构上的同异关系，而是指的万物在相同或不同时空的运化节律中，由于所获得的相同或不同的能量（生命力）、信息而形成的相同或不同的关联。古人依五行分类、依四时分类、依阴阳分类，所体认的就是这种独特的"类"概念。

又或可以说，所谓"类"乃是把大自然在时空中演变的节律凝固下来而形成的。就人这一类而言，它无疑是大自然优化的产物，因为它凝固了大自然演变节律的最适当的组合，因而它得以成为最优秀的一类。古人所谓"天地为一大宇宙"、"人体为一小宇宙"，这种认人体与大自然具有对应性的观念，正是出自于对人在自然演变过程中经过选择、得以优化并得以凝固下来的一种清醒意识。

而这样一种"类"的观念，是有客观依据的。在天地宇宙中，任何生命种类、生命个体及其形构功能，都是在与大自然演变节律的长期协调中才成其为如此的；那些无法协调的生命种类、生命个体及其形构，都会被淘汰。这里所谓与大自然的演变节律的协调，无疑就包含了与时间和空间的调适性问题。

说到这里，我们不能不提及中医。中医被看作不科学的原因之一，据说是同一种病不同中医用药多有不同。然而，对同一种疾病，中医在治理上会顾及到男女老少的差异，春夏秋冬的不一，东南西北的区别，这可以说就是宇宙论及其"类"（节律）观念的具体运用吧！

由此我们看到，在农业文明中建构起来的知识类型与在工业文明中建构起来的知识类型有一大差别。从方法上看，工业文明取分解－分析地，关切事物的构成，着意于把事物的构件拆开并予计度（量化），实以"离"、"别"为嗜好；农业文明取"类归法"，关切事物的生成，着意于把捉事物与周围的环境和事物内部的构件的关联与平衡，故以"中"、"和"为所尚。关于两种方法上的长短处，李约瑟所著《中国古代科学思想史》和葛瑞汉所著《论道者——中国古代哲学论辩》都曾取"关联思维"这一说法作过讨论①，拙作《中国哲学的探索与困惑》② 取"类归方式"为说所作的辨识，对其特色与长处甚至有更多的凸显。在此不再赘述。

这里要强调的是，尽管宇宙论作为农业文明建构起来的知识类型其中有许多猜想，有不少荒诞成分，但它所取的大方向——把捉大自然变迁的节律对生命的影响并加以利用——却是不容置疑的。我们绝不可以以工业文明的知识建构，否定农业文明的认知价值。我们甚至可以说，人类缺失工业文明，依然可以生存，但如果抛弃农业文明，人类决然无法生存。农业文明中的许多思想信念，由于更贴近自然、贴近生命本真而具有永恒的价值！

---

① 李约瑟在《中国古代科学思想史》一书中写道："中国人之关联式思考或联想式思考的概念结构，与欧洲因果式或法则式的思考方式，在本质上根本就不同"；"中国人关联式的思考绝不是原始的思想方式。……它的宇宙，是一个极其严整有序的宇宙，在那里，万物'间不容发'地应合着。但这种有机宇宙的存在，并不是由于至高无上的造物者之谕令（万物皆臣服于其随伴天使的约束）；也不是由于无数球体的撞击（一物之动为他物之动的原因）"；"中国人的理想里，没有上帝和律法。宇宙内的每一分子，都由其本性的内在趋向，于全体的循环中欣然贡献自己的功能，这个非由创造而来的有机体，反映于人类社会上的，是一个普遍的理想，即人与人间的善意谅解，以及相互持待和团结的柔和体制，此种体制永不立基于绝对的法令或法律。"（陈立夫主译，江西人民出版社，1990 年，第 382－387 页）葛瑞汉于所著《论道者——中国古代哲学论辩》一书则称："从把人与共同体和宇宙联系起来的系统的方向看，一种关联的世界观开启了一个有益得多的层面。基本的社会制度，语言，与关联世界观充分共享了它的结构……政治学、社会学和心理学从没获得分析思维的那种纯粹性，根据物理学类推，它们因宣称为'科学'故应需要这种纯粹性。除了所有学说之外，现实的日常生活也大都无可改变地属于关联思维。"（张海晏译，中国社会科学出版社，2003 年，第 402 页）李氏和葛氏于此都以"关联思想"来把捉宇宙论所显示的认知方式及其特点并予充分肯定。

② 该书原由中山大学出版社于 1989 年出版，1998 年经修订易名为《早期中国哲学略论》，广东人民出版社出版。

顺便提一下的是时间观念。工业文明所持的时间观念是"一去不复返"，农业文明所持的时间观念是"循环往复"。工业文明以为什么东西都会"一去不复返"，所以要赶快去抓住。但是其实不管怎么努力，始终赶不上变迁的速度。"理性的计算"（工业文明的表征）引发的不免是疯狂的追逐。农业文明坚信所有东西都会"循环往复"地重新生起，所以不计较一时一地之得失。只要付出努力，总会有所收获。"信仰的支撑"（农业文明的取向）带来的却是理性的平静。

　　这就可见，人类生活在多么怪诞的状态中！

　　再谈第三个问题。宇宙论作为一种存在论，能不能转出价值论？如何转出价值论？

　　以往，学者们依知识论的眼光，以为存在世界为客观的、无情的世界，而价值世界为主观的、为情所困的世界，二者不可能贯通。

　　但是，如果我们从生存论的角度看，二者相互贯通是不成问题的。

　　这里的关键就在于，人们处在农业社会生存处境下，对天地宇宙－大自然拥有一份敬畏与感恩。

　　试设身处地体验一下：天地宇宙－大自然对我们人类一族是如此的厚爱，让我们人类最富有感情、最具有灵性，得以成为万物中最优秀的一族，我们岂能不敬畏与感恩？

　　再设身处地体验一下：天地宇宙－大自然不仅以厚爱生化了我们，而且又年复一年、周而复始地奉送万物养育着我们，我们岂能不敬畏与感恩？

　　从敬畏与感恩出发，人类对天地宇宙的节律与法则自当效行不已：

"诚者，天之道也。"——天地宇宙一年四季十二月二十四节气依时而来，天岂有不诚？"诚之者，人之道也。"① 人亦当如此效行，以"诚"为德；

"天地之大德曰生。"② ——这显示着天地宇宙对人对万物的仁恩，人亦当如此效行，以"仁"为心；

"一阴一阳之谓道，继之者善也，成之者性也。"③ ——天地宇宙以阴阳消息显示其演化节律（道），人亦当依此节律"赞天地之化育"，由此而证成自己善的品德，与证得善的本性；

如此等等。

在这里我们看到，孔孟原来从心性开出的价值信念，完全可以从宇宙论中得到确保。宇宙论作为一种存在论形态，借敬畏与感恩，完全可以转出价值论。

关于这一点，明代思想家罗汝芳有过非常感人的表述：

孔子云："仁者人也。"夫仁，天地之生德也，天地之大德曰生，生生而无尽曰仁，而人则天地之心也。……夫知天地万物之以生而仁乎我也，则我之生于其生，仁于其仁也，斯不容己矣。夫我生于其生以生，仁于其以仁也，既不容己矣，则生我之生，以生天地万物，仁我之仁，以仁天地万物也，又恶能以自己也哉？夫我能合天地万物之生以为生，尽天地万物之仁为仁也，斯其生也不息，而其仁也无疆，此大人之所以通天地万物以成其身

---

① 引自《中庸》。
② 引自《易传·系辞下》。
③ 引自《易传·系辞上》。

者也①。

罗汝芳这是说，天地万物是以它的"生"来养育我、成全我，这体现天地之仁；我既以天地万物之"生"为"生"，则我亦当以我之"生"来延续天地万物之"生"，这是不容自己，不允许自己不这样做的，这是我之"仁"；正是由天地万物之"生"生我，由我之"生"生天地万物，而使天地宇宙得以无限地延续、无限地发展，我亦得以融入天地宇宙无限延续、无限发展的长河，而获得无限意义。

这里我们看到，由宇宙论成就的价值观，显示着一种独特性：一般说来，由宗教信仰确立的价值观，都要否弃"自我"，才可以获得救赎。就是说，在宗教信仰主导的价值观里，自我与世界、有限与无限，是断裂的，但是，由中国古典宇宙论儒学证成的价值观，却很好地确认了自我与世界、有限与无限的连续性与一体性。

试看大自然中的植物世界，在花开得最灿烂的时候无疑最能显示其特色，最能呈现其"自我"；但是它其实同时又是为着花粉的传播，为了繁殖后代。

再看大自然中的动物世界，在性功能未成熟的时候雌雄不分，那是"无我"。在性功能成熟时雄性长得特别漂亮，叫得特别响亮，很有个性，很是"自我"了；但是它其实还是为了吸引雌性实现交配，为了族类的不断延续。

这都说明，从宇宙论不仅可以转出价值论，而且可以转出甚具现代意义的价值论：在现代社会，要让人们完全

① 《罗汝芳集》（上），凤凰出版社，2007 年，第 388 页。

儒学承传

否弃"自我",那是很困难的事情。问题在于如何既确保
"自我",又可以走出自我,回归社群,融入无限世界。
可以肯定地说,中国古典宇宙论儒学在这方面具有非常丰
富的思想资源。

宇宙论儒学应该获得新的评价。

(作者单位:中山大学哲学系)

身体之为"窍"：宋明儒学中的身体本体论建构

| 陈立胜

儒家思想乃至中国思想之中"身体"的观念之特色，当今学界曾有"感应器"与"容器"之妙喻①，其实，无论"感应"与"容受"均要通过某些"管道"、"通孔"来实现。在古希腊颇有影响的"流射说"就设想，身体之感官乃是"管道"、"通道"，外界事物发射出的粒状物或影像通过这些管道、通孔，而为人所感、所受。在中国古典思想中，作为通孔、管道的身体观念尤为突出，且与古希腊旨在解决认识论问题的通孔观不同，身体之为通孔、管道乃是人与天通感共应的中介，无论在修身抑或养生上均具有重要的意义。传统思想将这种通孔、管道称为"窍"。

在先秦儒学与医学之中，身体之"窍"（七窍、九窍）被视为"精神"的"孔窍"、"门户"与"通道"，它们内根于"五脏"，外联于天地之气。保持"孔窍"的通畅，无论对"卫生"，抑或对"修身"均很重要。其中，耳、目、口三窍尤为儒家修身所注重。阴阳五行理论兴起后，身体之"窍"与天地万物之"窍"之间的同构关系得到彰显。

儒学承传

---

① 蒋义斌：《孔子闲居三无与身体的特色》，哈佛燕京学社访问学人协会台北分会 2006 年度联谊会暨"体知与儒学"学术研讨会论文。

在承继前人五脏"开窍于目"、"开窍于耳"、"开窍于口"、"开窍于鼻"、"开窍于二阴"这一思想基础上，理学家一方面深刻挖掘出身体之窍的本体论向度，提出一个完整的"天地之心"的发窍路线图："天地之心"发窍于人心（"良知"、"灵知"、"虚灵"、"灵窍"）—人心（通过五脏六腑）发窍于耳、目、口、鼻、四肢这一连续性的发窍结构，并借助于汉儒身体之"窍"与天地万物之"窍"之间的同构关系思想揭示出天地之心—人心（灵窍）—七窍一体结构的时间性（"七窍"、"灵窍"律动与天地万物律动的同步性）；另一方面，呈现出丰富的"七窍"与"心窍"修身经验，这些经验极大丰富了孔孟"四勿"与"践形"功夫。

儒家强调身体之窍、心窍的"虚"、"无"性格，与萨特（Jean Paul Sartre）所代表的意识现象学有着本质的区别。儒家"通身是窍"的理念折射出儒家的"主体性"乃是一种"敞开"与"开放"的"主体性"，它是扎根于生生不已、大化流行之中，与他者、天地万物相互感应、相互应答的身心一如的存在。这种主体性本身就嵌在身体之中，无论是"惕然动乎中，赧然见乎色"之耻感，抑或是"恻然动乎中"之"不忍"、"悯恤"、"顾惜"之同感，乃至生意津津之一体生命的生机畅遂感、乐感，皆是深深嵌入身体之中的"觉情"与"实感"。儒家身体的这种本体论向度，不仅迥异于 Hans Jonas 所批评的存在主义的虚无主义精神气质，而且为克服这种虚无主义提供了深厚的理论资源。

以"窍"指涉身体的外部器官,在先秦早已流行。
《庄子》中就有"人皆有七窍"(《应帝王》)、"百骸九窍
六脏"(《齐物论》)、"九窍"(《达生》、《知北游》)等
说法。七窍者,耳二、目二、鼻孔二、口一,此为"阳
窍";九窍者,阳窍七与阴窍二(尿道、肛门)。"九窍"
与四肢一起构成了身体轮廓:"人之身三百六十节,四肢
九窍,其大具也。"①

"窍,空也,穴也"(《说文》)。"窍"实即"窍门"、
"孔窍"、"空窍"、"通道"(《管子·君臣》"四肢六道,
身之体也",直接将上四窍、下二窍称为"六道")。任何
门户、通道都是连接两个不同的空间,以便供来往者往来
其间,那么,身体之"窍"又是谁的"门户"、作为"通
道"又通向何处呢?

夫孔窍者,精神之户牖。血气者,五藏之使候②。
空窍者,神明之户牖也。耳目竭于声色,精神竭于外
貌,故中无主。中无主,则祸福虽如丘山,无从识之③。
夫孔窍者,精神之户牖也;而气志者,五藏之使候
也。耳目淫于声色之乐,则五藏摇动而不定矣。五藏摇动
而不定,则血气滔荡而不休矣。血气滔荡而不休,则精神
驰骋于外而不守矣。精神驰骋于外而不守,则祸福之至,

① 韩非著,王先慎集解《韩非子集解》卷六"解老第二十",上海书
店,1986年,第109页。
② 王利器:《文子疏义》卷三"九守",中华书局,第117页。
③ 韩非著,王先慎集解《韩非子集解》卷六"喻老第二十一",上海
书店,1986年,第122页。

虽如丘山，无由识之矣①。

身体之"窍"成了精神、神明往来活动的管道。在传统中医观念里面，身体之脏腑乃是人之精神、神明之藏所，五脏亦被称为"五藏"，又谓"五神藏"。人之心理感受与思虑均离不开此生理载体：

> 心藏神，肺藏魄，肝藏魂，脾藏意，肾藏精志也②。
> 五脏者，所以藏精神血气魂魄者也③。

五脏内部的"精神"活动通过身体之窍而反映在身体的表层："五藏气争，九窍不通。"④"五藏不和，则七窍不通。"⑤

当代东西身体论说均不约而同将身体划分为双重结构：表层的身体（运动器官，如四肢）和深层的身体（内器官，如肺、心、肝、胃和肠），这种划分的理论基础是，人可通过意念控制表层身体，如活动手和脚，但无法自由地控制内器官⑥。代谢活动、呼吸、内分泌、睡眠、出生、死亡等等深层身体的活动，属于隐性身体活动

---

① 刘安著，高诱注《淮南子注》卷七"精神训"，上海书店，1986年，第101页。
② 《灵枢·九针论》（王冰注，中华基本古籍库。）。《内经》虽非出于一时一人之手，其复杂的编撰过程迄今尚无定论，但其素材大致反映了秦汉之前的中医观念。关乎《内经》之成书，参山田庆儿《黄帝内经的成立》一文，收入氏著，廖育群等译《古代东亚哲学与科技文化：山田庆儿论文集》，辽宁教育出版社，1996年，第234－254页；《内经》之身体观，参蔡璧名《身体与自然——以黄帝内经素问为中心论古代思想传统中的身体观》，台大文学院，1997年。
③ 《灵枢·本藏》。
④ 《素问·生气通天论》（王冰注，中华基本古籍库）。
⑤ 《灵枢·脉度》。
⑥ 汤浅泰雄著，马超、韩平安编译《灵肉探微：神秘的东方身心观》，中国友谊出版公司，1990年，第180页。

的领域，处于"隐性"状态下，隐退于意识之下的"不可体验的深度"之中，它不再是现象学家津津乐道的"我能够"的领域，这些领域的活动基本上是属于"它能够"，或者说是"我必须"的领域①。传统的中医理论则着力强调这两种身体之间并没有决然的区隔，深度的身体（五脏）通过"经络"而与表层身体相贯通（所谓"外络于肢节"）：

> 十二经脉三百六十五络，其血气皆上于面而走空窍，其精阳气上走于目而为睛，其别气走于耳而为听，其宗气上出于鼻而为臭，其浊气出于胃，走唇舌而为味②。

"五脏开窍五官"成为古代中国人对身体的普遍看法：

> 五藏常内阅于上七窍也。故肺气通于鼻，肺和则鼻能知臭香矣；心气通于舌，心和则舌能知五味矣；肝气通于目，肝和则目能辨五色矣；脾气通于口，脾和则口能知五谷矣；肾气通于耳，肾和则耳能闻五音矣……③
> 鼻之能知香臭、舌之能知五味、目之能辨五色、口之能知五谷、耳之能闻五音，均是五脏之"气"通达之结果。五脏通过目、耳、口、鼻、二阴而开显出的功能，被分别称为"开窍于目"、"开窍于耳"、"开窍于口"、"开窍于鼻"、"开窍于二阴"④。如用身体现象学的术语来表

---

① Drew Leder: The Absent Body, Chicago and London: The University of Chicago Press, 1990, pp. 46–48.
② 《灵枢·邪气藏腑病形》。
③ 《灵枢·脉度》。
④ 《素问·金匮真言论》。

达此"开窍",则可以说,"我能够"之显性身体、表层身体乃是"它能够"之隐性身体、深层身体的一个"窍"、一个敞开的"通道"。

身体之窍作为"通道",一端联系着身体内部的五脏,另一端则直接与天地之气相通。这种观念在《内经》中已有系统的表述与阐发:

> 天食人以五气,地食人以五味。五气入鼻,藏于心肺,上使五色修明,音声能彰。五味入口,藏于肠胃,胃有所藏,以养五气。气和而生,津液相成,神乃自生[①]。
>
> 黄帝曰:夫自古通天者生之本,本于阴阳。天地之间,六合之内,其气九州、九窍、五藏、十二节,皆通乎天气[②]。

这里面无疑已经具有强烈的"人副天数"的思想。这一点承时贤抉发幽微,其中所含天人一贯、身心一如之意蕴已昭然若揭[③]。阴阳五行理论大盛于汉,举凡人之性情、仁义礼智信之价值与阴阳二气、金木水火土五行均与五脏六腑搭配在一起,身体之"窍"与天地万物之"窍"之间的同构关系更加显豁:

[①] 《素问·六节藏象论》。

[②] 《素问·生气通天论》。

[③] 黄俊杰先生指出,《内经》人气通乎天气的观念,乃蕴涵着"一种人与宇宙关系的认识",人被视为一个有机体,是一个小宇宙,它与作为大宇宙的自然界之间,具有声气互动的关系。杨儒宾先生亦指出,《内经》的这种观念可以归纳为三点:(1)人与天具有某种符应的关系,人身之结构与宇宙结构具有相对应性;(2)人与天具有感应关系;(3)身心之间并没有绝对的分别。参黄俊杰:《孟学思想史论》(卷一),台北东大图书公司,1991年,第37-38页。

性情者，何谓也？性者阳之施，情者阴之化也。人禀阴阳气而生，故内怀五性六情。情者，静也。性者，生也。此人所禀六气以生者也……五性者何谓？仁、义、礼、智、信也。仁者，不忍也，施生爱人也；义者，宜也，断决得中也；礼者，履也，履道成文也；智者，知也，独见前闻，不惑于事，见微知著也；信者，诚也，专一不移也。故人生而应八卦之体，得五气以为常，仁、义、礼、智、信也。六情者，何谓也？喜、怒、哀、乐、爱、恶谓六情，所以扶成五性。性所以五，情所以六何？人本含六律五行之气而生，故内有五藏六府，此情性之所由出入也……五藏者，何也？谓肝、心、肺、肾、脾也。肝之为言干也；肺之为言费也，情动得序；心之为言任也，任于恩也；肾之为言写也，以窍写也；脾之为言辨也，所以积精禀气也。五藏，肝仁，肺义，心礼，肾智，脾信。肝所以仁者何？肝，木之精也；仁者好生。东方者，阳也，万物始生，故肝象木，色青而有枝叶。目为之候何？目能出泪，而不能内物，木亦能出枝叶，不能有所内也。肺所以义者何？肺者，金之精；义者，断决，西方亦金，杀成万物也。故肺象金，色白也。鼻为之候何？鼻出入气，高而有窍，山亦有金石累积，亦有孔穴，出云布雨，以润天下，雨则云消，鼻能出纳气也。心所以为礼何？心，火之精也。南方尊阳在上，卑阴在下，礼有尊卑，故心象火，色赤而锐也，人有道尊，天本在上，故心下锐也。耳为之候何？耳能遍内外，别音语，火照有似于礼，上下分明。肾所以智何？肾者，水之精，智者，进止无所疑惑。水亦进而不惑，北方水，故肾色黑；水阴，故肾双。窍为之候何？窍能泻水，亦能流濡。脾所以信何？脾者，土之精也。土尚任养，万物为之象，生物无所私，信之至也。故脾象土，色黄也。口为之候何？口能啖尝，舌能知味，亦能出音声，吐滋液①。

由于身体之窍内根于精神之藏所（五脏），外通于天地阴阳之气，故保持"孔窍"的通畅，无论对"卫生"，抑或对"修身"均很重要。五脏不和、精神淤滞固然会让九窍不通，反之，孔窍"虚"、"通"，精神亦会畅适，天地"和气"也会与五脏形成良性的互动："孔窍虚，思虑静，故德不去。孔窍虚，则和气日入。"② 韩非子的这种观念大致反映了当时儒、道、法三家共同的看法③。因此，如何保任身体之窍，让天地和气日入，让邪气不侵，让精神凝聚，便成了医家与思想家共同关心的话题。当然，善于"养精蓄锐"的道家，自然对"精神"的门户（九窍、七窍）最为警醒，庄子混沌的寓言深刻地反映了这种心态：

南海之帝为倏，北海之帝为忽，中央之帝为混沌。倏与忽时相遇于混沌之地，混沌待之甚善。倏与忽谋报混沌之德，曰："人皆有七窍，以视听食息，此独无有，尝试

---

① 陈立：《白虎通疏证》卷八"性情"，中华书局，1994年，第381－385页。另参："藏府者，由五行六气而成也。藏则有五，禀自五行，为五性；府则有六，因乎六气，是曰六情。"（萧吉：《五行大义》，上海书店出版社，2001年，第68页。）

② 韩非著，王先慎集解《韩非子集解》卷六"解老第二十"，上海书店，1986年，第102页。

③ 无疑道家对此最为注重，"五色令人目盲，五音令人耳聋，五味令人口爽，驰骋畋猎令人心发狂"，老子此论奠定了基调，其后这一主题得到不断强化，诸如"耳目淫于声色，即五藏动摇而不定，血气滔荡而不休，精神驰骋而不守……"（王利器：《文子疏义》卷三"九守"，第117页；另参《淮南子·精神训》）"心处其道，九窍循理；嗜欲充益，目不见色，耳不闻声。"戴望：《管子校正》卷十三，心术上第三十六，上海书店，诸子集成本，第219页。

凿之。"日凿一窍，七日而混沌死①。

"混沌"者何？林希逸（1193 - ?）谓"混沌即元气也"②，如此，窍凿则元气尽失。庄子的这种观念后来直接引发了道家"闭九窍"的设想：

闭九窍，藏志意，弃聪明，反无识，芒然仿佯乎尘垢之外，逍遥乎无事之际，含阴吐阳，而与万物同和者，德也……③

耳目口三宝，闭塞勿发扬④。

身体诸"窍"中，耳、目、口三窍尤被看重："耳、目、口，道家谓之三要，以其为精、气、神之门户也。"⑤而"目"则是三者之中的翘楚，这一点无论是治身的医家抑或修身的思想家都曾特别点出。《素问·解精微论》有云："夫心者五藏之专精也，目者其窍也。华色者其荣也。是以人有德也，则气和于目，有亡忧知于色。""目"指眼睛，"色"指脸色，"目"与"色"反映着人之内心世界。而《论语·泰伯》中"动容貌"、"正颜色"、"出辞气"，《乡党》中孔子之"逞颜色"，以及君子"九思"中"视思明"、"听思聪"、"色思温"、"貌思恭"、"言思忠"，则大致都属于《礼记·玉藻》中说的"君子之容"（即"足容重，手容恭，目容端，口容止，声容静，头容

① 《庄子·应帝王》。
② 氏著：《庄子鬳斋口义校注》，中华书局，1997 年，第 136 页。
③ 王利器：《文子疏义》卷二"精诚"，第 78 页。另参《淮南子·俶真训》。
④ 《〈周易参同契〉三十四家注释集萃》，"耳目口三宝章"第六十六，华夏出版社，1993 年，第 249 页。
⑤ 王樵：《尚书日记》卷九"周书"，文渊阁四库全书本。

直，气容肃，立容德，色容庄"）的范畴。其要都是围绕着身体之窍下功夫。至于在孔子津津乐道的"四勿"工夫中，亦是以目窍为先。这一点朱熹在释《阴符经》"心生于物，死于物，机在目"时曾专门拈出加以发挥："心因物而见，是生于物也；逐物而丧，是死于物也。人之接于物者，其窍有九，而要有三。而目又要中之要者也。老聃曰：不见可欲，使心不乱。孔子答克己之目，亦以视为之先。西方论六根、六识必先曰眼、曰色者，均是意也。"① 在孟子著名的"以羊易牛"话头中，"怵惕恻隐之心"也是通过"见"与"闻"目耳二窍活动表达的："见其生不忍见其死，闻其声不忍食其肉。"良知之透过"耳目"之窍而发这一现象，笔者曾将之称为"形的良知"②。

倘若说医家讲身体之"窍"乃旨在由此观察脏腑内部的"精神"状况，那么，儒家更多注重的是个体修身过程之中"诚于中而形于外"的身心一如的特质。"七窍"与"颜色"作为内心世界的表达，与单纯言辞的表达不同，它很难遮掩、伪装。"察言"更须"观色"，儒家的观人之道历来重视目窍。孟子说："存乎人者，莫良于眸子。眸子不能掩其恶。胸中正，则眸子了焉；胸中不正，则眸子眊焉。听其言也，观其眸子，人焉廋哉！"③需要指出的是，孟子著名的"粹面盎背"、"畅于四肢"之"气象"描写，应该反映了当时人们对身心关系、天

---

① 朱熹：《阴符经注》，《朱子全书》（以下简称《全书》），第13册，上海古籍出版社、安徽教育出版社，2002年，第516－517页。以下援引该书，只注作者、书名与页码。同经"性有巧拙，可以伏藏。九窍之邪，在乎三要，可以动静"。朱子注曰："圣人之性与天地参，而众人不能者，以巧拙之不同也。惟知所以伏藏，则拙者可使巧矣。人之所以不能伏藏者，以有九窍之邪也。窍虽九，而要者三：耳、目、口是也。"（同上书，第513页）

② 拙文《"形的良知"及其超越》，《孔子研究》1997年第2期。

③ 焦循：《孟子正义》卷十五"离娄上"，中华书局，1987年，第518－519页。

人关系的普遍看法，《管子·内业》亦有类似的描述：
"内藏以为泉原，浩然和平以为气渊。渊之不涸，四体乃
固。泉之不竭，九窍遂通……心全于中形全于外……全心
在中不可蔽匿，和于形容，见于肤色。"① 医家之"望、
闻、问、切"在某种意义上说是由"外"观"中"。

这种观人之道甚至还体现在"以五声听狱讼、求民
情"上面："一曰辞听（观其出言不直则烦），二曰色听
（观其颜色不直则赧然），三曰气听（观其气息不直则
喘），四曰耳听（观其听聆不直则惑），五曰目听（观其
眸子视不直则眊然）"。② "五听"的背后，实反映出当时
人们对于形神关系、身心关系的基本看法。而用"听"
字表述观色、观眸子，则亦反映出古人观听之互摄、相通
之浑融性。

二

医家与汉儒有关身体之窍的宇宙论论说在理学家那里
得到了创造性的转化，如季本曾说：

仁义礼智信为五德，金木水火土为五气，心肝脾肺肾
为五脏。五德运为五气，五气凝为五脏，五脏化为五德，
故五德者五脏之神也③。

季本（彭山）是王阳明的亲炙弟子，他这里的五德、

① 孟子践形观之阐发，参黄俊杰《孟学思想史论》、杨儒宾《儒家身
体观》等著述。
② 《十三经注疏》整理委员会：《十三经注疏·周礼注疏（上、下）》
卷三十五，秋官司寇第五，北京大学出版社，1999年，第914－915页。
③ 季本：《说理汇编》卷一《性理一》。明刻本，中华基本古籍库。

五气、五脏的关系说，与医家和汉儒的说法毫无二致，不过他用"天理"、"良知"阐发其中"发窍"机制，则显露理学家的本色：

> 心也者，天理在中之名也。以其洞然四达、不倚于偏故谓之虚灵。盖仁义礼智，德之所以为实也；聪明睿智，虚之所以为灵也。恻隐、羞恶、辞让、是非之心，当其浑然在中，是为仁义礼知之德，实有此理，非实而何？聪无不闻，明无不见，睿无不通，知无不受。聪主魄而发窍于肺，明主魂而发窍于肝，睿主神而发窍于心，知主精而发窍于肾。谓之窍则至虚之体而皆统于心者也。视听思藏有何形迹？故视则无所不见，听则无所不闻，思则无所不通，藏则无所不受，少有不虚，则隔碍而不能通万物矣[1]。

五脏六腑本身也成了"窍"，成了"天理"、"良知"、"虚灵"发窍之处。这里"肺、肝、心、肾"作为发窍处皆"统于心"，显然这个统摄之"心"不是医家块然之心，不是"一块血肉"[2]，"耳目口鼻四肢身也，非心安能视听言动？心欲视听言动，无耳目口鼻四肢亦不能。故无心则无身，无身则无心。但指其充塞处言之谓之身，指其主宰处言之谓之心"[3]。这种"心"观与身心关系观应该是理学家们的共法：朱子就反复指出心不是"实有一物"[4] 之肺肝五脏之心，而是"操舍存亡之心"，其性状

---

① 季本：《说理汇编》卷二，性理二。
② 《王阳明全集》卷三《语录三》，上海古籍出版社，1992年，第121页。
③ 同上，第91页。
④ 朱熹：《朱子语类》（以下简称《语类》）卷五，《全书》，第14册，上海古籍出版社、安徽教育出版社，2002年，第221页。

"神出鬼没"，"神明不测"。但这个心并不就是与"身"绝然相对的"纯粹意识"，它是"气之灵"，是"气之精爽"①，它是"虚灵"，"万理俱备"、"万理具足"②。就心与身之关系看，心是身之主宰：

> 心之为物，至虚至灵，神妙不测，常为一身之主，以提万事之纲，而不可有顷刻之不存者也。一不自觉而驰骛飞扬，以徇物欲于躯壳之外，则一身无主，万事无纲。虽其俯仰顾盼之间，在己不自觉其身之所在矣③。

耳鼻口舌、四肢百骸的任何运动与功能都离不开"心"之存在：心不在焉，则视而不见，听而不闻，食而不知其味。心动才有身动。总之，视、听、言、动皆为"此心之用"，"身在此，则心合在此"④。

显然，理学家们不再像汉儒、医家那样热衷于将耳目口鼻这些身体之窍定位化于具体的脏腑，而将之通视为"心"之发窍。

> 这视听言动，皆是汝心。汝心之视，发窍于目；汝心之听，发窍于耳；汝心之言，发窍于口；汝心之动，发窍于四肢。若无汝心，便无耳目口鼻。所谓汝心，亦不专是那一团血肉。若是那一团血肉，如今已死的人，那一团血肉还在，缘何不能视听言动？所谓汝心，却是那能视听言动的，这个便是性，便是天理。有这个性，才能生。这性

① 朱熹：《语类》卷五，《朱子全书》，第14册，第219页。
② 同上，第219页、第230页。
③ 朱熹：《御定小学集注》，卷五，文渊阁四库全书本。另参《语类》卷五，《朱子全书》，第14册，第232页。
④ 朱熹：《语类》卷九十六，《朱子全书》，第17册，第3238页。

之生理便谓之仁。这性之生理，发在目便会视，发在耳便会听，发在口便会言，发在四肢便会动，都只是那天理发生①。

这里，"心"、"性"、"天理"、"性之生理"实是同一所指。"七窍"便成了天理之发窍②。甚或人之整个身体也被视为天地万物的发窍：

> 有必为圣人之志者，须知吾之一身乃天地万物之发窍，固非形质所能限也。是故感于亲而亲，感于民而仁，感于物而爱，或仁覆天下，或天下归仁，总不肯自小其身耳③。

究极而言，"心"也是一种"窍"，是为"心窍"、

---

① 王阳明：《王阳明全集》卷一《语录一》，第36页。

② 明儒顾宪成（1550-1662）云："耳目口鼻四肢非他，即仁义礼知天道之所由发窍也；仁义礼知天道非他，即耳目口鼻四肢之所由发根也。"（《小心斋劄记》，《顾端文公遗书》卷八，续修四库全书本）清儒王绪（1725-1792）亦有"耳目口鼻是此理发窍处"之断语："天地间道理，直上直下，亭亭当当，本来无纤毫造作，无纤毫私曲。人在天地中得此理以生，此理全具在吾心。耳目口鼻是此理发窍处，仁义礼智是此理凝结处，君臣父子夫妇昆弟朋友是此理流行处，不要污染了他。生理本来弥满，触着便动，自然直达。若火始然，泉始达也。"（《汪子文录》卷十，续修四库全书本）

③ 孙奇逢：《孙征君日谱录存》卷二十二，中华基本古籍库本。"吾之一身乃天地万物之发窍"这一观念直接来自阳明弟子罗念庵："……吾此心虚寂无物，贯通无穷，如气之行空，无有止极，无内外可指、动静可分，上下四方，往古来今，浑成一片，所谓无在而无不在。吾之一身，乃其发窍，固非形资所能限也。是故纵吾之目，而天地不满于吾视；倾吾之耳，而天地不出于吾听；冥吾之心而天地不逃于吾思。古人往矣，其精神所极，即吾之精神，未尝往也。否则闻其行事而能憬然愤然矣乎？四海远矣，其疾痛相关，即吾之疾痛，未尝远也。否则闻其患难而能恻然怵然矣乎？"（《答蒋道林》，《罗洪先集》卷八，凤凰出版社，2007年，第298页。所缺字据《念庵文集》文渊阁四库全书本补）

"灵窍"①，它是"天地之心"的发窍处："天地人莫不由乾坤生，而发窍则在人心，是故人心，乾坤之大目也。"②《礼记》中"人者，天地之心"的说法经过理学家的发明，获得了新的表达——人者，天地之心发窍处也：

> 《记》曰：人者，天地之心。夫仰观俯察，茫茫荡荡，天地何心？唯是虚化形成而人，人便是天地之心之所寄托也。吾人合下反身默识，心又何心？唯此视听言动所以然处便是此心发窍处也。此心发窍处，便是天地之心之发窍也。是故程子曰：视听言动皆天也。大人者与天地合德，只此识取，非有异也。吾侪于此，信得及，味得深，何天非我？何地非我？何我非天地哉③？

耿定向认为人是天地之心的"寄托"、"发窍处"，这一说法实质上是脱自王阳明的"灵明"说：

---

① 王龙溪、罗汝芳、黄宗羲等均曾称王阳明之"良知"为"灵窍"，阳明忠实的弟子钱德洪亦称良知为"灵窍"、"孔窍"，如："天地间只此灵窍。在造化统体而言，谓之鬼神；在人身而言，谓之良知。惟是灵窍，至微不可见，至著不可掩。"（《钱德洪语录诗文辑佚》，语录，钱明编校《徐爱 钱德洪 董沄集》，凤凰出版社，2007年，第119页）又如，《王阳明先生像赞》之语："千圣一心，良知孔窍。"（同上书，第179页），钱子偶亦将"窍"字作动词（"发窍"）使用，如"良知是天命之性……窍于目为明，窍于耳为聪，窍于口为义，窍于四肢为礼，窍于心思为变化。"（同上书，第125页）其后，查铎说"灵窍"最为详尽。如："吾人所以喜怒哀乐、所以位育参赞，皆赖这些子灵窍为之主宰，真所谓有之则生，无之则死；得之则治，失之则乱。如之何可以须臾离也？"（《再答邵纯甫书》，《查先生阐道集》卷三，中华基本古籍库）"阳明提出良知二字，此乃吾人灵窍。此灵未发窍处，混混沌沌，原自无是无非；此灵应感处，昭昭明明，自知是非。"（《答卢仰苏学博书》）"天地之大德曰生，吾人同得天地之心为心，皆有此生生之灵窍，是为仁。"（《书赵黄冈别语》，《查先生阐道集》卷七）
② 胡直：《衡庐精舍藏稿》卷三十"杂著续问下"，文渊阁四库全书本。
③ 耿定向：《大人说》，《耿天台先生文集》卷七，四库全书存目丛书本。另参黄宗羲：《明儒学案》卷三十五。

问："人心与物同体，如吾身原是血气流通的，所以谓之同体。若于人便异体了。禽兽草木益远矣，而何谓之同体？"先生曰："你只在感应之几上看，岂但禽兽草木，虽天地也与我同体的，鬼神也与我同体的。"请问。先生曰："你看这个天地中间，什么是天地的心？"对曰："尝闻人是天地的心。"曰："人又什么教做心？"对曰："只是一个灵明。""可知充天塞地中间，只有这个灵明，人只为形体自间隔了。我的灵明，便是天地鬼神的主宰。天没有我的灵明，谁去仰他高？地没有我的灵明，谁去俯他深？鬼神没有我的灵明，谁去辩他吉凶灾祥？天地鬼神万物离却我的灵明，便没有天地鬼神万物了。我的灵明离却天地鬼神万物，亦没有我的灵明。如此，便是一气流通的，如何与他间隔得！"[1]

这样，一个完整的天地之心的发窍路线图昭然若揭："天地之心"发窍于人心（"灵明"、"良知"、"灵知"、"虚灵"、"虚明"、"灵窍"）——人心（通过五脏六腑）发窍于耳目口鼻四肢。

---

[1]《王阳明全集》卷三"语录三"，第124页。以"窍"界说人禽之别，凸显人在宇宙中的地位，此非阳明学派所专有，实亦屡见于朱子阵营之中，兹举顾宪成一例："或问：'孟子言人之所以异于禽兽者几希，几希何物也？'曰：'只看几希二字，便令人毛骨俱凛，甚于临深履薄，且不必讨求是何物。'再问，曰：'此有二义：一就念头上看，一就源头上看。'曰：'念头上看如何？'曰：'即本文下二句是也。'曰：'何也？'曰：'庶民去之，君子存之，存之则人矣，去之则禽兽矣。存与去两者，其间不能以寸，故曰几希。朱子提出忧勤惕励四字，而曰盖天理之所以常存，人心之所以不死也，得其指矣。此从念头上看也。'曰：'源头上看如何？'曰：'即书所云，惟人为万物之灵是也。'曰：'何也？'曰：'大哉乾元，万物资始，至哉坤元，万物资生，人与禽兽都从那里来，有何差殊？其不同者只是这些子灵处耳。'曰：'何以有这些子不同？'曰：'理同而气异也。'曰：'这些子恐亦是理之发窍。'曰：'诚然，第谓之发窍便已落于气矣。这个窍在禽兽仅通一隅，在人可周万变。自禽兽用之，只成得个禽兽，自人用之，便成得个人。至于为圣为贤，与天地并，其究判然悬绝而其分歧之初不过是这些子。'"（氏著《小心斋札记》，《顾端文公遗书》卷八，续修四库全书本）

天地之心—人心（灵窍）—七窍之连续一体性亦表现出时间性的一致性，这一点王阳明及其后学描述甚详：

问通乎昼夜之道而知。先生曰："良知原是知昼知夜的。"又问人睡熟时良知亦不知了。曰："不知何以一叫便应？"曰："良知常知，如何有睡熟时？"曰："向晦宴息，此亦造化常理。夜来天地混沌，形色俱泯，人亦耳目无所睹闻，众窍俱翕，此即良知收敛凝一时。天地既开，庶物露生，人亦耳目有所睹闻，众窍俱辟，此即良知妙用发生时。可见人心与天地一体，故上下与天地同流。今人不会宴息，夜来不是昏睡，即是忘思魇寐。"曰："睡时功夫如何用？"先生曰："知昼即知夜矣。日间良知是顺应无滞的，夜间良知即是收敛凝一的，有梦即先兆。"①

这样孟子那里的夜气说②在理学家这里被发展成为一种天人同步的时间节律观。天地混沌、良知收敛、众窍俱翕，良知与身体之窍随着天地节律而呈现出同步、同调的运动。这种时间性亦具有历史性的色彩：

人一日间，古今世界都经过一番，只是人不见耳。夜

---

① 《王阳明全集》卷三"语录三"，第105-106页。阳明后学中，罗汝芳发明此义最为精到："盖良心寓形体，形体既私，良心安得动活？直至中夜，非惟手足休歇，耳目废置，虽心思亦皆敛藏，然后身中神气，乃稍稍得以出宁，逮及天晓，端倪自然萌动，而良心乃复见矣。"（《罗汝芳集》，壹语录汇集类，凤凰出版社，2007年，第21页）"天命谓性，分明是以天之命为人之性，谓人之性即天之命，而合一莫测者也。谛观今人意态，天将风霾，则懊恼闷甚；天将开霁，则快爽殊常，至形气亦然，遇晓，则天下之耳目与日而俱张；际暝，则天下之耳目与日而俱闭。虽欲二之，孰得而二之也哉？"（同上书，第57页）

② 对孟子养气观念的系统考察，请参黄俊杰：《孟学思想史论》（卷一），东大图书公司，1991年，第335-415页，以及卷二，台北中央研究院文哲研究所筹备处，1997年，第191-252页。

气清明时，无视无听，无思无作，淡然平怀，就是羲皇世界。平旦时，神清气朗，雍雍穆穆，就是尧、舜世界。日中以前，礼仪交会，气象秩然，就是三代世界。日中以后，神气渐昏，往来杂扰，就是春秋、战国世界。渐渐昏夜，万物寝息，景象寂寥，就是人消物尽世界。学者信得良知过，不为气所乱，便常做个羲皇已上人①。

这种身体之"窍"、"心窍"律动与宇宙律动的同时性，与现代前卫性的医学家所宣导的"身体的自由"可以相互辉映：

身体的自由就是观察生物节奏，并且尊重生物节奏，与世界同步生活。

我们只有尊重时间性才能更接近自由。自由不是来自反对时间的挑战或对时间的逃避，而是接受时间对我们的束缚，接受时间的节奏和法则。寻求身体节奏与宇宙节奏的同步能使我们真正自由地生活②。

修身养性之工夫最终说来，也不过是让"灵窍"（心窍）、"七窍"保持"虚明"的工夫。"声音以养其耳"，"采色以养其目"，"舞蹈以养其血脉"，"威仪以养其四

---

① 《王阳明全集》卷三"语录三"，第 115－116 页。另参查铎："上天下地，往古来今同此一灵窍，即所谓太极也。此窍方其未判之先，混混沌沌，中涵动静之机，摩荡既久，自此生天生地生万物，故太极生阴阳，太极即在于阴阳之中。阴阳生五行，阴阳即在于五行之中。五行生万物，五行即在于万物之中。故此灵窍者包含天地，贯彻古今，无前无后，无内无外，我与天地万物同一窍也。故君子以天地万物为一体，以古今为一息，非涉夸大，理本如是也。"（《书楚中诸生会条》，《查先生阐道集》卷四）
② 库德隆著，梁启炎译《身体·节奏》，海天出版社，2001 年，第181 页、188 页。

体"，"理义以养心"①，是正面的养护之功；"非礼勿视，非礼勿听，非礼勿言，非礼勿动"是负面的卫护之功。程子还专门制定了"四箴"（视箴、听箴、言箴、动箴）以"由乎中而应乎外，制于外所以养其中"。工夫始终不离各种"孔窍"，程朱是如此，阳明也不例外。"《大学》之所谓身，即耳目口鼻四肢是也。欲修身，便是要目非礼勿视，耳非礼勿听，口非礼勿言，四肢非礼勿动。"只不过，王阳明善于抓住要害，先立乎其大，认为"七窍"的根子在"心窍"：主宰在心，"主宰一正，则发窍于目，自无非礼之视；发窍于耳，自无非礼之听；发窍于口与四肢，自无非礼之言动。此便是修身在正其心"②。孟子的践形说被诠释为七窍德性的成就说："实践云者，谓行到底里，毕其能事，如天聪天明之尽，耳目方才到家；动容周旋中礼，四体方才到家。只完全一个形躯，便浑然方是个圣人，必浑然是个圣人，始可全体此个形色。"③

而在伴随宋明儒修身过程出现的开悟体验里面，也会展示在"目窍"之中。在这些开悟体验的描述之中，

---

① 程颢、程颐：《河南程氏遗书》卷第二十二上，《二程集》，中华书局，2004 年第 2 版，第 277 页。另参朱熹："五色养其目，声音养其耳，义理养其心，皆是养也。"（《语类》卷九十五，《全书》，第 17 册，第 3228 页。）

② 《王阳明全集》卷三"语录三"，第 119 页。

③ 《罗汝芳集壹》，语录汇集类，凤凰出版社，2007 年，第 50 - 51 页。宋儒孙奭释孟子践形特别指出"百骸、九窍、五脏之形各有所践"："孟子言人之形色皆天所赋，性所有也。惟独圣人能尽其天性，然后可以践形而履之，不为形之所累矣。盖形有道之象，色为道之容，人之生也，性出于天命，道又出于率性，是形之与色皆为天性也。惟圣人能因形以求其性，体性以践其形，故体性以践目之形而得于性之明；践耳之形而得于性之聪，以至践肝之形以为仁；践肺之形以为义；践心之形以通于神明；凡于百骸九窍五脏之形各有所践也。故能以七尺之躯方寸之微，六通四辟，其运无乎不在，兹其所以为圣人与？"（《孟子注疏》赵岐注、孙奭疏）后来朱熹从"耳目口鼻"释孟子的践形，与孙奭之疏实大同小异。见朱熹：《语类》卷六十，《全集》，第 16 册，第 1968 页。

"光"这一视觉现象几乎成了其中的"不变项"①，这种内在的光是透过"目窍"而焕发出来的：

> 他日侍坐无所问。先生（陆象山——引者按）谓曰："学者能常闭目亦佳。"某因此无事，则安坐瞑目，用力操存，夜以继日。如此者半月。一日下楼，忽觉此心已复澄莹中立，窃异之。遂见先生。先生目逆而视之，曰："此理已显也。"某问先生何以知之。曰："占之眸子而已。"②

三

从医家五脏开窍于九窍，到理学家天地之心开窍于"心窍"、"心窍"开窍于"七窍"，身体之为"窍"的古老观念，充分展示了传统儒家之"天地之身—天地之心—人心—人身"一气贯通、生理流行的存在观之特色③。

"窍"之为"窍"本质在于"虚"，因其体"虚"才有"管道"之用，天地万物才能在人身、心这里开窍。所以理学家非常强调"虚其心"、"虚其窍"：

> 盖因各人于此坐立之时，一切市喧俱不乱闻，凡百世事俱已忘记，个个倾着耳孔而耳孔已虚，个个开着心窍而心窍亦虚，其虚既百人如一，故其视听心思即百样人亦如

---

① 理学家特别是阳明学派的开悟体验，陈来与秦家懿均有描述。Mircea Eliade 在其"神秘之光的现象学"中从世界宗教史的视野全面而系统地描述了世界主要宗教中的光之神秘体验现象，见氏著 *The Two and One*（*New York and Evanston：Harper&Row，Publishers*，1965）之第一章 Experiences of the Mystic Light, pp. 19－77.

② 《陆象山全集》卷三十五，中国书店，1992年，第308页。

③ 明儒高攀龙有语："盖天地之心，充塞于人身者，为恻隐之心；人心充塞天地者，即天地之心。人身一小腔子，天地即大腔子也。"（《高子遗书》卷一，中华基本古籍库本）

一也，然则人生均受天中而天中必以虚显，岂非各有攸当也哉①！

在朱熹那里心"虚"才能具"众理"，不过描述"心体"与"身体"作为"窍"之"虚"、"无"、"通"的性质，乃王阳明之胜场：

目无体，以万物之色为体；耳无体，以万物之声为体；鼻无体，以万物之臭为体；口无体，以万物之味为体；心无体，以天地万物感应之是非为体②。

先生尝语学者曰："心体上着不得一念留滞，就如眼着不得些子尘沙。些子能得几多？满眼便昏天黑地了。"又曰："这一念不但是私念，便好的念头，亦著不得些子。如眼中放些金玉屑，眼亦开不得了。"③

理学家这种对心窍与七窍的"虚无"性之揭示在结构上颇类似于萨特对纯粹意识的虚无性质的描述，因而具有明显的意向性特征。萨特要将现象学悬搁进行到底，为的是保持意识的完全透明性，而王阳明强调心窍与七窍之"无体"，则旨在保证心窍（心体、良知、灵窍）与七窍的虚明、通透的性质。前者固然亦有挺立自由自主的主体之理论旨趣，但毕竟依然是一种学理性的方法论操作，而阳明这里完全是一种修身养性的工夫论。两者更为本质的不同在于，萨特虚无化的意识乃是与自在存在完全异质

① 《明道录》卷三"会语"。
② 《王阳明全集》卷三"语录三"，上海古籍出版社，1992年，第108页。
③ 同上，第124页。

儒学承传

的，在这一点上，他与二元论的笛卡尔完全一致，生存的意义完全取决于意识的创造性活动，而王阳明"虚灵"与天地万物并不是断裂的异质性的存在，毋宁说，它就是镶嵌在天地万物之中，是天地万物的一个有机环节。"人之在天地，如鱼在水，不知有水，直待出水，方知动不得。"① 离开了天地，人便动不得，身子便成为死的躯壳。身子活动自如，原来皆是在天地之中方能如此。天人无间断，天、地、人、万物最终亦是身心一如、一气流通之大身子。当然，这不是一个可有可无的环节。倘若说天地万物是一个大身子，人之虚灵即是这个大身子的"神经枢纽"，这个大身子的活动在这里得到自觉。"良知"、"虚明"在此意义上乃是天地万物的"发窍之最精处"：

朱本思问："人有虚灵，方有良知。若草木瓦石之类，亦有良知否？"先生曰："人的良知，就是草木瓦石的良知。若草木瓦石无人的良知，不可以为草木瓦石矣。岂惟草木瓦石为然，天地无人的良知，亦不可为天地矣。盖天地万物与人原是一体，其发窍之最精处，是人心一点灵明。风、雨、露、雷、日、月、星、辰、禽、兽、草、木、山、川、土、石，与人原只一体。故五谷禽兽之类，皆可以养人；药石之类，皆可以疗疾：只为同此一气，故能相通耳。"②

因此，良知、虚灵、虚明（"心体"）并不是一无所有的空无，它作为天地万物发窍的最精处、作为天、地、

---

① 程颢、程颐：《河南二程遗书》卷二上，《二程集》，中华书局，2004年，第43页。
② 《王阳明全集》卷三"语录三"，上海古籍出版社，1992年，第107页。

人联系的"孔窍"、"管道",而与"性体"、与天地生生之大德联系在一起。透过这个"孔窍"、这个"管道",天地生生之大德终于自觉到它自己。就此而论,人即是"天地之心",是天地大生命"开窍"、"发窍"之所在。人在宇宙中的特殊地位端在于此。人的"幸运"与人的"责任"亦均在此。

在论及现代存在主义的虚无主义的本质时,Hans Jonas慧眼独具,一眼洞穿其要害所在:人与整个宇宙的断裂乃是"虚无主义根本","人与自然的二元论乃是虚无主义处境的形而上学背景",而"从未有任何一种哲学要比存在主义更不关心自然了,在它那里没有给自然留下任何尊严"①。存在主义固然高扬人作为"一根会思想的芦苇"的"尊严"与"高贵",然而人的这种尊严与高贵身份的获得却是以孤独感、疏离感、陌生感、脆弱感为代价,人从"存在的大链条"之中脱落出来,"人的状况:变化无常,无聊,不安"②。人成了完全孤零零的"被抛者",被抛到无边无际的广袤的空间之中,"这些无限空间的永恒沉默使我恐惧"③。宇宙固然仍有其秩序,但这是一种让人感到陌生的"敌意性的秩序",人们对它充满"恐惧与不敬"、"战栗与轻蔑"④。"那个毫不在乎的自然是真正的深渊。只有人在烦着,在他的有限性之中,孑然一身,徒然面对死亡、偶然性以及他筹划的意义之客观的无意义性,此委实是前所未有之处境。"⑤ 人在异己、异

① Jonas: *The Phenomenon of Life: Toward a Philosophical Biology*, The University of Chicago Press, 1966, p. 232.
② 巴斯卡著,何兆武译《思想录》,商务印书馆,1997年,第62页。
③ 同上,第101页。
④ Jonas: *The Phenomenon of Life: Toward a Philosophical Biology*, The University of Chicago Press, 1966, p. 219.
⑤ 同上,p. 282.

质的世界之中没有任何的归属感，于是人生的意义便完全局限于人之意识领域，倘若人生还有点意义的话。人之"窍"被塞住了，"一窍不通"的结局只能是精神完全封闭在它自己，皮肤的界限成了所有感受的界限。人与滋养自己的源头活水之间的"管道"淤塞不通了，腔子内的"精神"日趋枯竭，更不用奢望什么"左右逢其源"了。

"满腔子皆恻隐之心，以人身八万四千毫窍，在在灵通，知痛痒也。"① 这个扎根于生生不已、大化流行之中的通身皆窍者，深刻地体会到宇宙生命的力度、强度与方向，自觉地将向他者、天地万物敞开他自己，成就自己感通之身、敞开之身、应答之身。这种精神气质与存在主义何止天壤之别！

挺立儒家思想的"主体性"意识，是儒学遭遇现代性自我更生的一个重要路径，毕竟"主体性"哲学、"意识"哲学是现代性的基本精神取向。但我们决不能因此而忽视儒家主体性哲学、意识哲学背后的身体向度，不能忘记儒家道德哲学的"本体论的根基"，儒家之道德哲学乃是其自然哲学的有机部分。儒家的主体性不是封闭于纯粹意识领域之中的存在，而是透过身体的"孔窍"与他者、天地万物相互感应、相互应答的身心一如的存在，这种主体性本身就嵌在身体之中，无论是"惕然动乎中，赧然见乎色"之耻感，抑或是"恻然动乎中"之"不忍"、"悯恤"、"顾惜"之同感，乃至生意津津之一体生命的生机畅遂感、乐感，皆是深深嵌入身体之中的"觉情"与

　　① 黄宗羲：《孟子师说》卷二。

"实感"①。大哉，身体之为"窍"！罗汝芳曰："盖人叫做天地的心，则天地当叫做人的身。"② 如此，人身（心）之窍当叫做天地之窍乎？

（作者单位：中山大学哲学系）

① 冯友兰先生很早就指出："儒家说无条件地应该，有似乎西洋哲学史底康德。但康德只说到义，没有说到仁。"（《新原道》，收入《三松堂全集》，河南人民出版社，1989 年，第 18－19 页）开启儒学体知论域的杜维明先生指出，孟子的心"并不是毫无具体内容的纯粹意识，而是能恻隐、能羞恶、能恭敬、能是非，因而充满了知、情、意各种潜能的实感。心的实感正是通过身的觉情而体现。"（氏著《从身、心、灵、神四层次看儒家的人学》，收入《杜维明文集》，第五卷，武汉出版社，第 332 页）开儒家身体观研究风气之先的杨儒宾先生也着意强调："儒者的道德意识从来就不仅是空头的意识而已，它带有很强的生命力，这种生命力用中国哲学及医学的术语来说即是气……人身的活动及知觉展现都是气流注的结果，气的精华流为七窍，特别可以成为良知之开窍；而身体一般的展现也都因有气脉贯穿，所以它很自然地会与人的道德意识活动同步启动。"（《儒家身体观》，中国文哲研究所筹备处，1999 年修订版，第 326－327 页）

② 《罗汝芳集》，语录汇集类，凤凰出版社，2007 年，第 179 页。

儒学承传

刘宗周中、晚年思想差异与分期问题研究①

| 陈畅

晚明大儒刘宗周（蕺山，1578－1645）被誉为宋明理学最后一位大家，牟宗三先生甚至有"蕺山绝食而死，此学（按：指宋明理学）亦随而音歇响绝"②之说。20世纪以来，刘宗周之学愈来愈受到学术界重视，相关研究成果也日渐丰富。然而，相较于其他理学大儒思想研究，当前学界的刘宗周思想研究有一个奇怪的地方。任文利先生注意到，学界对刘宗周思想属性有"迂腐"、"朱陆合流"、"理学殿军"、"理学之消解"等林林总总、莫知所衷之判定；台湾学者廖俊裕先生也观察到，学界对刘宗周思想的研究充满了"矛盾"、"错杂"、"无实义"等负面批评，难免令人产生"刘宗周如痴人说梦，论者如解梦呓"之叹③。如果我们不怀疑刘宗周是一个严肃的思想者，至少应从以下两个层面做出检讨，方能切实推进当前研究：一是在理论层面，从研究者的理论范式出发，检查

---

① 本文初稿曾以《刘宗周中晚年思想转变及其哲学意义》为题发表于冯天瑜先生主编《人文论丛》2009年卷（中国社会科学出版社，2010年）。近日重读《刘宗周全集》，发现一些新线索，故重撰本文。与初稿相比，本文在文字表述、核心观点及论证上均有重大改动。

② 牟宗三：《从陆象山到刘蕺山》，上海古籍出版社，2001年版，第378页。

③ 任文利：《心学的形上学问题探本》，中州古籍出版社，2005年，第237页；廖俊裕：《道德实践与历史性——关于蕺山学的讨论》，台北花木兰出版社，2008年，第1—5页。

其与刘宗周思想是否相应；二是在文本层面，检查研究者对刘宗周思想文本的使用是否有混乱之处。前者有待于对每一研究做细致考察，兹不赘述；就后者而言，明代思想家注重自由、自我的体悟，甚而有各思想家"终身学术，每久之而一变"① 的现象，故而对一个思想家的文本做阶段划分，实属必要。刘宗周一生学术亦有数变，当前许多研究常常忽略刘氏各阶段思想之差异，难免模糊刘宗周思想面目、造成误解。例如，蕺山门人黄宗羲明言其著作《明儒学案》"间有发明，一本之先师，非敢有所增损其间"②，但学者们根据刘宗周 50 岁时编撰的《皇明道统录》与《明儒学案》相关论断"异者多而同者少"的现象，断定黄宗羲思想与师门学术有差异③。事实上，造成这一现象的根源在于刘宗周中年与晚年思想存在着重大差异，《皇明道统录》和《明儒学案》所据不同而已。有鉴于此，本文尝试对刘宗周一生学术发展做出明确分期，重点则集中于探讨刘宗周中年与晚年思想的分歧、分期及其哲学意义。厘清这些问题，对于我们研究刘宗周及其门人（如黄宗羲）思想具有重要意义。

一、孙慎行对刘宗周思想的影响

根据刘宗周之子刘汋编撰的《蕺山刘子年谱》（下文

---

① 黄宗羲：《明儒学案序（改本）》，《黄宗羲全集》第十册，浙江古籍出版社，1993 年，第 76 页。
② 黄宗羲：《明儒学案·自序》，《黄宗羲全集》第七册，浙江古籍出版社，1992 年，第 4 页。
③ 参陈荣捷《论明儒学案之师说》，载氏著《王阳明与禅》，台湾学生书局，1984 年；古清美：《论黄宗羲》，载氏著《明代理学论文集》，台北大安出版社，1990 年；韩字宏：《黄宗羲〈明儒学案〉之研究》，台北花木兰文化出版社，2007 年。

简称《年谱》）记载，刘宗周在 48 岁时提"慎独"为学问宗旨。这一宗旨与刘宗周 36 岁时对阳明学和朱子学流弊的洞察密切相关："王守仁之学，良知也，无善无恶，其弊也必为佛、老，顽钝而无耻。宪成之学，朱子也，善善恶恶，其弊也必为申、韩，惨刻而不情。"① 在刘宗周看来，顾氏持守朱子学立场论学救世而至于惨刻不情②，阳明学顽钝无耻之弊则引发世道沦丧，这两种学术流弊引发的社会政治危机首先必须经由思想批判的方式得以解决。事实上，这也是刘宗周一生自觉承担的学术使命之所在：寻求能够全面克服朱子学和阳明学流弊的哲学立场。清儒汤斌也看出这一点，其评论刘宗周曰："其学以慎独为宗。……尝曰'姚江之后流于佛老，东林之后渐入申韩。'故择中庸以复先儒之旧。"③ 汤斌所言"择中庸以复先儒之旧"，即指刘宗周提揭"慎独"为学问宗旨，以扫"顽钝而无耻"、"惨刻而不情"等学术流弊。

刘宗周一生学术思想演变的轨迹，可从他对阳明学的态度变化上略窥一斑。刘汋和黄宗羲都指出，刘宗周对于阳明学的态度是"凡三变"："始而疑，中而信，终而辨难不遗余力。"④ 事实上，所谓"中而信"只是有条件地

---

① 刘宗周：《修正学以淑人心以培国家元气疏》，载戴琏璋、吴光主编《刘宗周全集》第三册上，台北中研院中国文哲研究所，1997 年，第 23 页。另：中研院版《刘宗周全集》共五册六本，本文以《全集》称之，重要的独立引文（有关此书者）随文注明出处，各册简称为《全集》一、《全集》二、《全集》三上、《全集》三下、《全集》四、《全集》五；本文所引刘宗周之文，均根据《年谱》确定作于何时，并系于引文末。

② 东林学派另一位领袖人物高攀龙晚年的省悟之见值得参考："关中冯少墟先生讲学，外世为局；此中顾泾阳先生论学，与世为体。当时见泾阳先生为大，此时觉少墟为高。何者？与世为体者，世与为敌矣。"详见高攀龙：《与周自淑》），《高子遗书》卷八上，四库全书本。

③ 汤斌：《刘念台先生遗照题辞》，收入《刘宗周全集》五，第 721 页。

④ 见黄宗羲《子刘子行状》，载《刘宗周全集》五，第 50 页；刘汋《蕺山刘子年谱》六十六岁条目，《全集》五，第 480 页。

"信"，并非全盘接受阳明学，关于这一点，后文将通过对刘宗周中年期思想的详细分析做出解释。无论如何，我们实可由此推知，刘宗周"中而信"阶段之后，其慎独学的义理架构发生了一次重大改变，正是由于这种改变，才使得刘宗周对阳明学的态度从"中而信"转变为"辨难不遗余力"。那么，这一转变涉及的思想内容及其契机何在？

刘汋在《年谱》55 岁（崇祯五年）条透露了一些重要的信息：

是时先生用慎独功夫。独体只是个微字，慎独之功，只于微处下一着子，故专从静中讨消息。久之，始悟独说不得个静字，曰："一独耳，指其体谓之中，指其用谓之和。"又曰："中，阳之动；和，阴之静。不得以未发为静，已发为动。又不得以未发属性，已发属情。盖谓喜怒哀乐以四德言，不以七情言，亦一时事，不分前后际。"遂有丙子以后语录，及《圣学宗要》、《人谱》、《原旨》、《读易图说》、《证学杂解》诸书，大抵于先儒成说掀翻无遗①。

显然，刘宗周 55 岁以后对慎独思想的理解有一个突破性的"悟"，其晚年最主要的论著基本上都是基于这一"悟"而来；不过刘汋没有说明此"悟"具体发生于何时。刘汋所说的"丙子以后语录"即刘宗周 59 岁所作《独证篇》② 及以后的语录；其余诸书，《圣学宗要》为 57 岁时（崇祯七年夏日）作品，《人谱》虽亦撰于 57 岁，但曾经两次修订、最后定笔于 68 岁，《原旨》、《读易图说》、《证学杂解》诸书均是 59 岁之后所作。由此可以判

---

① 《年谱》，《全集》五，第 316－317 页。
② 今载于《刘宗周全集》第二册《学言上》。

断，刘宗周慎独说义理架构发生重大改变的时间是在 55 岁至 57 岁期间（崇祯五年冬十月至崇祯七年夏日）。

另外，刘汋的信息亦表明，刘宗周这一突破性"悟解"的内容在于"慎独"之"独"的内涵发生了改变；而改变的根源则在于对"中和、未发已发关系"以及喜怒哀乐说的理解变化。宋明理学中集中讨论"中和、未发已发、喜怒哀乐"议题的就是《中庸》的"中和说"："喜怒哀乐之未发谓之中，发而皆中节谓之和。中也者，天下之大本也；和也者，天下之达道也。致中和，天地位焉，万物育焉。"中和说之义理实质在于心之动静、机能和工夫问题：人心之动静（未发已发）与天地万物的化育秩序有某种对应关系；人的活动与天地的活动是一个连续的整体、有共同的基础，故而可以据此寻求主客体世界的根据。正因为具有如此丰富的本体工夫论蕴涵，中和说自宋代以来备受儒者重视。不过大多数相关论述都侧重于"未发"、"已发"、"中"、"和"这些虚位词上，忽略了"中和说"中最具内容意义的"喜怒哀乐"。就《中庸》本文来讲，未发已发都是针对"喜怒哀乐"而言，但在理学家那里，多兼及思、知觉与人之视听言动等等而言。究其因，则在理学家多把《中庸》此语与《易传》所谓"阴阳"、"动静"、"寂感"联系起来理解，故而未发通常指意识尚未起作用时，其间对应或蕴涵寂然不动、浑然森然之性；已发、喜怒哀乐则是指已然发动的形而下之情。如朱子称："夫易，变易也，兼指一动一静、已发未发而言之也。太极者，性情之妙也，乃一动一静、未发已发之理也。"[①] 刘宗周之"悟"可以落实到这一句话："喜怒哀

---

① 《朱熹集》卷四十二《答吴晦叔》，四川教育出版社，1996 年，第 1964 页。

乐以四德言，不以七情言，亦一时事，不分前后际。"其
意在指出：喜怒哀乐不是形而下之情，而是形而上的性情
之德本身；在此基础上，喜怒哀乐之未发已发（中和）
关系也不能在时间序列中来界定。如是，刘宗周对中和说
的理解便与以朱子为代表的理学家群体的看法对立起来。
我们再来看《学言上》记载的刘宗周论喜怒哀乐的语录，
59 岁所录就与 51 岁时截然不同：

> 知道者之喜怒皆任天而动，犹有过其则者，非善养未
> 发之中，无以见天则焉。若世人喜怒一切逐物，如水沤随
> 浪起灭，更何中节、不重节可言？①
> 喜怒哀乐，虽错综其文，实以气序而言。至瞉为七
> 情，曰喜怒哀惧爱恶欲，是性情之变，离乎天而出乎人
> 者，故纷然错出而不齐。所谓感于物而动，性之欲也，七
> 者合而言之，皆欲也。君子存理遏欲之功，正用之于此。
> 若喜怒哀乐四者，其发与未发，更无人力可施也。（后人
> 解中和，误认是七情，故经旨晦至今）②

　　显然，刘宗周 51 岁时理解的"喜怒哀乐"还是传统
意义上的理解，只相当于其 59 岁时所说的七情。而第二
则学言亦表明，刘宗周在突破性的"悟"之后对中和问
题的理解，其根柢确实在于喜怒哀乐新说。这一新说的创
新意义可从如下角度来理解。一般而言，知觉思虑和喜怒
哀乐同属于日常可见的"形而下之情"，然而两者之未发
却具有迥异的蕴涵：知觉思虑之未发指示了一种隔绝于日
常生活的情境，而喜怒哀乐之未发则是一种常见的日用情

---

① 《学言上》，《全集》二，第 439 页，约 51 岁。
② 同上，第 468－469 页，59 岁。

儒学承传

境。前者可与独立于形而下之情的超越本体相呼应，后者则指向与"情"同质、同层次的存在。因而，"未发之中、已发之和"究竟是围绕知觉思虑立论还是围绕喜怒哀乐立论，并不是单纯涉及概念内涵外延变换的争论，而是关乎哲学立场的整体转变。如是，我们便能理解刘宗周晚年思想转变的彻底性与深刻性。

那么，刘宗周发生思想转变的契机是什么呢？《刘宗周全集》第二册中的《会录》载有一则引人深思的语录：

> 近看孙淇澳书，觉更严密。谓："自幼至老，无一事不合于义，方养得浩然之气，苟有不慊，则馁矣。"①

孙慎行（1565－1636），字闻斯，号淇澳，江苏武进人，黄宗羲《明儒学案》称其为东林学术集大成者②。孙慎行之学以慎独为宗。笔者曾撰文论述，孙氏慎独学奠基于其独特的喜怒哀乐说：喜怒哀乐是即情即性之形而上存在；由此便在理学之朱子学与阳明学狭路相逢的格局下打开了一个新的儒学论述空间、意义空间③。上引刘宗周学言中提及的孙慎行之语，源于孙氏著作《困思抄》中的《养气》篇④，此即慎独工夫。刘宗周说"觉更严密"，当指孙慎行的慎独说比他在读孙慎行著作之前所理解的慎独说更为严密。为什么同样以"慎独"为宗的刘宗周会觉得孙慎行之说"更严密"呢？基于上文对喜怒哀乐与知觉思虑之区别的辨析，我们不难推知，刘宗周显然是认识

---

① 《会录》，《全集》二，第609页。

② 黄宗羲：《明儒学案》卷五十九《东林学案二》，《黄宗羲全集》第八册，浙江古籍出版社，1992年，第814页。

③ 参拙作《孙慎行慎独学的义理结构》，载《中国哲学史》2009年第2期。

④ 刘宗周引述之文在孙慎行文集中未见，观其语气及文意，则与孙慎行《困思抄》中的《养气》篇相近，故谓其源于《养气》。《养气》篇作于崇祯三年八月，详见《丛书集成续编》（上海书店出版社，1994年）第88册《困思抄》，第92页。

到孙慎行以喜怒哀乐说奠基的哲学构架更能达致其早年所立下的"明学术"之目标。

因文献不足征，无法重构刘宗周与孙慎行思想交流的具体情况；但仍有部分残存资料能让我们得窥其大略。简述两点如下。第一，孙慎行对刘宗周晚年思想的影响，可以从刘宗周晚年思想文本与孙慎行著作（《困思抄》、《慎独义》）之相似处看出：刘宗周59岁所作《独证篇》与60岁所记语录（见《学言中》）有多处与孙慎行《困思抄》相同。例如，除了喜怒哀乐说之外，刘宗周对独体之隐见显微、《关雎》乐而不淫哀而不伤（孙慎行称"诵之皆足见性"，刘宗周则说"益足发明《中庸》之旨"；在两人的思想体系中，《中庸》之旨即论性第一义）等论题的解释；以及对《大学》、《中庸》文本中"慎独"之异同的说明也与孙慎行的解释极为类似。第二，刘宗周发生突破性悟解的时间与他读孙慎行书的时间有一个重合期。孙慎行慎独学思想在《困思抄》中已提出。《困思抄》刊行于万历四十三年（刘宗周时年38岁），比刘宗周48岁提"慎独"宗旨尚早十年。孙慎行《慎独义》的著述则始于崇祯五年二月初二，崇祯六年十一月完成八十章，崇祯七年八月著《慎独义》百章毕①。崇祯七年，刘宗周57岁，是年作《圣学宗要》和《人谱》。那么，孙、刘二人的思想是通过哪一个关节点上联系起来的呢？《会录》及《年谱》均没有标识刘宗周"近看孙淇澳书，觉更严密"的学言录于何时。据刘门弟子、《刘子全书》的编者董玚所言，《会录》所记内容为证人会讲语以及自崇祯四年证

① 见孙慎行《止躬斋慎独义》后记，《四库禁毁书丛刊》（北京出版社，2000年）集部第123册，第453页。

人会开讲至刘宗周逝世这十四年中刘宗周的"里居日录语"①。现行《刘宗周全集》中只存有两处刘宗周读孙慎行著述的记录，除上引记录外，另一则记录如下：

> 予读《文抄》，而知公之学出入于辞章佛老，无所不博；继读《困思抄》而知公之学一禀于正，折衷群儒，微言以订；读《慎独义》百通，而知公反约之功，依乎《中庸》。②

这则记录表明刘宗周在 61 岁（崇祯十一年）时已通览孙慎行著述。考虑到《会录》中刘宗周说的是"近看孙慎行书"，而非"重看"或"再看"，综合上述情况，则《会录》所记刘宗周自言读孙慎行《困思抄》的时间当在 54 岁至 61 岁（崇祯四年至崇祯十一年）期间。虽然从现有资料没能推断出刘宗周"近看孙淇澳书，觉更严密"学言的具体记录时间，但从上面的讨论情况不难推断：刘宗周对《中庸》喜怒哀乐说之理解产生变化的时间与其读孙慎行《困思抄》的时间大致上有一个重合期。因此，刘宗周受到孙慎行《困思抄》影响而导致其慎独思想有重大改变的可能性非常大，如是则能说明何以刘宗周在"悟"之后的思想与孙慎行如此相近。

综上所述，笔者认为孙慎行思想对刘宗周晚年思想转变起到关键作用。刘宗周正是从孙慎行思想中得到重大启发，并最终建构了晚年精密宏大的慎独学体系。

以上是对刘宗周晚年思想转变之契机——孙慎行思想何时开始影响刘宗周的考察。下文转入考察这种影响对于

---

① 董玚：《刘子全书抄述》，载《刘宗周全集》五，第 768 页。
② 《淇澳孙公墓表》，《全集》三下，第 961—962 页，61 岁。

刘宗周晚年慎独理论建构具有何种意义。

二、刘宗周中、晚年慎独思想之差异

《年谱》四十八岁条记：

> 先生痛言：世道之祸酿于人心，而人心之恶以不学而进。今日理会此事，正欲明人心本然之善，他日不至凶于尔国，害于尔家。座中皆有省。每会，令学者收敛身心，使根柢凝定，为入道之基。尝曰："此心绝无凑泊处，从前是过去，向后是未来，逐外是人分，搜里是鬼窟，四路把截，就其中间不容发处，恰是此心真凑泊处。此处理会得分明，则大本达道皆从此出。"于是有慎独之说焉①。

刘宗周慎独说的重点在于先明人心本然之善，使根柢凝定，然后通过"慎"的功夫使"根柢"、"本体"涵摄一切、贯通一切。所谓"中间不容发处，恰是此心真凑泊处"，就是树立起固定在心的中心点的"本然之善"、"独"。"此处理会得分明，则大本达道皆从此出"，则是通过功夫践履让本体涵摄现象（本体现象合一，一即独也），使日常实践中"过去、未来、人分、鬼窟"之类"四路把截"的浮动之心收敛回本体的框架，悉数转为"大本达道"。显然，"慎独"是"即本体即工夫"之说。本体与功夫合一，本体与现象合一；这是刘宗周慎独说最为基本的性格。这似乎是刘宗周对持"理气浑一"立场的阳明学"中而信"的表现：在慎独学论域中吸取阳明

① 《刘宗周全集》五，第206页。

儒学承传

学之长处。其关键之处在于"本体"是如何界定的。因为这一点将决定：究竟是通过功夫使本来二元的本体与现象实现一贯（从工夫效验述说理气二元论），还是本体与现象本来就是浑一（从本体层面述说理气浑一论）。这个区别非常重要，关系到慎独说能否完成超越朱子学与阳明学以"明学术"的目标：前者只能使刘宗周在朱子学与阳明学之间左右摇摆，没有独立而超然的立场；后者则将使刘宗周之学"于先儒成说掀翻无遗"，成就一方宗师。下文将通过比较刘宗周54岁撰写的《中庸首章说》与57岁撰写的《圣学宗要》来说明这个问题。

《中庸首章说》和《圣学宗要》皆为长篇论作，无法载录于此。读者比较一下这两篇同样是论述慎独宗旨的文字便可知，最明显的差异就在于对喜怒哀乐的诠释。《中庸首章说》只不过在谈到"中"时形式上提及喜怒哀乐，并无实质论述；《圣学宗要》中则大段阐述刚刚领悟到的喜怒哀乐新说，颇有"宝剑新磨出，急于把示人"之意。

就《中庸首章说》而言，前文所论慎独说的基本性格在《首章说》中也展露无遗，刘宗周在这篇文章中极力说明隐微之独体与显见之和、未发与已发、独体之动静显微并非截然两分。但问题在于为何不是截然两分？理与气、本体与现象是通过何种方式合一的？论及此，有必要回顾一下理学史上对本体的论说方式。在理学家看来，本体属于"人生而静以上不容说"者，但出于指导和检证日常道德践履的需要又不得不对此"不容说"者有一番言说。解决这个矛盾的方法就是像刘宗周所说的"主宰处著不得注脚，只得就流行处讨消息"①；主宰处即本体，

---

① 刘宗周：《学言上》，《全集》二，第444页，57岁。

流行处即现象，"讨消息"即从现象上溯到本体、借用现象的一些特征来探视本体之奥秘。日常生活中可说可指的都是一个个具体的"物"[1]，"物"有形式与内容两义。形式指人之视听言动所及之声色臭味等，内容指材料以及贯穿其中的规则；借用传统的"体、相、用"之分，前者可称为物相，后者可称为物体。从物相往上溯，本体是"无相"，要描述此"无相"只能用"不睹不闻"、"无声无臭"、"冲漠无朕"等否定性的形容词；从物体往上溯，本体中物体的"材料"不见了，但贯穿其中的规则尚在，这就是朱子屡屡言及的"实理"，"实理"赅备万物，因此理学家的描述常常使用"万象森然"这类词汇。对理学家来说，言述本体必须从"物相"、"物体"同时往上溯，否则将陷入异端之说。朱子对此深有体会："今人只见前面一段事无形无兆，将谓是空荡荡；却不知道'冲漠无朕，万象森然已具'。如释氏便只是说'空'，老氏便只是说'无'，却不知道莫实于理。"[2] 理学史上的这种本体言说方式可称之为超越的言说方式[3]。"超越"是就物则、实理与物之间的关系而言，因为物则、实理是物的"所以然"、"所当然"乃至"使之然"者，而非"物"本身。就这一点而言，物与理、现象与本体（气与理）是"二"不是"一"。即便要说本体现象合一（理气合一），此"一"也只是超越之"一"，而非存在之

① 在理学，物、事同指，如朱子："物，犹事也。"详参朱熹：《四书章句集注·大学章句》，中华书局，1983年，第4页。
② ［宋］黎靖德编《朱子语类》卷九十五，中华书局，1994年，第2436页。
③ 本文所说"超越的言说方式"之"超越"，取牟宗三先生所说的"超绝"或"超离"义，详见牟宗三：《现象与物自身》第六章附录《超越的观念论释义》，台湾学生书局，1990年。

"一"①。现在不妨回过头来看刘宗周《中庸首章说》对本体的论述，其论述重点在于"独体惺惺，本无须臾之间，吾亦与之为无间而已。惟其本是惺惺也，故一念未起之中，耳目有所不及加，而天下之可睹可闻者，即于此而在。冲漠无朕之中，万象森然已备也。……未发而常发，此独之所以妙也"②之句。不难看出，这些论说方式是非常传统的，词汇也基本上是理学家常用的描述用语：惺惺、冲漠无朕、万象森然、不睹不闻、莫见莫显。至于"未发而常发"则可参看刘宗周的一则学言：

> 朱子曰："隐，暗处；微，细事。"离耳目而言心，心不可见，是至暗处；离思虑而言未发，其端倪若有若无，是至微处。然则良知一点，炯炯不昧，天地鉴之，鬼神觑之，真不啻万耳万目之交集，何见如之！即思虑未起之时，冲漠无朕，而万象森然已备，何显如之！故曰："莫见莫显。"③

这则学言无法查得记录时间。不过，其中对未发已发的论说是就"思虑"而非"喜怒哀乐"而言，可知应为刘宗周发生突破性悟解之前的学言，故可与《首章说》互参。由此，《首章说》所说的独体，显然是就"物"由日常视听言动之显见处上溯到至暗至微的"离耳目"、"离思虑"之处仍具有的"物则"、"实理"而言。既然未发已发是就思虑而言，则无论思虑既起或未起均无损于

---

① 按：本文所说的"存在之'一'"之"存在"，意指包容并超越现象与本质、主体与客体、性与情对立的根源存在。
② 刘宗周：《中庸首章说》，《全集》二，第351页，54岁。
③ 《遗编学言》，《全集》二，第567页。

"理"（独体）之存在及发挥作用，故称"未发而常发"。分析至此，可知《首章说》的慎独说所蕴含的"本体现象合一"还是朱子学意义上的超越之"合一"。

就刘宗周57岁所著的《圣学宗要》而言，此文论述要点在于"独中具有喜怒哀乐四者，即仁义礼智之别名。在天为春夏秋冬，在人为喜怒哀乐，分明一气之通复，无少差别。天无无春夏秋冬之时，故人无无喜怒哀乐之时，而终不得以寂然不动者为未发，以感而遂通者为已发，可知也。盖止一喜怒哀乐，而自其所存者而言谓之中……自其所发者而言谓之和。"① 刘宗周在此将喜怒哀乐视为一气流行，因此喜怒哀乐就成为"即性即情"、"即材料即规则"的存在。"人无无喜怒哀乐之时"，按照上文所说的本体言说方式，由物体往上溯，本体是"即材料即规则"的"喜怒哀乐"：独中具有喜怒哀乐四者，即仁义礼智之别名。如是，慎独学不但迥异于朱子学，也与阳明学区别开来。阳明四句教主张良知是无善无恶的同时也是知善知恶的；刘宗周对阳明的提法有明确的批评："无善无恶，语虽双提，而意实寄于无善。"② 显然，在刘宗周看来，阳明四句教的要点更着重于"无善"而非"无恶"。阳明学以不执著于"善"的"无善"立场来拒绝定立先验的道德观，其目的在于定立当下俱足的良知于无作无著之中。但是，若"无善无恶"论只是"无善"在起作用，便容易流于片面否定社会道德。并且，这种基于"无善"立场的"良知说"使主体从既成的价值观或框架中解放出来，追求无拘无束的自我，很容易与佛教的空观结合，有走向空虚化的危险。刘宗周明确阐明"独中具有喜怒哀

① 刘宗周：《圣学宗要》，《全集》二，第302页，57岁。
② 刘宗周：《会录》，《全集》二，第643页。

乐四者，即仁义礼智之别名"，也就意味着本体具备先验的规矩，杜绝了空虚化的危险。换言之，独体是喜怒哀乐一气流行之独，它能对阳明学所说的良知作出先验的限制：当其未发，喜怒哀乐存于中，虽然无所赋形、不著于形色，但并不是一个空无，由日常经验亦容易了解，此时存诸中之喜怒哀乐具备一种纯粹的定向，或可称此定向为"无（具体）方向的方向"；当其发，即情即性，这一定向便得到了恰当的落实。显然，喜怒哀乐说区别于良知学的地方就在于其有先验之规矩，但这一规矩没有任何既定的样式，不妨说是一个"通顺万物之情而无情"的无。这种"无"就是喜怒哀乐说区别于朱子学的先验之理的地方。在喜怒哀乐说视野下，即气即理，气之外别无理；本体与现象本来就合一，此"一"为存在之"一"，"一"乃无对之谓，故言"独"。慎独功夫，慎的是"即本体即现象、即性即情"之独，现象不会沦为第二性的存在，功夫修养就能真正贴近日常生活，不会走向虚无、也不会成为惨刻不情之拘执。

综上，在《圣学宗要》中，喜怒哀乐这种日用之常"情"就具备本体论地位，并对阳明学所说的虚灵良知作出先验的限制：这一立场迥异于朱子学、阳明学，亦即前文所说的哲学立场的整体转变。这一转变意味着此时的慎独论相对于《中庸首章说》中的慎独论，基本义理架构已经发生根本性改变，真正切近其早年定下的学术目标。亦难怪当未悟得喜怒哀乐新解的刘宗周读到孙慎行之书，会觉其"更严密"，这里的"更严密"也就是《圣学宗要》与《中庸首章说》中的慎独论之间的差距。

三、刘宗周思想发展分期

讨论至此，需要另加说明的是，刘宗周在悟得喜怒哀乐新解之后，对"独体"的述解已经产生根本性的变化。下文就以刘宗周在前后两个阶段对阳明良知学流弊的不同救治方法为例，对这一变化作出具体说明。刘宗周曾指出："今天下争言良知矣，及其弊也，猖狂者参之以情识，而一是皆良；超洁者荡之以玄虚，而夷良于贼。"① 学界一般据此认为，刘宗周慎独学乃乘阳明后学玄虚、放肆之流弊而起②。此说诚有所见，然而问题的关键在于：刘宗周获得喜怒哀乐新解前后的救弊方法是否有不同？其意义何在？

从工夫论的层面看，刘宗周在悟得喜怒哀乐新解前后的慎独说之区别集中表现在：悟之前主要强调"独知"，悟之后则不再局限于"独知"。"独知"本是刘宗周中年期为了防止良知说的虚玄与猖狂之流弊而设；此处的"独知"是就"离耳目"、"离思虑"之至暗至微处仍具有的先验"物则"、"实理"而言，其意在以天理之客观绝对性来警觉道德主体的责任感。显然，这种工夫论构架近于朱子学之"敬"：注重强调个体对天理的敬畏，并以此敬畏感来提撕道德主体时刻谨守天理，防止良知学玄虚和猖狂之流弊。而在悟得喜怒哀乐新解之后，"喜怒哀乐之中和"是对治良知说玄虚猖狂之弊的根本法门（刘宗周后来也使用《大学》之诚意说，此为心宗部分的慎独论，亦由喜怒哀乐说奠基）。刘宗周已经不再使用"独知"来

---

① 《证学杂解·解二十五》，《全集》二，第325页，66岁。
② 详参牟宗三《从陆象山到刘蕺山》第六章。

治弊，即使有"独知"的提法，也是在"独之知"（独体之自觉）①的意义上言说。这一时期的工夫论构架近于阳明学之"诚"：心之喜怒哀乐自主发动，在慎独——"复"此心喜怒哀乐之中和秩序——的过程中，天理自然而然便会产生；当然，其与阳明学之差异就在于喜怒哀乐这种日用之常"情"能对阳明学所说的虚灵良知作出先验的限制。这一特质表现在刘宗周晚年期对诚与敬的关系的论述上，便有"为学之要，一诚尽之矣，而主敬其功也。敬则诚，诚则天。若良知之说，鲜有不流于禅者"②和"主一之谓敬。心本有主，主还其主，便是主一。今日乃打破敬字"③之提法。由于喜怒哀乐在刘宗周那里是一气流行之秩序：既是客观层面的性天之序，亦是主体意义上的心气之序，它具有心体和性体两重涵义。在强调秩序的性天之义层面上，诚敬关系表现为"诚敬合一，诚由敬入"的形态，这种提法能够治良知说流弊。另外，心性天是一而不二的关系，这一独特的心学立场不支持朱子学意义上的主敬论，故而诚敬"合一"形态的终极涵义仍在于"打破敬字"，展现出心学义蕴。简言之，敬（对天理的敬畏）与诚（"复"此心喜怒哀乐之中和）就是规定刘宗周中年期和晚年期慎独工夫之基本性格的对应语。这两个阶段的敬与诚之工夫论差异，其理论基础乃在于理气（理心）二元论与一元论这一不可调和的哲学立场差异（亦即前述"超越之一"与"存在之一"的区分）。

---

① "独之知"即独体之自觉，这种本体之自觉亦称本觉。刘宗周解释之曰："本觉之觉，无所缘而觉，无所起而自觉，要之不离独位者近是。"（《证学杂解·解十》，《全集》二，第312页，66岁）此"觉"亦即"喜怒哀乐"之妙运，不同于朱子学意义上对"超越之理"的觉知或阳明学意义上具虚无性格的良知之觉。

② 刘宗周：《会录》，《全集》二，第645页，68岁。

③ 刘宗周：《学言下》，《全集》二，第553页，66岁。

综上，我们可以看到刘宗周在中年期一方面试图以持敬和理气二元论为核心的慎独学理论来防治阳明学流弊，另一方面又对持一元论立场的阳明学采取"中而信"的态度，这种有条件的"信"表明刘宗周中年期试图在慎独学论域中以阳明学之长（浑一）补朱子学之短（拘执），其哲学体系呈现出内在的理论矛盾。由此可知，刘宗周的中年期慎独学是在朱子学与阳明学之间左右摇摆，没有独立而超然的立场。从这一角度看，刘宗周中年期慎独学确实无法完成其早年定下的学术目标。值得注意的是，刘宗周中、晚年慎独学工夫论从"敬"到"诚"的转变，既与明代理学史从朱子学向阳明学转变的思想史线索若合符节，又能从理论源头防治阳明后学流弊。而这一"打破敬字"的工夫论演变过程，亦与黄宗羲描述的刘宗周个人气象从"严毅清苦"发为"光风霁月"的修养过程相一致[1]。

明乎此，再来看刘宗周在甲戌二月，即崇祯七年（刘57岁）二月撰写的一则序文：

> 暇日与二三子讲"良知"之学，既尝自信为千圣嫡脉，而犹虑学者以虚知见承当、或浸流于猖狂也？因特为"良知"下一注解曰："此独知之真者耳。"一时闻者有省。或云独犹落于第二义者，益不喜言保任边事。试问如何是第一义？私心恨不起余干于九原而共证之。彼其于"慎独"之说，胡终身服之无斁也。[2]

"余干"是指明初江西余干名儒胡居仁，黄宗羲称其

① 黄宗羲：《子刘子行状》，《全集》第五册，第46页。
② 《胡松庵先生录序》，《全集》三下，第716页，57岁。

"一生得力于敬，故其持守可观"①。从《序》中可以看出：刘宗周言"慎独"仍注重与前人之同；对他人质疑"独犹落第二义"也提不出如《圣学宗要》以后的著作中的精当论述来反驳；即便以"独知之真者"释"良知"，也不见喜怒哀乐说的蛛丝马迹。这些迹象说明这篇《序》所说的"独知"、"慎独"还是喜怒哀乐旧解之前的理解。由此可知，在崇祯七年二月，刘宗周还没有发生刘汋所说的慎独之"悟"。《圣学宗要》为崇祯七年夏日所作，故而可以推断，刘宗周的突破性"悟解"得于崇祯七年（57岁）二月至夏日这一段时间。

根据上文的讨论，笔者认为，刘宗周思想发展可分为早期、中年期、晚年期三阶段。早期是指48岁前，根据是刘宗周48岁讲学解吟轩始以慎独说示人。对于刘宗周提出慎独说（48岁）之后的分期，笔者主张以刘宗周对喜怒哀乐说的诠释为主线。根据刘汋的叙述以及本文的讨论可知，刘宗周在57岁对"喜怒哀乐"说有新理解后，慎独说的义理架构也发生了根本性的改变，正是在这一基础上才有刘宗周晚年一系列"于先儒成说掀翻无遗"的著作。因此，刘宗周48岁正式提出慎独说之后直到逝世这段时间可分为两段，从时间上来说，是以57岁（崇祯七年二月至崇祯七年夏日）这个时间段为界，从著述上来说，则是以《圣学宗要》为界，前为中期，后为晚期。综上，笔者对刘宗周思想发展的分期为：48岁提出慎独说之前是早期；提出慎独说后，48岁到57岁为中年期；57岁至68岁则是晚年期。

① 黄宗羲：《明儒学案》卷二《崇仁学案二》，《黄宗羲全集》第七册，浙江古籍出版社，1992年，第22页。

四、结语

上文通过文本勘查与解读，厘清了刘宗周中年与晚年思想的分歧、分期及其哲学意义，从而对刘宗周一生学术思想之主线、思想发展轨迹，皆有明确了解，这对于我们研究刘宗周乃至蕺山门人思想具有重要意义。以前言所述《皇明道统录》与《明儒学案》的问题为例。刘宗周50岁时编撰的《皇明道统录》现已佚失，仅有部分内容存录于黄宗羲《明儒学案》一书，名为《师说》。以本文的观点，《师说》与《明儒学案》相关论断"异者多而同者少"之现象，实不难解答。因为《师说》属于刘宗周中年期的思想；而黄宗羲《明儒学案》发挥的则是刘氏晚年成熟思想（此可从《明儒学案》对刘宗周晚年思想文本的大量引用中得到印证）。因此《师说》与《明儒学案》的观点冲突，其实是刘氏中年期与晚年期思想差异之表现。这也提醒我们：在阅读《皇明道统录》（《师说》）等刘宗周中年期作品乃至早年期作品时，要时刻注意文本自身的限制问题。

（作者单位：暨南大学哲学研究所）

儒宗别传

——由《药地炮庄·总论上》
看方以智的庄学观

| 张永义

　　《药地炮庄》系方以智解《庄》之作。药地，其号也。炮者烹炮，会诸家于一鼎也。此书盖源于道盛禅师之托①，故玄言与禅语相辉映。因极言《庄》本于《易》，宗旨仍落在以儒解庄一途。从其兼具寄怀抒懑之痕迹，又可折射出亡国遗民之心境②。克就晚明以降之三教会通论、遗民生活史及密之本人思想变迁而言，此书皆大有关系焉。

　　全书除序跋发凡外，共计《总论》三篇、正文九卷，凡三十余万言。因初刻本（康熙三年此藏轩本）流传不广，晚近排印本又残缺不全（1932 年成都美学林本仅有正文九卷），此书之阅读与使用殊为不便。兹不揣鄙陋，对《总论》上篇略加绍述，希望有助于揭示密之在庄学问题上的卓见。

---

　　① 陈丹衷《〈庄子提正〉后跋》云："杖人癸巳又全标《庄子》，以付竹关。奄忽十年，无可大师乃成《药地炮庄》。"
　　② 参见谢明阳《明遗民的庄子定位论题》绪论章，台湾大学出版社，2001 年。

一

《炮庄·总论》共分上中下三篇。上篇是自汉至明诸家庄评之汇编,略近于庄学小史。中篇收僧人憨山德清、鼓山永觉、觉浪道盛以及其他佞佛士子之庄论,重在衡定庄佛关系。下篇为方以智本人文章,包括《向子与郭子书》、《惠子与庄子书》和《药地总炮七论》等,可视作全书之总纲。

上、中两篇正文部分皆题曰"墨历山樵集,春浮行者萧伯升孟昉校",下篇题为"浮山愚者之子中德、通、履谨编"。"墨历山樵"和"浮山愚者"均为方以智别号,中德、中通、中履则是其三子之名。由这些题签,可知《总论》前两篇为方以智所收集,下篇因为涉及他本人的文章,所以编校任务就交给了儿辈们来完成。

就体例而言,《总论》三篇与正文九卷一样,皆有大量眉批①。眉批可说是《炮庄》最重要的内容。毕竟,汇编之语多为他人成说,而在眉批中,方氏自己的意见才有了更集中的表达(需注意者,眉批也并不全都出自方以智之手)。

---

① 《炮庄》刻本(即此藏轩本)分上下两栏,上栏小字20行,每行6字;下栏大字10行,每行20字。上下两栏分别署名。其中,正文九卷下栏皆题曰:"天界觉杖人评,极丸学人弘智集,三一斋老人正,涉江子陈丹衷订。"上栏则题曰:"闲翁曼衍,春浮行者萧伯升较。"《总论》三篇的题署稍有不同,下篇下栏题曰:"浮山愚者之子中德、通、履谨编。"上栏题曰:"平叟杂拈。"上、中两篇下栏题曰:"墨历山樵集,春浮行者萧伯升孟昉较。"上栏则没有署名。为方便计,姑称之曰"眉批"。

二

《总论》上篇共收庄评四十余家，大体依时间顺序编排。其中，汉代四家、晋代三家、南朝一家、唐代两家、宋代十多家、明代二十余家。宋、明两代之所以占去大半，恐怕与这个时期的庄注本来就比较多有关。另外，年代较近，文献的搜求自然也就容易一些。

1. 汉代四家分别是司马谈、司马迁父子和严遵、扬雄师徒。对司马迁，方以智极尽推崇之能事："子长以实事杀活自适，子休以虚言剽剥自适，都是伤心人，所以一语道破。"① 司马迁道破的一语，即《庄子传》中所说的"我宁游戏污渎之中自快"，与世俗那种滑稽混世之解不同，方以智从此语中读出的却是无奈和悲情。滑稽和混世意味着放弃，但无奈和伤心却饱含着对世事的关怀。在密之看来，庄子决非弃世之人，司马迁也不是。史公之所以能状出庄子的这种悲感，是因为他自己也是同样的大伤心人。从这个意义上说，经历过九死一生、国亡不复、遁入空门的方以智仍然孜孜不倦地著述，又何尝是弃世之人呢？当密之写下"都是伤心人"、"悲何如耶"这样的字句时，心中定然充满无限的家国身世之感。

以悲感释庄子，自然就难以容忍扬雄这样的说法："周罔君臣之义，衍无知于天地之间，虽邻不觌也。"方以智的回答斩钉截铁："庄申大戒，非罔君臣。"②

"庄申大戒"指的是《人间世》这段话："天下有大戒二，其一命也，其一义也。子之爱亲，命也，不可解于

---

① 方以智：《药地炮庄》，台湾广文书局，1975 年影印本，第 1 页。
② 同上，第 7 页。

心。臣之事君，义也，无适而非君也，无所逃于天地之间。是之谓大戒。"在庄学史上，这是一段充满歧解的话。有的人从中看到的是人间网罗，有的人从中读出的却是事亲致命。自宋代以来，儒生们大多选择了后一种理解，因此《人间世》也就成了庄书中最纯正的一篇。方以智的老师道盛禅师也持有近似的看法："此决断为臣子之心，与事心之不逾矩处，如斩钉截铁，真孔子万古不易之正论也。"①

　　道盛还提出过一个著名的"托孤说"，大意是说庄子非但不是老子的嫡嗣，而且还是儒宗之别传。战国时期，功利名相兴，儒者多滞迹，尧孔之真精神有失传之虞，于是庄子乃隐名埋姓，托于老聃门下，为儒宗之真血脉保留一线生机。此说对方以智影响至深，成为他品评诸家得失的一个基本依据。

　　在《总论》中篇，方以智对道盛之说有一个更全面的概括，值得特别征引如下：

　　庄周隐战国，辞楚相，愤功利而别路救之，以神化移人心之天者也。世儒拘胶，不能知天立宗。诸治方术者，离跂尊知，多得一察，以自为方，终身不返。乃慨然抚心曰：恶乎可？又恶可使若人终不知道德性天之宗乎？夫如是也，又何所藉之以自明吾之所存，自行吾之所主乎？于是仍借羲皇尧舜孔颜，与老聃许由壶列杨墨惠施诸子，互相立论而神化之。其中有主有宾，有权有实。至于纵横杀活，隐显正奇，放肆诡诞，嬉笑怒骂，直指天真，曲示密意，其为移出人心之天，岂可以常情臆见领略之耶？内七

---

①　道盛：《觉浪盛禅师全录》卷三十，《嘉兴藏》第34册，第772页。

篇已豁然矣，究不外于慎独致中和，而与人物冥声臭，归大宗师于孔颜，归应帝王于尧舜也。世人不知，以为诋毁圣人，孰知称赞尧舜孔颜，无有尚于庄生者手①？

依据这种说法，庄子内七篇之归宿乃在于尧舜孔颜，那么扬雄所谓"周罔君臣之义"的说法自然也就变得根本不可能。

稍显奇怪的是，汉代四家中，司马谈并没有直接评论到庄子，严遵也只是在《老子指归》中引用了《庄子》中的一些文句，方以智为何却把两人提了出来？从眉批可以看出，密之此处关心的显然是文本之外的东西。传统上，司马谈和严遵都被归为道家一派，这与两个晚辈的尊孔态度刚好相反。但在方以智看来，谈迁父子周南泣命念念不忘的是"正《易传》，继《春秋》，本诗书礼乐之际"，因此不能说司马谈不尊孔子。严遵闭肆下帘授《老子》，但在从事卜筮活动时，劝人的却是忠孝之道，这与庄子的"别路救之"，可谓异曲同工。正是在这个意义上，方以智说："得老庄至深者，其君平哉！"②

2. 把庄子归入儒宗，自然也就不会对魏晋玄风有太多的好感。考虑到方以智早年对实证之学的酷嗜，他把玄谈看成是近似于明代陈陈相因的空疏之论，亦未可知。作为三玄之一，魏晋注《庄》者众多。虽然存世已少，但也不至于仅能找到三家。方以智这里显然依据自己的立场，作了严格的抉择。

第一位被提到的是阮籍。对这位以青白眼著称，公开鄙薄汤武的达庄者，方以智看到的却是"寓庄以达生，大

---

① 方以智：《药地炮庄》，台湾广文书局，1975 年影印本，第 62 页。
② 同上，第 5 页。

语藏怒笑"①。广武之叹证明阮籍绝不是忘情山水之人，他的越礼骇俗背后深藏着极度的痛苦。

第二位被提到的是郭象。郭象可谓纳庄入儒的始作俑者。抬孔子，贬许由，君臣父子皆存至理，所有这些都能勾起方以智的共鸣。"郭注平和，恰是贤智消心用中之妙药"②，这就是密之对郭注的评论。

第三位被提到的是戴逵。戴逵本隐士，却深以放达为非。他的一句话最受密之欣赏："老庄去名，欲以笃实也。"对于戴逵，密之评论说："深于老庄，而弹琴履礼，此真弥缝柱、漆于杏坛者乎!"③

三家之中，反对放达的、语气平和的，得到表彰；迹近放达的，给予新解。至于名放达而实放荡者，在密之看来，只不过以庄子作托辞而已，又何能知庄子之苦心呢?

3. 晋代之后，终唐之世，方以智也列举了三家，它们分别是南朝马枢、唐代陆希声和李习之。习之之说见于《复性书》，与庄学关系并不大。陆希声所云，"庄周述老氏之用，失于太过"，近于老生常谈。马枢指出"贵名实"和"玩清虚"者"各从所好"，也看不出有什么特别之处。方以智除了对李翱之清直有赞赏之外，对三家的说法皆无明确的评论。

比较奇怪的是，所引马枢之言并未遵照时间的顺序，反而被安置到了宋明之间。是有意如此，还是偶尔的误植，现在已不得而知了。

4. 宋代是注《庄》的另一个高峰期，存世的名作就有王雱《南华真经新传》、吕惠卿《庄子义》、林希逸的

---

① 方以智：《药地炮庄》，台湾广文书局，1975 年影印本，第 8 页。
② 同上，第 9 页。
③ 同上，第 10 页。

《庄子口义》、褚伯秀的《南华真经义海纂微》等。其他评论性的文章就更多了，像王安石的《庄子论》、苏东坡的《庄子祠堂记》和李士表的《庄列十论》都是代表性的作品。也许是因为体例的限制，方以智在《总论》上篇并未把注意力放在各种庄注上，除了王元泽外，吕惠卿、林希逸、褚伯秀的名字根本就没有被提到。那些评论性的文章，如王安石、苏东坡、李士表之作，倒成了重点引征的对象。甚至一些与庄子有关的只言片语，如邵雍、杨时和杨简之说，也都获得了一席之地。

　　第一个被提到的是王安石《庄周》论。介甫此文之宗旨在和会庄儒："昔先王之泽，至庄子之时竭矣。天下之俗，谲诈大作，质朴并散，虽世之学士大夫，未有知贵己贱物之道者也。于是弃绝乎礼义之绪，夺攘乎利害之际，趋利而不以为辱，殒身而不以为怨；渐溃陷溺以至乎不可救已。庄子病之，思其说以矫天下之弊，而归之于正也。"[1] 庄子之毛病，不过是矫枉过正而已，其心则是也。

　　按理说，同属和会庄儒的方以智应该激赏此文才是，可实情却刚好相反，密之如是评价王安石："欲收青苗钱，而纵民私铸，岂能及桑、孔之善计乎？""彼正窥得庄子，以破诸儒之执，而实用管商，以图一世之功，勿为所谩。"[2] 桑弘羊、孔仅皆为逐利之臣，安石实属同一类型，并且不若二人善计，这种评价也真够低的了。

　　方以智对王安石的评论虽酷，但也不是什么特例，宋明儒者多持此论。毕竟这是一个道学盛行的时代，"正其义不谋其利"才是被大家广泛接受的正途。不管王安石的动机如何，在儒生们看来，那些变法的措施看上去更像是

---

① 王安石：《庄周上》，《临川文集》卷六十八。
② 方以智：《药地炮庄》，台湾广文书局，1975 年影印本，第 15 页。

与民争利。方以智特别不满于王安石的还在于，他明明知道庄子之"正"就在于矫天下趋利谲诈之弊，自己施政时却仍然选择趋利一途，这只能说明他有"谩人"的动机。

安石如此，其子王元泽自然也不会好到哪里。尽管元泽"庄子通性命之分"的说法可为"正决"，但他不能引庄讽新法，所学尚达不到触屏陈咸之境界①。

苏东坡是反对王安石变法的，方以智对此自无疑义。他甚至称赞东坡评庄懂得一赞（"见庄子得吾心"）一棒（"为人父而不仁其子可乎"），这不正是"炮"之所以为"炮"吗？但是，善于炮制的东坡仍然不免有所执："程为东郭顺，苏为温伯雪，岂有蜀洛党哉？可知庄子正是甘草。"②

洛蜀党争是两宋众多党争中的一次。究其实，也可能是最无意义的一次。宋代党争之中心问题在新法之立废，而洛蜀两家都是反对新法的。仅仅因为戏谑之言而水火不容，两家均免不了所谓通人之弊。如果小程子能够像人貌而天、清而容物的东郭顺子一样，东坡能够像目击道存的温伯雪子一样，哪里还是什么洛党蜀党？所谓"庄子正是甘草"，意义就在这里。

值得提及的是，密之早年其实也曾深陷党争之中。接武东林，主盟复社，公讨阮大铖，到处都有他的身影。国变服缁，荣华褪尽，回首前事，密之此时正不知做何想！

苏、王之后，紧接着的几家是邵雍、龟山、朱子和杨简。这些人除朱子外都没有专门的评庄著作。之所以提到他们，是因为邵雍欣赏庄子之辨才，龟山认为《逍遥

---

① 方以智：《药地炮庄》，台湾广文书局，1975年影印本，第18页。
② 同上，第17页。

游》、《养生主》之宗旨近于思孟的"无入而不自得""行其所无事",朱子称庄子见道体,杨简说庄提长生是贪生本术。对于邵子、龟山、朱子之说,方以智皆无评论。唯独慈湖之论受到了密之的驳正:"正曰:敬仲明骂庄生以扶儒,暗取庄向上之意以扫朱,有觑破者否?单标无意,亦取禅宗。"① 一句明骂暗取,着实让慈湖难堪。作为象山弟子,慈湖可是一贯相信本心是澄然清明的。至于"亦取禅宗",慈湖倒不必过于挂怀,宋儒学佛而反佛者比比皆是。在这点上,明代人就显得开明多了,儒佛既可会通,自不必斤斤计较于此是而彼非。更何况"一謦咳,三教毕矣"②,哪里还用得着明骂暗取?

宋代最后的几家是王世长、刘须溪、戴侗和李士表。世长情况待查。须溪亦出象山之门,有《庄子》校点本。戴侗作有《六书故》,方以智《通雅》引用此书颇多。李士表则是《庄列十论》的作者。四家之中,最受密之欣赏的是须溪之说:"儒者取厌,故庄生别路謦欬引之,苦其心以为筌蹄。又自疑筌蹄之误来者也,自毁之,然犹证于经,质于理,玩其文字而自谓得意者。"此说得到了密之的正面回应:"世道交丧,道有窊隆。儒不知时,况陈陈相因乎?别路謦欬,犹张凉州之于晋也。"③ 张凉州即张轨,曾经据守凉州,数次匡扶晋室。密之认为,庄子的别路謦欬,正足以助儒存真也。其他三家,因无关宏旨,这里也就不多提了。

5. 全文的最后是明代部分。家数最多,篇幅也最长。特别是,由于许多被引征者就是方以智同时代人,有的是好友如张溥,有的是世交如萧伯玉,有的是亲人如方大

---

① 方以智:《药地炮庄》,台湾广文书局,1975 年影印本,第 19 页。
② 方以智:《东西均》,中华书局,1962 年,第 16 页。
③ 方以智:《药地炮庄》,台湾广文书局,1975 年影印本,第 21 页。

镇，眉批中措辞也开始变得谨慎起来。前面的赞叹推崇之辞基本上看不到了，提名道姓的批评反而多了起来。另有一些内容，干脆不加任何评点。

明确给予批评的主要有以下几家：第一位是高叔嗣。此人认为，《论语》书中既然载有讪笑孔子的接舆和沮溺，那么庄周所录的巢许之徒，也不能绝对看成没有。上古风俗淳至，现在觉得是攻击圣人的话，在当时也不算什么过甚之辞。方以智对此说的回应是："不悟化身酬唱，难免痴蝇钻纸。"①

第二位是李贽。李的看法是："顾后患者，必不肯成天下之大功，庄周之徒是已。"这无疑是说，庄子是一位患得患失的自了汉。方以智于是"正"之曰："忧君忧民，正是一贯。禹稷颜子，易地皆然。素其时位，心则一也。故君子既知其素，又知其位。偏才使锋，但快意耳。"②

第三位是陈蝶庵。蝶庵说："'肆廉直'，犹不失老子面目。'狂而荡，矜而忿戾，愚而诈'，直是庄周、韩非矣。"方以智反问道："蝶菴既然厌庄，且问自号蝶菴，又是何意?"③

最后一位是谭贞默。谭说："《庄子·天下》篇不列孔子于百家者，明乎甚尊孔子。列老聃于关尹之下，明乎夷于诸子百家。未尝独崇老聃，又自剖别其道术，而世谓庄周以老聃为宗，甚无谓也。"但在方以智看来，"剔出庄子不宗老聃，大似刘裕实是汉裔，却不号汉。……如此仿佛，亦是寻滑叶以嚼草耳"④。

① 方以智：《药地炮庄》，台湾广文书局，1975 年影印本，第 28 页。
② 同上，第 32 页。
③ 方以智：《药地炮庄》，台湾广文书局，1975 年影印本，第 43 页。
④ 同上。

道家流变

这些批评大体可归为三类：一类是替庄子辩解。深信儒宗别传的方以智当然无法容忍李贽的"自私"说和陈蝶庵的"狂荡"论。一类关涉到读庄方法。密之曾经说过："《庄子》者，可参而不可诂者也。以诂行，则漆园之天蔽矣。"① 像高叔嗣这样斤斤计较于巢、许之有无，根本就无法进入庄子的精神世界："庄子叹世之溺于功利而疾心其始，又不可与庄语，为此无端崖之词，卮之、寓之，大小重之，无谓有谓，有谓无谓，使见之者疑愤不已，乃有旦暮遇之者。"因此，什么鸿蒙拊髀雀跃，什么河伯望洋而叹，什么北游服隐弁之默，什么童子指七圣之迷，全都不过是化身酬唱而已，巢、许又何能例外？最后一类则与明代学风有关。熊文直说漆园之纂玄标异遮掩了"两间真象数"，谭贞默说庄周并不以老聃为宗，但是根据呢？什么是真象数？庄子为什么不宗老聃？两个人都没有举出理由来。"仿佛"、"草草"这种批评，与其说针对的是熊谭二人，倒不如说针对的是当时整个学风。

可是，密之既反对诂庄，又提倡考究，这中间不是存在着明显的矛盾吗？对于这种疑问，《炮庄发凡》早已准备好了答案："浮山大人具一切智，渊源三世，合其外祖，因缘甚奇。一生实究，好学不厌。历尽坎坷，息喘杖门。向上穿翻，一点睛而潜飞随乘矣。"浮山大人即指方以智，杖门即道盛门下。穿翻随乘自然离不开"息喘杖门"这个机缘，但是如果没有"渊源三世，合其外祖"，如果没有"一生实究，好学不厌"，即便有此息喘机缘，又有什么意义呢？显然，"一生实究"为后来的"穿翻"奠定了基础。方以智即便遁入禅门之后，仍然时刻不忘"核真象

---

① 方以智：《向子期与郭子玄书》，《药地炮庄》，台湾学生书局，1975 年影印本，第 107 页。

数"，原因就在于此。

要之，既重"实究"，又须"参悟"，这便是眉批所告诉我们的方以智"炮"庄之法。

三

方以智之前，以集注形式解庄者，代不乏人。陆德明《音义》不论，宋有褚伯秀，明有焦竑，皆为其例。但是，撇开《庄子》文本，汇历代庄评于一编的，并不多见。《炮庄发凡》中提到的"薛更生、陈旻昭时集诸解①，石溪约为《庄会》"，是否属于此类著作，不得而知。但稍早于密之的陈治安（万历年间曾任长沙令），确有《南华真经本义》附录八卷，详细列举了自战国至明末的各家庄评。根据本篇眉批记载，方以智的确读过这位"陈玄晏治安"所著的《本义》，并且他提示说竟陵派谭友夏之说多取自于该书②。这多少可以解释《总论》上篇与《本义》附录在内容上的一些重叠现象。不过，两者也有着明显的不同：《本义》附录征引诸说非常详细，《总论》上篇则多括其大义，点到为止；陈治安评论诸说，遵奉的是以《庄》释《庄》原则，极力排斥儒释道混同之论，方以智品评各家，贯彻的正是三教会通原则；陈治安的附录更似文献汇编，方以智的《总论》上篇则是"烹炮"庄子的一个重要组成部分。

---

① 《青原愚者智禅师语录》卷二收有密之"为陈旻昭居士对灵小参"，其中有云："痛念杖人借庄托孤，乃与竹关约期炮集。既化死水枯椿，尤悼恶空莽荡。长书论症，不觉嘘嘘十载。西江为君了却，今日对灵举出，送慰孝子。"

② 《药地炮庄》第45页："徐伯调曰：陈玄晏治安著《本义》，而友夏注之。唤作郭象注向秀，友夏注玄晏，得么？愚曰：虽然贼症现在，特例注销。"

　　《炮庄》成书之后，曾得到一些学者的激赏。这一点从书前的十几篇序言可以看出（书序通常都是说些恭维的话），从当时的诗文集也可找到根据。另外，它也引来了一些质疑。其中一条出自于方以智好友钱饮光，另一条出自于四库馆臣。钱氏认为，《庄子》本来就够难读了，《炮庄》再杂以禅语，只会让人越发不懂①。四库馆臣则以为，此书属有托之言，"非《庄子》当如是解，亦非以智所见真谓《庄子》当如是解也"②。书籍的难易程度不应作为评判其价值的标准，所以钱氏的说法可以撇开不论。但四库馆臣的意见需要认真对待。"非《庄子》当如是解"，涉及的是解释活动的成败。"亦非以智所见真谓《庄子》当如是解也"，那就属于解释者主观动机的问题了。如果解释者明知自己的解释背离文本，但出于另外的目的却偏偏去强加附会，那么他的解释严格来说就不能称作"解释"，只不过是借题发挥而已。《炮庄》一书的确是有托之言，明遗民们从该书极力发挥的"托孤说"中产生某种家国之感，自是情理中事。但能否像四库馆臣所说，方以智本人也不相信自己所说，那就很值得考虑了。以儒解庄并非始自方以智，也不是始于道盛。郭象有此说，韩愈有此说，林希逸也有此说，这早已是一个悠久的解释传统了，方以智和道盛不过讲得更极端一点而已。若说密之不信自己，那还得证明前面的许多人也一样的口是心非才行。

　　从解释史的角度看，重要的倒是前面的问题。"非

---

　　① 钱澄之《通雅序》："今道人既出世矣，然犹不肯废书，独其所著书多禅语，而会通以《庄》《易》之旨，学者骤读之，多不可解。"另见《田间文集》，黄山书社，1998年，第228页。

　　② 《〈炮庄〉提要》，《钦定四库全书总目》卷一百四十七。

《庄子》当如是解"，这也是现代学者的普遍看法。庄子属于道家，庄子嘲讽孔子，庄子提倡逍遥无为，庄子破掉一切是非对待，这是人人皆耳熟能详的看法。问题是，一个文本字面所说的，和它实际想说的，并不永远是一致的。荒唐之言通常都不能荒唐地理解。一旦接受了"正言若反"这种说法，那么何谓正何谓反，落实起来就有说不尽的困难。当我们接受庄子是道家代表这种现代"常识"的时候，是不是也应该思考一下，有没有另外一些可能？千年庄学史，有如此多的以儒解庄者出现，那仅仅是因为解释者的儒家身份吗？庄子"反语"背后的"正语"，有没有可以与儒学相契接的地方？

不管这些问题的答案如何，有一点倒是可以确定的：思想总是在争执中向前推进，歧解是再解释的前提。因为有了"儒宗别传"这个说法，我们就不得不重新思考：庄子在什么意义上说是道家的代表？

（作者单位：中山大学中国哲学研究所）

道家 流变

从《东西均》看方以智的
"观物哲学"与庄学[①]

| 邢益海

引言

方以智的《东西均》，论其问世之曲折与漫长，以及内容之宏博与精深，均堪称奇书。

它虽著成于清顺治九年（1652），但方以智在世时未刊刻，且未见任何文献提及。康熙十二年（1673），方以智卒后二年，桐城县令胡必选主修的《安庆府桐城县志·理学》"方以智"条称："所著有周易图像几表、通雅、物理小识、炮庄、会宜编、易余、阳符中衍、东西均……凡数百卷。"[②] 此是《东西均》首次见诸文献。奇怪的是此后各种方志、书目史料再无著录。当代方以智研究的专家学者们似乎无人注意到这一史料（身居海外的余英时在所著《方以智晚节考》中已有使用该志[③]，但没有论及《东西均》著录问题），以至于纷纷为《东西均》的著者是方以智作无谓的论证。为研究者们所熟知的是以下一则史料：光绪十四年（1888），桐城方家二十一世孙方昌翰

---

① 本文系参加 2010 年 10 月 4 日在台湾台北举行的《东亚经典与文化》学术研讨会论文。
② 《中国地方志集成·安徽府县志辑 12》，江苏古籍出版社，1998 年，第 118 页。
③ 余英时：《方以智晚节考》（增订版），北京三联书店，2004 年，第 75 页。

辑《桐城方氏七代遗书》时有按语："公之著述繁富……
杂见于通志、郡邑志、家集者，稽古堂诗文集，……东西
均……禅乐府诸书，尚有家藏钞本。"又据考，此前方家
十九世孙"方传理为编《家谱》而作《方以智小传》，
《小传》中《东西均》已被列……"① 但直至1954年方以
智后人（方鸿寿先生）向安徽省博物馆捐出此抄本，一
直未有外传。最迟不晚于1957年，大概是为了准备纪念
方以智诞辰350周年，侯外庐主编《中国思想通史》编写
组或中国科学院历史研究所中国思想史研究室的同志，去
安徽省博物馆过录了大批方氏原著②，其中就包括《东西
均》。侯外庐先生的《方以智——中国的百科全书派大哲
学家》长文发表于《历史研究》1957年第6-7期，随后
又收入他主编的1960年出版的《中国思想通史》第四卷
下册第二十六章，题目改为"方以智战斗的社会思想和唯
物主义哲学体系"，并在书中披露了方以智现存于世的著
作达24种之多，其中包括《东西均》。1961年8月6日，
侯外庐在《人民日报》上借纪念方以智诞生三百五十周年
之际，发表"方以智《东西均》一书的哲学思想"的
专文。至1962年，李学勤校点本《东西均》出版（《象
环寤记》附于后），是为该书沉睡了三百多年后的首次
面世。

　　《东西均》甫一面世即引起轰动。侯外庐为该本撰写
序言，高度评价方以智说："他在明清之际的学术思潮中，

----

① 蒋国保：《方以智与明清哲学》，黄山书社，2009年，第434页。
② 据李学勤《东西均》校点后记，《东西均》"原由中华书局上海编
辑所钞录标点"，那么也可能整个钞录工作是两个单位为合作出版《方以智
全书》于1959年才开始的。但我所见方以智《药地炮庄》（序跋、总论）、
《博衣集》两个手抄本，用的稿纸都是中国科学院历史研究所的（中国社会
科学院是1977年才成立的）。

也是一个以自然科学与哲学联盟为特征的学派的中坚。他的哲学和王船山的哲学是同时代的大旗，是中国十七世纪时代精神的重要的侧面。"如此一来，作为思想家、哲学家的方以智横空出世，一改人们此前局限于《通雅》和《物理小识》而形成的考据学家、音韵学家的定位。近半个世纪以来，学界对《东西均》的热情持续不减，并随着方以智其他著作的陆续"发现"，对方以智思想特征的定位果真是众说纷纭。廖肇亨撰文称："对方以智而言，不论儒者、高僧、科学家、考证学者、理学家都不足以尽其底蕴。"① 笔者近年来因研究《药地炮庄》而综观方以智的生平与学术，发现方以智一生与《庄子》结下不解之缘，并在人生的各个阶段陆续有庄学作品问世，说他是个庄学家似乎才是最恰当的。其中，《东西均》是方以智的"炮庄"之作，是原创性的庄学巨著；而《药地炮庄》则是方以智的解庄作品，并且是对明遗民庄学的集大成。本文不欲多涉及《药地炮庄》，旨在通过对《东西均》的重点讨论，揭示其庄学作品的特质，并将其归入"观物派哲学"的三足之一。

一、观物哲学：从庄子经邵雍到方以智

关于《东西均》的研究成果颇丰，晚近庞朴先生的《东西均注释》可谓力作。不过，笔者觉得庞朴先生过于注重其"合二而一"、"一分为三"的辩证法思想，对其"三教会通"思想也颇致意，然于其思想特质的释读似有不足。

---

① 廖肇亨：《药地愚者禅学思想蠡测》，台北：《中国文哲研究集刊》第 33 期，2008 年，第 200 页。

我们先从庞朴先生《东西均注释》谈起。

> 均备五行而中五音，所旋所和，皆非言可传。空无所得，无不自得，久淬冰雪，激乎风霆，会乎苏门①。

笔者认为，"可传"后面的"。"应改为"，"，而"自得"后面的"，"应改为"。"。理由是："自得"前方以智说的是"均"的特性。接着一转，开始谈自己对均的认识或思想来源。从语气和整个段意来看，"激乎"、"会乎"同一句式，都指向某一学派，意在点明其思想渊源。庞朴先生对"风霆"未加注释，而对"苏门"注曰："山名，在今河南辉县西北；晋人孙登隐居处。此喻高士情趣。"②山名是无疑的，但"此喻"恐怕不妥。孙登固在"苏门"，但后来还有邵雍，就方以智的思想来源而言，唯有邵雍可以当之，故笔者认为"苏门"明显是代指邵雍。至于"风霆"，或代指《庄子》思想，特别是《齐物论》的主旨。方氏作品对《庄子》一书及其主旨思想动辄用"激"来形容。并且，方以智在两年后所撰《书周思皇纸》中明确将庄子与邵雍并称："曩以蒙庄之悬寓，适安乐之环中。"③蒙庄当然指庄子，安乐代指邵雍也应该无疑，所谓"悬"指"悬解"，"寓"指"寓庸"。环中本也为庄子的概念，但这里特指邵雍，则也有以蒙庄为"激"而"会"乎更为中和的"安乐"。下面进一步讨论方以智与二者的关系。

---

① 庞朴：《东西均注释》，中华书局，2001年，第10页。
② 《东西均注释》，第10页。
③ 方以智：《浮山文集后编》卷一，收入《四库禁毁书丛刊》集部第113册，北京出版社，1999年。

对于庄子和邵雍，钱穆先生在篇幅非常简略的《中国思想史》里却有惊人的洞见。先生称：

> 北宋儒学中有一豪杰，便是邵康节。从来认康节思想偏近道家，其实是更近庄周……我想称此一派为观物哲学。前有庄周，后有康节，这一派哲学，在中国思想里更无第三人堪与鼎足媲美。庄周是撇脱了人的地位来观万物，康节则提高了人的地位来观察万物。庄周是消极的，康节是积极的①。

除去后面两句具体评论且不说，将康节和庄周捆在一起，冠以"观物哲学"，这在庄学研究史上真是振聋发聩。

在先秦诸子中，庄子非常重视"物"。钱穆先生指出：

> 《论语》不言物。……至孟子倡性善，常言反求之本心，而以心之陷溺放失，归罪于物欲，于是心物二字，遂渐成一对立之地位，……是孟子虽言外物，而其讨论之所侧重，仍是偏颇于内心一方面，初不以物之本质为注意讨论之一问题也。至庄子出，乃始进而对于外物观察其本质与真相②。

庄子论物或与惠施有关，二人经常相互辩论。惠施"历物之意"的十个辨题，特别是其"泛爱万物，天地一

---

① 钱穆：《中国思想史》第四版，台北学生书局，1983年，第176 - 177页。

② 钱穆：《庄老通辨》，北京三联书店，2002年，第33 - 34页。

体也"（《天下篇第三十三》）的"万物一体"思想，与庄子所谓"天地与我并生，而万物与我为一"（《齐物论第二》）并无二致。但庄子不喜惠施那样"遍为万物说"，"逐万物而不反"，以"道"而不以"名"立论："道，物之极，言默不足以载"（《则阳第二十五》），认为"由天地之道观惠施之能，其犹一蚊一虻之劳者也。其于物也何庸！"（《天下第三十三》）。所谓"以物观之"则"自贵而相贱"，若能以道观之，则"物无贵贱"（《秋水第十七》）。"以道观言而天下之君正；以道观分而君臣之义明；以道观能而天下之官治；以道泛观而万物之应备。"（《天地第十二》）庄子论物的主旨可归结为"齐物"，齐物的方法关键就在于"以道观之"，以道的立场来观物，则因物付物，"万物一齐"（《秋水第十七》），心物不二。至于各种"物论"之是非，"道通为一"（《齐物论第二》），亦一并可泯可齐矣。

　　庄子之后，荀子讲"假物"[①]，《易传》讲"开物"[②]，东汉王充以气论人与物，其哲学被称为"气一元论"，晋人杨泉更有《物理论》，而将庄子"齐物"、"观物（化）"思想推至极致的当数北宋的邵雍。邵雍的观物、观化思想主要体现在由他得以完善的象数易学，通过"加一倍"法（程颢语）[③]，或"一分为二"法（朱熹语）[④]，特别是通过先天卦位图和"天地四象图"两大法宝，宇宙万物被安排得滴水不漏般的严整，可谓"自有《易》

---

　　① 《荀子·劝学》："君子性非异也，善假于物也。"
　　② 《周易·系辞上》："夫《易》开物成务，冒天下之道，如斯而已者也。"
　　③ 《二程外书》卷十二，见《二程集》，中华书局，1981年，第428页。
　　④ 《朱子语类》卷六十七。

以来，只有康节说一个物事如此齐整"①。有学者研究指出，邵雍的《先天图》的卦序所遵循的逻辑法则，与今天严格意义上的"二进制"的记数方法竟相一致②。而纷繁的大千世界因此变得简洁。据朱子理解，所谓"先天"，即为"出于自然，不用安排"的意思③。邵雍称"先天图者，环中也。自下而上谓之升，自上而下谓之降。升者，生也。降者，消也。故阳生于下，阴生于上。是以万物皆反生，阴生阳，阳生阴，阴复生阳，阳复生阴。是以循环而无穷也"④。"环中"一词出自庄子《齐物论》"得其环中，以应无穷"，邵雍将"环中"发挥为观物、观化的原则，"图皆自中起"⑤。"人居天地之中，心居人之中。日中则盛，月中而盈。故君子贵中也"⑥。他的《皇极经世》书"首言元会运世之数，以天地自然之数应人世治乱之迹，以见自唐尧以下人事之变革，冥冥中与天地之数相合；次列声音律吕之数，借声音之数以况天地万物交互错综之繁复；而卒归于道德仁义，古今治乱之不越于皇极之至道"⑦。该书又称《观物篇》，而邵雍之子邵伯温曾有解释说："至大之谓皇，至中之谓极，至正之谓经，至变之谓世。大中至正，应变无方之谓道。"⑧ 如此说来就是体道之书，观物以体道，体道须观物。

---

　　① 《朱子语类》卷一百。
　　② 姜广辉：《邵雍的"加一倍法"与"二进制"的一致性》，载于《光明日报》，2007 年 3 月 22 日。
　　③ 《朱子语类》卷一百。
　　④ 邵雍：《皇极经世·观物外篇下》，李一忻点校，九州出版社，2003年，第 549 页。
　　⑤ 《皇极经世·观物外篇上》，九州出版社，2003 年，第 546 页。
　　⑥ 《皇极经世·观物外篇下》，九州出版社，2003 年，第 556－557 页。
　　⑦ 高怀民：《宋元易学史》，广西师范大学出版社，2007 年，第 69页。
　　⑧ 《邵子全书》卷二，转引自唐明邦著《邵雍评传》，南京大学出版社，1998 年，第 96 页。

邵雍观物的环中法则又可归结为心法。"先天之学，心法也。"①心为人之中，观物的心法即心的环中法则——无心致天地万物，又称"以物观物"的"反观"法："圣人之能一万物之情者，谓其能反观也，所以谓之反观者，不以我观物也。不以我观物者，以物观物之谓也。又安有我于其间哉？是知我亦人也，人亦我也。我与人皆物也。"②故反观的关键在于"因物"而不"任我"。

邵雍之后，方以智为"观物哲学"的第三位巨人，一如他在《东西均》开篇中的自信：

久淬冰雪，激乎风霆，会乎苏门，亘其神气，自叩灵台，十五年而得见轮尊。仰而观，俯而察，小见大，大见小，无彼非此，即无大小，皆备于我矣，是为大尊。成均、空均与众均之所以为均，皆与我同其大小偏全，我皆得而旋之和之。生乎后时，跃身其前；开方圆目，穿卯酉光，读五方本，破玄黄句，坐苍苍之陛，下视其不可闻之苦心，原何有不可推移之法，而况迹其迹乎？

自封为"大尊"，一如大鹏一般坐苍苍之陛而下视各种"成均、空均与众均"，方以智因为亲证到"轮尊"而进入如此癫狂的境界！那么，谁来印可他的开悟呢？我们果然在方以智的《象环寤记》里，看到庄子化身"蒙媪"亲自现身为方以智佩环（轮）以为"护身符"并示印可。笔者以为"轮尊"指的就是方以智心目中"观物派的帮主"（借用钱穆先生所称"观物派"），但更准确地说，应该指"环中派"或"环中寓庸"派。邵雍承袭庄子环中

① 《皇极经世·观物外篇上》，九州出版社，2003年，第546页。
② 邵雍：《渔樵问对》，见《康节说易》，中州古籍出版社，1993年。

道家流变

思想并与易学相结合而得以发展。邵雍的先天易学主张天地之体数四，但用之者三，不用者一。"是故无体之一，以况自然也；不用之一，以况道也；用之者三，以况天地人也。"① 这种被方以智父子概括为"中五旋四之环中"及"体四用三"的思想，对方以智影响很大，包括他的"物理"研究、音韵学研究以及易学和庄学研究。

所谓"十五年而得见轮尊"，应该指方以智 1638 年撰写《通雅》和《物理小识》，特别是作《旋韵图》，至 1652 年作《东西均》大约十五年。我们看到《物理小识》中一开篇为天类，有《象数理气征几论》，提出：

> 为物不二之至理，隐不可见，质即气也，征其端几，不离象数……无非物也，无非心也，犹二之乎？……儒者多半弗问，故秩序变化之原不能灼然……两间之真象数举皆茫然……不合俯仰远近而互观之，又何所征哉？故随闻而纪之，自天象始。

他又在《气论》中说：

> 一切物皆气所为也，空皆气所实也。物有则，空亦有则。以费知隐，丝毫不爽。其则也，理之可征者也，而神在其中矣。神而明之，知而无知，然岂两截耶？知即无知，故不为一切所惑，乃享其神，是曰大定。

类似的论说还有许多，几乎和邵雍的观点如出一辙。但方以智比邵更加细化了，如《物理小识》讨论了《声

---

① 《皇极经世·观物外篇上》，九州出版社，2003 年，第 476 页。

论》、《律吕》、《乐节》、《天地人声》、《四行五行说》等。在其《总论》中，方以智提出"《庄子》言虚无，然归于极物而止，则曰以有形者象无形者而定矣"，可见方以智自觉引庄子为观物派。他在自序中称：

> 盈天地间皆物也……事一物也……心一物也……性命一物也……天地一物也。推而至于不可知，转以可知者摄之。以费知隐，重玄一实，是物物神神之深几也。寂感之蕴，深究其所自来，是曰通几。物有其故，实考究之，大而元会，小而草木蠢蠕，类其性情，征其好恶，推其常变，是曰质测。质测即藏通几者也。

如果说庄子、邵雍的"观物哲学"偏重于心物不分的诗学或境界形态，方以智在西方科技知识传入的刺激下，对心物关系作了更深入的探究，将"观物哲学"演化为"质测之学"与"通几之学"，超越了两位前辈，应该是可以预见的吧？质测、通几之学与朱熹的"格物致知"学有继承，但更加圆融。"格物"、"致知"源于《礼记·大学》中的八目，本无高深的哲学意蕴，但经宋儒的提升，已成为后期中国哲学最核心的概念，其中又有程朱与陆王学派的分歧，而方以智的质测、通几之学对两派有明显的折中，并烙上道家思想尤其是庄学印记。此又系一篇大文章，在此不作详论。下文我们重点探讨《东西均》对"观物派哲学"的新贡献。

二、《东西均》：新齐物论与新观物篇

均是什么？《东西均》开章起笔就给了我们答案：

> 均者，造瓦之具，旋转者也。董江都曰："泥之在均，
> 惟甄者之所为。"因之为均平，为均声。乐有均钟木，长
> 七尺，系弦，以均钟大小、清浊者；七调十二均，八十四
> 调因之（古均、勻、韵、妁、钧皆一字）。均固合形、声
> 两端之物也。古呼均为东西，至今犹然（《南齐》豫章王
> 嶷传："止得东西一百，于事无济"，则谓物为东西）。

　　首先笔者想指出："古呼均为东西"应该有误。虽然
笔者核对了《东西均》原钞本，确是这样的，但似乎是
方以智笔误所致，因为如果东西是东西，均也是东西，那
么《东西均》的书名真的就难解了。并且已说均"固合
形、声两端之物"，这是整本书特意强调的，接着再说一
句均是东西，等于说均是物这样含混的话，似乎不合逻
辑。我们看"至今犹然"括号后面的说明是古有"谓物
为东西"，那"至今犹然"的也该是"古呼物为东西"。
并且将"东西"拈出来与"物"相挂搭，也是方以智的
一种特意安排：两位前辈讨论"齐物"、"观物"，而自己
则以"东西"代"物"，以均代齐和观，《东西均》即
《均东西》即《均物》，是为新齐物论、新观物篇。
　　庄子有《逍遥游》和《齐物论》，分别注意到了物之
形的有待和物之音的无待。《逍遥游》一开篇就"怒而
飞"，而《齐物论》则一开篇就引出天籁、地籁、人籁之
说，并详尽地描绘了风的声音及其千变万化。《逍遥游》

的飞是风的旋转，是形变，大小之辩，有用无用，均为有形的"有待"。《齐物论》则转而讨论风的声音，"吹万不同"而"怒者其谁"？道出了声之无形的特性，进入无待的齐物境界，而各种言说和知识不过是对自然之音的模仿而已，均是执名为实、执影为"形"之一偏一曲的"有待"。何不从天籁悟入？且学庄周梦蝶，梦觉一如。于是，方以智在《药地炮庄·齐物论》中写道："愚曰：看见庄生画风，又来画梦么？"[1] 指的是《齐物论》的开篇与结尾。又指出："《集》云：听声如响，则是非路绝，故等之为籁。音响无从，则言语道断，故和之以天。此《齐物论》之大旨也。"[2]

关于物之"形"与"声"，韩愈的《原鬼》曾详加区分："有形而无声者，物有之矣，土石是也；有声而无形者，物有之矣，风霆是也；有声与形者，物有之矣，人兽是也；无声与形者，物有之矣，鬼神是也。"此后，邵雍的《皇极经世》也即《观物篇》卷三十五至卷五十，共16卷探讨"声音唱和"，以"天声"和"地音"相唱和（即声韵相切原理）而产生包括人在内的万物之音。在邵雍看来，整齐声音、统一文字乃王政之急务。

方以智显然受邵雍影响极大。1638年，他结合邵雍、一行的理论，撰成《旋韵图》，依音韵变化仿西文列汉字成字母，后收入《切韵声原》。又作《旋韵图说》，除受康节等影响外，并"尝因悉昙、泰西，两会通之，酌《正韵》，定正叶焉"[3]。提出"古韵作匀，又作均。成均

① 方以智：《药地炮庄·齐物论》，张永义、邢益海点校，华夏出版社，2011年，第149页。
② 《药地炮庄·齐物论》，华夏出版社，2011年，第125页。
③ 方以智：《通雅》，上海古籍出版社，1988年，第29页。

道家流变

所以教也，均为旋瓦器，又一弦均钟，亦谓之均。后作韵，取其圆也。圆元之声，古亦读匀"①，可见《东西均》开章的那段文字来自这里。《旋韵图》既取了"均"之形，又用了"均"之声，用旋韵显示翕（合口）辟（开口），将图中的南北两方分别称为大翕、大辟，而东西两方的翕辟均等故无大小之别，其余各摄唯以旋韵的方向以示区别，形象地在一个圆中探究声韵相合后所发出的人类自然之声，也即"原"声。作于 1652 年的《等切声原序》实际上已点明了《东西均》的创作动机，该序称：

　　气发而为声，声气不坏，雷风为恒。世俗轮转，皆风力也。人受天地之中以生，故鸟兽得其一二声，而人能千万声，通其原，尽其变，可以通鬼神、格鸟兽。盖自然感应，发于性情，莫先于声矣。故圣人立文字以配之，作声歌以畅之，制音乐以谐之。其通语言、定训义，犹其教之最明显者也。

　　方以智肯定联想到《齐物论》的风声及其吹万不同。自然之声如此，何况人声？《毛诗·周南关雎诂训传第一》中对"风"的诠释是："风，风也，教也。风以动之，教以化之。"圣人也因人声的特性而施教。但西乾的《悉昙藏》更揭示"声"的本质是气风（指呼出或吸入之气）触其七处（七个发音部位）而发声，显示了印度对声音的辨认要比东方精微。郑樵《通志·七音略序》曾指出："释氏以参禅为大悟，通音为小悟。"近人张克强认为："中国文字是由象形文字发展起来的，假如没有外

① 《通雅》，上海古籍出版社，1988 年，第 1502 页。

来的影响，对于声韵方面的研究自然会比较忽略。而这一门学问却正是佛家所最重视的。"① 方以智辛卯逃禅后，免不了要跟着众僧做必要的功课，而他很快从中找到了自我消遣的学问：研究梵音、梵呗，精通音律的他很快意识到西乾有所谓"无量声音王"并非浪得虚名，梵音虽是清净音闻，但别有夺人心魄处，方以智很快迷上了梵音。期间钱澄之去探望他，有诗记录下他的这段生活：

> 五更起坐自温经，还似书声静夜听。
> 梵唱自矜能仿佛，老僧本色是优伶②。

钱澄之还自注曰："愚道人既为僧，习梵唱，予笑其是剧场中老僧腔也。"钱澄之哪里知道，方以智此刻正在向"无量声音王"请益呢！方以智在该序中还用中国的五行说给予解释，认为："五行之位，西方属金，主声纳音起焉，故等韵出于西乾。今数千年，而泰西复以西音入，其例可以互证。中国文字之教独盛，人未深于耳顺。"此后他在《东西均》中又称：

> 用形之义详于东，而托形之声出于西。清静音闻，谁耳顺乎？弦歌杳矣；诗乐故事，孤颂虽行，且嗤满半。独均与别均之裔争，而各裔又争。独均已不知呼天之声，泥于理解，不能奇变，激发纵横之曲，必让涂毒之鼓③。

---

① 张克强：《佛教对于中国音韵学的影响》，《普门学报》第 55 期，2010 年 1 月。
② 钱澄之：《失路吟·行路难》，见《藏山阁诗存》卷十三，《藏山阁集》，第 327－328 页。
③ 《东西均注释》，中华书局，2001 年，第 11 页。

道家流变

213

方以智在此批评理学（独均）的文字着眼点，就落在理学已经听不进原始儒学孔圣人的"呼天之声"！

《东西均》注重讨论东西（物）的旋（形）或和（声）的两端，或许正基于方以智对汉字的认识。他说："惟声音可通古今人物之情，文字其寄托者也。"① 方以智把他物一元论的哲学贯彻到文字、音韵研究中，提出"欲通古义，先通古音。声音之道，与天地转"② 的"以音求义"主张，被梁启超认为是"密之最大的发明"③。他注意到"音有定而字无定，切等既立，随人填入耳"④，所以，他还盛赞西方拼音文字，提出"以音求字"，并主张文字改革，是最早提倡汉字拼音化的中国人⑤。他说："字之纷也，即缘通与借耳。若事属一字，字各一义，如远西因事合音，因音而成字，不重不共，不尤愈乎?"⑥ 1625 年，金尼阁对利玛窦等人的罗马字注音方案修改完善后以《西儒耳目资》为名刊出，共分三编：《译引首谱》为总论，《列音韵谱》从拼音查汉字，《列边正谱》是从汉字查拼音。方以智颇受启发，这种"字父十五，字母五十（愚按：父切也，母韵也）"⑦，加上 5 个声调符号，即能拼出当时"官话"的全部音节，显然比"反切"

---

① 《通雅》，上海古籍出版社，1988 年，第 222 页。
② 同上。
③ 梁启超：《近三百年中国学术史》，天津古籍出版社，2003 年，第 172 页。
④ 《通雅》，上海古籍出版社，1988 年，第 1501 页。
⑤ 文字有象形、表意、标音，发展的一般规律总是从表形到表意，从表意到表音。汉字的形体结构同样经历了多次重大变化，但始终还停留在表意兼标音的阶段。今天我们的汉语拼音，肇始于清末维新派卢戆章、王照等人发动的切音字运动，"五四"后终于收获果实。方以智近三百年前即鼓吹汉字拼音化，这是何等卓识和开放！
⑥ 转引自梁启超：《近三百年中国学术史》，天津古籍出版社，2003 年，第 173 页。

⑦ 《通雅》，上海古籍出版社，1988 年，第 1505 页。

易学易懂。再结合印度的音学，他反省中国"文字教"依赖经典的局限性，于是不仅主张文字改革，甚至说："此人忽欲废典要，而言声原，能免妄造之谤乎？此人曰废典要而后能言声原、通声原，然后能言世之何以为典要耳。"当然这只是设问而已，其真实意图还是"先立一近法，近法明乃能以近推远，以今推古也"。所谓近法，就是作《等切声原》或后来收入《通雅》的《切韵声原》。方以智认为，有了"近法"，小则明文字之音义，一贯而知；大则知无声之原，以尽声音之变，和乐律，通鬼神，格鸟兽，神而明之，六通岂欺人哉！道寓于艺，小即藏大。《易》包天地，而以著策名。字母括天人理数，而以众艺名，惜无衍者。邵子以天声唱、地声和，谁知之乎！有无而形气，形为物，气为身，形色臭味皆气，惟声至神，与物相表，故足以推万物之数，通万物之情"①。

方以智的《东西均》无非是继承庄子、邵雍观物哲学突出重视声音的路径，融会贯通印学、西学，借"楚曲"接续圣人的"呼天之声"！

《华严》者，《易》之图也，即其四十二字母，即悉昙与《文殊问字》、《金刚顶》之五十母，《大般若经》言一字入无量字，从无量字入一字，以入无字，此亦收尽天地古今之理、象、数，如六十四卦也，而乃以善知众艺名。声音与象数相表。言为心苗，动静归风，呼吸轮气，诗乐偈唱，其几也；等切，其一节之用也，犹《易》有四道，而制器亦在其中（愚有《等切声原》，略发明之）②。

---

① 《浮山文集后编》卷一。
② 《东西均注释》，中华书局，2001年，第210页。

《等切声原》序作于 1652 年，这也证明《东西均》作于此后，甚或《东西均》全部作于庐山三个月也未可知。方以智已经到了庐山而不急于回家，虽有自我解释为养目病，但恐怕创作《东西均》是更为主要的原因。方以智在《借庐语·赠王宾明（必述）》一诗中写道①：

> 云深谷口岁寒天，灯火惟求一室缘。东郭闭门还种药，北窗有榻即安禅。汉书久向瓢中渡，楚曲今为醒者传。晋代遗风犹想见，壁间人记义熙年。

公元 405 至 418 年，慧远等僧人居士共结"莲社"。"楚曲今为醒者传"，此处的"楚曲"指的应该就是《东西均》，也许应该称为《东西韵》或《道韵》吧？以"楚"冠名也许是因为老庄学派的渊源在楚，并且，方以智强调《东西均》是让人来听的，这体现在《东西均》开章的结尾：

> 蒙老望知者，万世犹旦暮。愚本无知，不望知也，苍苍先知之矣。三更日出，有大呼者曰："是何东西?!"此即万世旦暮之霹雳也。请听！

庞朴先生注释说："著者所述，正是非东非西、亦东亦西的'东西'，他所期待的，正是此一'万世旦暮'的知音。"② 笔者倒觉得这更像是方以智的自许，他自豪地宣布他和他的《东西均》就是"蒙老"（庄子）所期盼的

---

① 方以智：《浮山后集》卷二，安徽省博物馆藏清刻本。
② 《东西均注释》，中华书局，2001 年，第 21 页。

万世旦暮之霹雳声，所谓"三更"或许是《东西均》所标举的"∴（圆伊）"三轮说的出世，也即是《象环寤记》中那个婴儿的"突跃而直上，声如巨霹雳，天人之耳尽聋、目无见"。

这绝非虚言，看《东西均》的文字，似乎有一气呵成之感，而通篇之自信只能以开悟得道者的癫狂状态来形容，方以智对自己的这个"婴儿"得意之极，宣称：

> 我以十二折半为炉，七十二为鞴，三百六十五为课簿，环万八百为公案，金刚智为昆吾斧，劈众均以为薪，以毋自欺为空中之火，逢场烹饪，煮材适用，应供而化出，东西互济，反因对治，而坐收无为之治，无我、无无我，围三化四，不居一名。……是名全均，是名无均，是名真均。有建金石华藏之殿，而键旷古当前之钟者乎？必知问此造具均、和调均之合一手矣。印泥、印水、印空，三印且破，又何嫌于刻销乎？存泯同时，各不相坏。形既无形，声亦无声，何不可乎游形而戏声？

十二、七十二、三百六十五，万八百[1]，均为邵雍《皇极经世》中的数字。这段话揭示了《东西均》的创作目标乃是在对"东西（物）"和"均"本身层次的讨论之外，另辟一个更高层次的讨论，即评价各种论东西（物）的旋（形）或和（声）的众均（道术或学说），提出正确地把握东西（物）的旋（形）或和（声）的大均、全均、统均、无均、真均（都是方以智的自我期许）是怎样的。这很有《庄子·天下篇》的"判教"意思。一部《东西

---

[1] 十二万九千六百岁为一元。将一元分为十二会，乃子、丑、寅、卯、辰、巳、午、未、申、酉、戌、亥之十二支也。每会该一万八百岁。

均》，灵感基本来自庄子《齐物论》、《天下篇》以及邵雍的《观物篇》，所谓"激乎风霆，会乎苏门"，诚可谓观物派哲学大鼎的第三足矣！

三、"三教一致"的新庄学

《东西均》从讨论物的形、声两端入手，而更注重声韵的象数、节律以为宇宙万物包括人文教化的共同法则，是观物哲学"环中"法则和心法的新发展。

方以智《东西均》这一新观物哲学的最大特色是鼓吹"三教一致"或"会通三教"，相关的研究已有不少，其中以"三教归儒"尤其是"三教归《易》"的主张最有迷惑性。笔者认为归儒固不当，归《易》也不妥。一般研究者之所以有方以智"三教归《易》"的主张，因取证于《象环寱记》。该记为方以智在完成其哲学代表作《东西均》之后不久，以梦书的形式对《东西均》主旨的自我解密，他把自己对于三教、神迹、觉迷等重大问题的理解，以梦见三位老人、蒙媪告诉他三教真谛的形式，回禀父亲的来书。今人所谓"三教归《易》"原是对其中"赤老人之言"的概括：

> 浅而救之，三教自疗，疗者自明，则固已去其十半矣。……吾故望有知其全者以疗教，则必集大成以为主，非可平分也。溯其原同，则归于《易》耳……平怀论之，善世之心一也。门庭设施，当以好学为正大中和。各安生理，本末内外，一致随时，而以二氏之迅方资后儒之痛痒；悬远峰之青，以为城郭江河中之必不可少者。尽心、知命，不二、生死，有何殊耶？吾所谓神，神不离迹，迹以神化，其迹亦神。既有全神，何惜补不全之迹乎？留轮

回之因以助神道之教，以纵横之逼激补正告之拘牵，以濡弱制独尊之矜悍，而以棒喝迫曳尾之退避。洛下、考亭不妨树拂拈椎，象山、慈湖当证心于象数，注我自得矣，独不念六经贱而私心横耶？修武、庐陵宜过牢关，临济、赵州何嫌上学？……吾劝学者欲互换其迷耳①。

　　且不说赤老人说完后，马上引来缯老人的反驳和黄老人的调和，最后又有蒙媪统合了三人，赤老人这一段话，都是在说三教互补，并无打压二教使"三教归儒"的雄心。至于"溯其原同，则归于《易》耳"和"三教归《易》"的提法相比，当然多了许多限制，仅就某一视角言之而已，但持"三教归《易》"论者往往预设了《易》比三教都高，三教都应该统合在大《易》的支配下，可能是厚诬古人了。至于要说方以智的思想，他所说的集大成也好、公心也好，都不是使一物或多物归于某一偏，其凡物皆相反相因然后公因即在相反相因中的思想，更可简化为先有一分为二，后有合二而一，而归之于一而三、三而一。这样一种理论非常尊重物物与人人之间的区别即各自存在的规定性，但要人自觉自己的都是一偏而已。《药地炮庄·黄林合录》称："愚谓三教虽异，而道归一致。此万古不易之义。然虽如是，无智人前莫说，打你头破额裂。"②《东西均》宣示说："今而后儒之、释之、老之，皆不任受也，皆不阂（碍）受也。"③《炮庄》小引中方以智说自己"炮庄"的原则是：

　　　浮山药地，因大集古今之削漆者，芩桂硫?，同置药

　　① 《东西均》，中华书局，1962年，第160－161页。
　　② 《药地炮庄》，华夏出版社，2011年，第56页。
　　③ 《东西均注释》，中华书局，2001年，第160页。

道家流变

笼。彼且赢粮揭竿，与之洒濯。彼且跟位闻跫，与之謦
欬。彼且屠龙削镰，与之作目。彼且犓饵羹冰，与之伏
火。彼且甘寝秉羽，与之消闲。随人自尝而吞吐之，愚者
不复一嗓。

而《炮庄》发凡也说：

所贵切己勿欺，彻首彻尾耳。圣学、宗、教，各各会
通。且得平心，面面可入。如或各得所近，各执师说，一
任世出世间，大小偏全，幢幡饭碗。庄子只是本色闲人，
不来挽行夺市。

我们于此不难想见"炮庄者"只想让人在《炮庄》
中自参自悟，不管你是什么人，归属哪一教、哪一派，
"炮庄者"绝没有强要你"归"入某教某派。

方以智有过房厅说、源流说，其实均为落于形迹的方
便说法，他最终要人们进入的是"声原"世界，要从文
字处悟入"不立文字"的声音的共同世界。方以智反复
主张的是"各安生理"，就是说儒是儒、释是释、道是
道，每一宗每一教之所以得以创立并为后人继承、发展，
必有自己异于他者的独特的理路和视角，相互间没有高低
之分，不该想着谁要去灭掉谁，大家都只是"吹万不同"
的众均而已。全均对待众均的态度是"∴（圆伊）"的宗
一圆三或环中寓庸，任何两点（端），均相反相因，相因
相反，而公因（上一点）就在相反相因的两点中，上一
点和下两点，三而一，一而三。这既是方以智对庄子"怒
者其谁"的回答，也是对邵雍藏一而旋四的进一步简化。

《东西均》结尾处有一段很"恶毒"的话，但却是方
以智"三教"观乃至文明观的集中体现：

人之面不可殚计，而无一同者。惟其不同，不妨大同。鸟兽之声形各各何尝同乎？蚁之异状犹人之面，人视之一蚁耳；犬之吠犹人五方之万声，而人闻之一犬耳。

方以智在书中没有进一步推论何以人"惟其不同，不妨大同"？但言下之意再清楚不过，从"均的哲学"或天地之眼光来看，所有的"人形"均一"人"形耳！所有的"人声"（包括语言文字、思想学说）均一"人"声耳！与一蚁形、一犬（吠）声无异！《大宗师》早有醒言："今一犯人之形而曰：'人耳！人耳！'夫造化者必以为不祥之人。"人何迷于东均、西均而不知合听《东西韵》？莫辜负了方以智的一声声"苍天！苍天！"①

本文通过对方以智《东西均》的初步讨论，提出《东西均》可归入"观物派哲学"，是庄学史上三大原创性作品之一，是以"三教一致"为思想特色的庄学新样态。至于何以将方以智定位为庄学家，以及《药地炮庄》对庄学的新贡献何在，当另文讨论。

（作者单位：广东省社会科学院历史所）

道家流变

汤用彤与现代魏晋玄学研究①

丨李兰芬

　　一般来说，经典是一种权威文本。它对于传统或某一文化思想、某一理论类型起着基本范式的作用。这种作用既可从方法上看，又可从问题上看。按托马斯·库恩的观点看，它导致一个传统、一种文化，甚至一种理论或思想（包括学科）的方向性发展。由于经典是民族、文化的人文心理、品格灵魂的集中表现，所以，对于每一个解释经典的人来说，实际上都有一些切身考虑：究竟要在经典中吸取何种资源，还是要在经典所体现的传统中，寻求何种解决当下处境中面临问题的资源。这是经典自身的普遍性品格所必然带来的解释期待。经典解释者由此通过不同的方法、方式，不仅可以发掘经典中解决当前问题的宝贵资源（即所谓的"经以致用"），而且可以通过自己对经典的当前解释，进一步拓展经典价值的普遍性。这样一种双重的解释意义，对于解释者来说，仅仅通过对经典的"文字训诂、章句疏解"，是不可能完全获得的。在这里，对经典体现的传统之普遍性的反思，或说对经典中的"微言

---

　　① 本文原为 2001 年 6 月第七次"东亚近世儒学中的经典诠释传统"学术研讨会（广州）提交的论文。感谢陈昭瑛教授及助手，还有余树苹同学给予作者在本文写作资料收集上的帮助。论文分拆两部分，分别发表在《中国哲学史季刊》2003 年第 3 期及《中山大学学报》2003 年第 2 期。

大义"的再认识，用狄尔泰的话来说，只有所谓解释者的"再体验"，才是必要的。然而，运用适当的经典解释方法来满足经典解释的期待，或挖掘、展现经典包含的普遍意义，不是每个解释者都能真正做到的。

如何从儒家与具体事象纠缠的经典言述中，解释出具有普遍品格的意义，使儒家之理想在任何情境下都能发挥作用，始终是儒家解经历史上一个不能回避的问题。魏晋玄学既释道，也释儒，它的出现首先为儒家解决此问题提供了不同于汉儒的思考方式。它的兴起与其说是道家思想的创新发展，倒不如说它是儒家经典解释历史的一个里程碑。本文企图通过分析汤用彤先生对魏晋玄学的理解，展示儒家经典解释中的一个重要问题：经典解释的目的与经典解释方法的关系；并探讨二者的关系理解与不同经典之间的交流之相关性；最后通过作者对汤用彤先生的批评，进一步探讨特定的经典解释的目的与特定的经典解释的方法相互间可能产生的矛盾。

一、汤用彤对魏晋玄学研究的奠基作用

对大陆学界魏晋玄学研究历史作过概述的王晓毅先生对汤用彤在玄学研究的贡献有这样的评价：严格地说，中国现代意义上的魏晋玄学研究，是从汤用彤先生开始的。他在1938－1947年期间陆续写成了9篇具有拓荒意义的系列论文，除《言意之辨》外，均发表在当时的报纸杂志上，1957年6月由人民出版社结集出版，题名《魏晋玄学论稿》。这些论文对魏晋玄学思想渊源、学术方法、哲学特质、发展阶段以及历史影响等各个难点进行了专题研究，形成了全面系统的学理体系，尤其是对早期玄学的

形成用力最多。他认为，汉魏之际的形名学与《易》学天道观的演变，是玄学形成的两大思想来源；"言意之辨"是玄学的新方法；王弼玄学标志着中国哲学从"宇宙构成论"到"本体论"的转变；向秀与郭象《庄子注》的思想特质是"儒道为一"；道生的"顿悟"说对宋明理学的形成具有重要影响。此外，对魏晋玄学的产生是否受到外来佛教影响，以及魏晋玄学的主要发展阶段也提出了独到见解。其中，关于玄学的特质是以本体论"体用"方法融合儒道的观点，对 20 世纪魏晋玄学研究的基本思路产生了决定性的影响①。

事实上，玄学的研究在中国学术发展史上，早已存在。但如王晓毅所断言的那样，起码在现代的玄学研究里，汤用彤的作用之所以是功不可没的，原因就在于他首创从哲学的本体论角度来解释玄学。对此，汤一介先生有更细致的评说："用彤先生的'魏晋玄学'研究的主要贡献，是他提出了魏晋玄学是一种不同于汉学的本体之学，至今中外学者大致以此为根据把研究推向纵深发展。其关于魏晋玄学派别之论断、'言意之辨'、'贵无三派'、'向郭之庄周与孔子'、圣人学致问题等均为发前人之未发，而启发了后来之研究者。"② 毫无疑问，汤用彤被认为在对魏晋玄学进行哲学研究上，起了重要的作用。

而汤用彤在魏晋玄学研究上所起的这种奠基性作用，主要是体现在其站在玄远的角度，采取哲学的方法，对玄学本体论的弘扬上。在其中，汤用彤虽然也对玄学的思想资源作了分析，但其做法，仍然区别于陈寅恪、唐长孺等

---

① 王晓毅：《魏晋玄学研究的回顾与瞻望》，《哲学研究》，2000 年第 2 期。

② 汤一介：《〈汤用彤全集〉评介》，转引自《中华读报网》。

先生从社会、历史的角度上，采用训诂、考据的方法追溯、考究玄学的历史和成因的做法①。汤用彤这种着重于从抽象层面上对玄学思想内在发展之必然性的分析，有力地帮助了后人从思想逻辑的层面上，对玄学概念、体系、方法及特质，还有影响等问题的理解。玄学究竟为何，学理上的言说方式，基本由汤用彤奠定②。

　　魏晋玄学在中国学术及思想史上，一直都不是主流理

---

　　①　汤用彤先生同时代研究玄学的名家还有：容肇祖、刘汝霖、刘大杰、宗白华等。其中容肇祖先生主要探讨魏晋时期与玄学相关的自然主义思想，1934 年写成《魏晋的自然主义》（后由上海东方出版社 1996 年重版）；刘汝霖先生对魏晋玄学从学术意义上的历史及社会交往等作了严格的考据，1929 年写有《魏晋玄学小史》（刊于 1929 年 9 月的《努力学报》第 1 期），后又编成《汉晋学术编年》及《东晋南北朝学术编年》（二书后来都由上海书店在 1992 年据商务印书馆 1935 年版重印）；刘大杰先生对玄学思想作了总的考察，20 世纪 30 年代写有《魏晋思想论》（后来由上海古籍出版社在 1998 年重版）；而宗白华先生则首创将玄学与美学，还有独特人格等结合看待的做法，最著名的是他的两篇论文《论〈世说新语〉和晋人的美》、《清谈与析理》（两文后来收入宗白华《美学散步》，上海人民出版社，1981 年）。另外值得一提的是，20 世纪 20 年代末，以《中国哲学史》成名的冯友兰先生，也曾撰写专文讨论魏晋玄学。他的讨论角度无疑是哲学的。在 1927 年发表的《郭象的哲学》一文中，他断言：郭象《庄子注》为中国哲学进步之显迹。因为"郭象不但能引申发挥庄子的意思，能用抽象底、普遍底理论，说出庄子的诗底文章中所包含底意思，而且实在他自己也有许多新见解。"（文章原发表在 1927 年第一卷第一号的《哲学评论》，后收入北京大学出版社 1984 年版的《三松堂学术论文集》中）而在他的《中国哲学史》，讨论南北朝之玄学的章节中，他首先认为：王弼等玄士的理论由于持"孔子与老庄'将无同'"之见解，因而，不过是"以道家之学说，释儒家之经典，此乃玄学家之经学也。"（见中华书局 1961 年新 1 版，1984 年印刷的《中国哲学史》下卷，第 604 页、614 页。）郭象则在表现理想人格的哲学中，注入了神秘主义的色彩（同上书，第 660 页）。但由于冯友兰先生终究着力不在玄学，所以，多年以后，他说自己当年的中国哲学史巨著，"魏晋那一段太简略"（见《三松堂自序》，北京三联书店，1984 年，第 230 页）。上世纪 20 至 40 年代中，还有其他学者对玄学写有不同风格的文章。可参看四川大学、复旦大学哲学系资料室编《全国主要报刊哲学论文、资料索引》（1900－1949 年）（商务印书馆，1989 年）。另，可参看南开大学图书馆期刊室、哲学系资料室合编《中国哲学史论文索引（第一分册）》（1900－1949 年）。另，对于其他学者玄学研究的评论，也可参看孙尚扬《汤用彤》，台北东大图书公司印行，1996 年，第 202 页。

　　②　陈明博士将汤用彤先生对魏晋玄学研究的影响，界定为从汤氏《魏晋玄学论稿》一书出版以后开始。所以，汤用彤先生主要影响 50 年代以来的魏晋玄学研究中主义理派一系。参见陈明《六朝玄音远，谁似解人归》，《原学》（中国广播电视出版社，1995 年）第二辑。

论。其影响不曾像儒学或佛教理论那样，由于同时获得伦理、宗教的形态，得以在民间、官方的意识形态上发挥重要的塑造作用，从而可能直接成为与传统相关联的经典。但是，魏晋玄学虽然不是体现传统思想主流的学问，但它却与经典中的传统精神如何被理解有着密切的关系。从某种意义上来看，魏晋玄学并不是与佛学、儒家理论完全区别开来的另外一种理论。魏晋学术的经典意义，是体现在对与传统相连的经典的影响深远的解释上。

　　至少在汤用彤看来，魏晋玄学值得研究的重要原因，在于玄学赋予儒家经典解释一种新方法、新眼光。而这种与道家思想分不开的新眼光、新方法，之所以能对儒家经典解释具有作用，又与历史上的儒家对其经典的意义理解紧密相连。

　　中国历来有解释经典的传统。孔子既界定经典，又率先"以经述志"，后来的儒者无不以孔子为榜样，以"祖述尧舜"、"宪章文武"和"述仲尼之志"为其志向（孟子语）；而且诸子中的其他各家，也大都强调"非禹之道也，不足为墨"（墨子）[①]。但尽管述志是经典解释的目的，然而，由儒家形成的注释经典模式仍主要体现为注释的技术性操作。儒家经典解释包括三种方式：文字训诂、章句疏解、经以致用。汤一介因此而指出："在西方哲学传入中国之前，在中国却没有把'哲学'从'经学'、'子学'，甚至'史学'、'文学'分离出来作为一门单独的'学科'来进行研究，而'哲学思想'，往往是在'经

---

① 参看汤一介《再论创建中国解释学问题》，《中国社会科学》2000年第1期。

学'或'子学'中来进行研究的。"① 虽然同是儒家经典的《系辞》对《易经》的注释，其中不乏"整体性的哲学解释"（汤一介语）②，但毕竟在很长的时期，经典中的义理未能由于注释中的技术性操作而得到完善的解释。如何弘扬孔孟的精神，使之真正于当前的社会现实、人生问题有"致用"之功，日益成为不同历史时期儒士继道统、承大业所要迫切解决的问题。

玄学的兴起，某种意义上为儒学发展史上解决这一问题提供了"新眼光新方法"③。至少，从学理上说，魏晋玄学对儒家经典的诠释克服了原先解释上，由于训诂、考据太过繁琐，而至义理湮没失真的偏失，及义理阐发与随意附会的矛盾，而使义理之言说不仅具有文献上的可靠性，而且具有说理上的可理解性。汤用彤认为：只有这样一种解经方法，才可真正做到体会言象所蕴之意，让圣人之意昭然可见④。汤用彤自己一直着力于对玄学的新解经方法及目的，从不同的角度给予评说。他的玄学研究同样获得学界的认同⑤。后来学者对玄学的研究，作为对汤用彤研究的承继来说，主要是愈来愈多地像汤用彤那样，采用严谨的哲学思辨方式，从本体论上解读玄学的特质、从言意之辨上发挥玄学方法及从学理上理解玄学的影响。就汤用彤玄学研究之影响做过广泛考察和分析的孙尚扬博士概述说：

　　① 参看汤一介《三论创建中国解释学问题》，《中国文化研究》2000年第2期。
　　② 同上。
　　③ 汤用彤：《言意之辨》，《汤用彤全集》第四卷，河北人民出版社，2000年，第22页。
　　④ 同上，第24页。
　　⑤ 孙尚扬认为："自用彤始，学界统称魏晋思想为魏晋玄学。"见氏著《汤用彤》，台北东大图书公司，1996年，第206页。

就玄学研究而言，上世纪 80 年代以来的大量专著、论文，很少有不直接受惠于用彤之《魏晋玄学论稿》者。在对玄学的整体把握上及对玄学各派思想之哲学意义的分析上，论者多采用用彤之说，或就用彤所提出的问题进行探讨。不论对用彤之成果采取什么样的态度，作何种评价，大概很少有人绕过《魏晋玄学论稿》这座关隘。甚至在对魏晋文学的研究中也存在此种现象，只是有些人不喜注明或间接受益于该书罢了①。

虽然，事实上，也确有学者对汤用彤的魏晋玄学研究提出过激烈的批评②。但不论是承继还是批评汤先生研究玄学的风格，学者们对其同时注重玄学解经目的及其与解经方法的关系稍有忽略。更少去注意他之所以简说竹林玄学的原因。从反思中国经典解释传统的角度，汤用彤对玄学解经理论之研究，应是值得重新借鉴的。

二、汤用彤对魏晋玄学的理解

从《魏晋玄学论稿》的编目看即知，汤用彤对玄学与如何解经的关系最为关注③。汤用彤认定，玄学之所以对儒家经典解释传统形成有重大作用，并由此而成为解经

---

① 孙尚扬：《汤用彤》，台北东大图书公司，1996 年，第 261 页。
② 参见孙尚扬的转述及对陈明批评的再批评。同上书，第 262 – 267 页。
③ 《魏晋玄学论稿》包括：《读〈人物志〉》；《言意之辨》；《魏晋玄学流别略论》；《王弼大衍义略释》；《王弼圣人有情义释》；《王弼之〈周易〉〈论语〉新义》；《向郭义之庄周与孔子》；《谢灵运〈辨宗论〉书后》；《附录：魏晋思想的发展》等九篇论文。其中，《言意之辨》、《王弼大衍义略释》、《王弼圣人有情义释》、《王弼之〈周易〉〈论语〉新义》及《向郭义之庄周与孔子》，都是汤用彤专论魏晋玄学解经学的名篇。见氏著《汤用彤全集》第四卷。

的经典的原因，就在于魏晋玄学通过王弼、向秀和郭象所体现出来的儒道两家经典的互解，不仅使儒道两家的分歧通过字句上的精心诠释而得以化解，而且更重要的是，使儒家经典所蕴涵的普遍性品格得以发掘，并为经世致用奠定思想基础。这后一点恰是汉儒在解经中未能妥善解决的大问题。

（一）玄学以道释儒经的原因和目的

汤用彤认为：魏晋玄士借用道家经典及其思想来重释儒家经典，揭发儒家经典中的深远含义及经世致用的品格，与当时的社会背景、人生态度，甚至生活方式有关，并与汉代儒士解经的不足有关。

当然，魏晋玄学并不是泛用道家的经典及其思想，体现自己对儒家经典解释的不同作用。作为一种独特的解释理论的价值，魏晋玄学主要表现为：它开创了用道家的贵无理论来面对和重说儒家经典。这样一种选择与作为，显然有一定的原因。

关于玄士倡导"贵无"的动机，汤用彤指出，与其遗世的人生态度有关；与学理上日渐重形而上学有关；与政治上主无为有关①。其中，遗世的人生态度，"与佛家出世不同，因其不离开现实社会。遗世只是轻忽人事。人事纷乱外，更有私欲为累。欲求忘累，故贵无"②。另外，政治上的无为，也"并不是不做事"，而只是"为君法天"，"不扰民也"。所以，即使如"范宁等亦为玄学家，亦讲无为，不过给无为以不同之解释"③。

---

① 《汤用彤全集》第四卷，第317－318页。
② 同上，第317页。
③ 同上，第318页。

道
家
流
变

政治、人生上的选择，导致玄士学理发展上择取出与此选择相关、并能为此选择作一新说法的"贵无"学说。但汤用彤一再提醒，学理上对"贵无"之说的择取，并不是魏晋玄士的创发。因为"汉学之自然发展，后来亦达到贵无之说。但此所谓无，乃本质，而非本体"①。而这便是当其时学理上日渐重形而上学之体现。对此，汤用彤从学术发展的渊源上，对汉儒解经之贵无思想如何进展至玄学之贵无理论，做了更仔细、更清晰的说明和梳理：

> 汉之学说最重要的为儒家之经学，但不纯粹为儒家，而仍有阴阳道家学说之渗入。
> 名学（名理之学），是准玄学，以道为根本而谈名教……
> 王弼注《易》，何晏撰《论语集解》，虽可谓为新经学家，而其精神与汉时大异②。

由此可见，汉学解经所用之玄与魏晋玄学解经所用之玄，或二者对儒家经典之根本的"贵无"之理解，区别只在于："汉代偏重天地运行之物理（笔者注：即本质），魏晋贵谈有无之玄致（笔者注：即本体）。二者虽均尝托始于老子，然前者常不免依物象数理之消息盈虚，言天道，合人事；后者建言大道之玄远无朕，而不执著于实物，凡阴阳五行以及象数之谈，遂均废置不用。因乃进于纯玄学之讨论。汉代思想与魏晋清言之别，要在斯矣。"③

这里值得注意的一点是，汤用彤反复强调，无论是汉

---

① 《汤用彤全集》第四卷，第317页。
② 同上，第355－356页。
③ 同上，第42页。

儒还是魏晋玄士解释儒家经典时所体现的贵无思想，都与道家经典思想的运用有关。

王弼对于道家经典为何能释孔子借经典所表之理想，有这样明确的交代：相比起其他诸家学说，"《老子》之书，其几乎可一言而蔽之。噫！崇本息末而已矣。观其所由，寻其所归，言不远宗，事不失主。文虽五千，贯之者一；义虽广瞻，众则同类。解其一言而蔽之，则无幽而不识；每事各为意，则虽辩而愈惑"①。"然则，《老子》之文，欲辩而诘者，则失其旨也；欲名而责者，则违其义也。故其大归也，论太始之原以明自然之性，演幽冥之极以定惑罔之迷。因而不为，损而不施；崇本以息末，守母以存子；贱夫巧术，为在末有，无责于人，必求诸己；此其大要也。"② 也就是说，在王弼看来，唯有老子之言才可能在息末，也即不被末所蔽的澄明下，阐释孔子所体之本（也是儒家记载孔子所行之事的经典所蕴涵之意）。这里，王弼着重的是老子所言为阐释儒家核心精神而提供的新眼光、新方法。

汤用彤指出，由这样一种新眼光、新方法开启出的、真正的贵无思想，应是"玄远之学"（玄学）。它"学贵玄远，则略于具体事物而究心抽象原理。论天道则不拘于构成质料，而进探本体存在。论人事则轻忽有形之粗迹，而专期神理之妙用。夫具体之迹象，可道者也，有言有名也。抽象之本体，无名绝言而以意会者也。迹象本体之分，由于言意之辨。依言意之辨，普遍推之，而使之为一切论理之准量，则实为玄学家所发现之新眼光新方法。王

---

① ［魏］王弼著，楼宇烈校释《老子指略》，《王弼集校释》，中华书局，1980 年。
② 同上。

弼首唱得意忘言，虽以解《易》，然实则无论天道人事之任何方面，悉以之为权衡，故能建树有系统之玄学。夫汉代固尝有人祖尚老庄，鄙薄事功，而其所以终未舍弃人灾异通经致用之说者，盖尚未发现此新眼光新方法而普遍用之也"①。

总而言之，魏晋玄士与汉代儒士一样，将社会政治及个人人生等问题的解决，看成与对儒家经典的如何理解有密不可分的关系。并且都开始尝试在儒家经典解释中，借用道家的思想方式来揭示其中的玄理。只是，相对来说，魏晋玄士看到了汉代儒士解经时将玄理与事象不分的缺陷，及日益衰败的社会现象和失落的人生，而着力于运用新的解经方式，使儒家经典中的普遍真理得以宏发，并显现其对社会诸种人事、物象的统御作用②。这无疑是魏晋玄士解经的目的。

（二）玄学言意之辨的解经路向

但在实际中，魏晋玄学如何借用道家经典及其思想克服汉代经说由于与具体人事、物象相纠缠，而致与原儒立身行事的理想相去甚远，而不能对缤纷多变的现实真正作为的弊病，重新表述儒家经典中的理想，关涉儒家经典解释中的方法选择和具体操作。

首先，汤用彤指出，对于魏晋玄士来说，不同经典互解要碰到的问题有两个：一是儒道透过经典而现出的根本旨趣之差异："孔子重仁义，老庄尚道德"、"六经全豹实

---

① 《汤用彤全集》第四卷，第22页。
② 作者曾写有专文《归本崇无——析王弼对汉儒政治思想的继承和批判》，刊于《经典与解释》，中山大学出版社，1999年，对魏晋玄士解经之原因及目的做了一些相关的分析。

不易以玄学之管窥之";二是儒道在文句上的冲突:"儒
书言人事,道家谈玄虚。"此外,"儒书与诸子中亦间有
互相攻击之文,亦难于解释"。所以,"儒书多处见南子
之类,虽可依道家巧为解说",但儒道之间,从经典表述
来看,实是"其立足不同,趣旨大异"。要解决这种从经
典文字上反映出来的、事关根本旨趣分歧的差异,不同经
典之相互理解或解释,在玄士看来就"不得不求一方法以
救之。此法为何?忘言得意之义是矣"①。

　　玄学之得意忘言的方法,之所以能改造汉儒经学,宏
发圣人理想,就在于:只有这种方法,才使经典的面对和
理解不至"滞于名言",而能"忘言忘象",使经典"所
蕴之义"得体会,经典中的"圣人之意乃昭然可见"。
"王弼依此方法,乃将汉易象数之学一举而廓清之,汉代
经学转为魏晋玄学,其基础由此而奠定矣。"实际上,
"王氏新解,魏晋人士用之极广,其于玄学之关系至为深
切"②。

　　得意忘言之法何以能解决儒道旨趣及文句两方面的差
别呢?汤用彤仍然首先强调:王弼首唱,玄士广用的方法
也并不是魏晋玄士之首创。对于玄士解经之得意忘言方法
与儒家经典《易》、汉学后期及名理学解经方法的关系,
汤用彤作了这样的分析:

　　　凡所谓"忘言忘象""寄言出意""忘言寻其所况"
"善会其意""假言""权教"诸语皆承袭《易略例·明象
章》所言。
　　　王弼之说起于言不尽意义已流行之后,二者互有异

　　① 《汤用彤全集》第四卷,第29页。
　　② 同上,第24-25页。

同。盖言不尽意，所贵者在意会；忘象忘言，所贵者在得意，此则两说均轻言重意也。惟如言不尽意，则言几等于无用，而王氏则犹认言象乃用以尽象意，并谓"尽象莫忘言"，"尽意莫若象"，此则两说实有不同。然如言不尽意，则自可废言，故圣人无言，而以意会。王氏谓言象为工具，只用以得意，而非意之本身，故不能以工具为目的，若滞于言象则反失本意，此则两说均终主得意废言也①。

正是采用了改造过的解经方法，玄士首先使儒道经典中之根本差异得调和。"玄学家主张儒经圣人，所体者虚无；道家之书，所谈者象外。圣人体无，故儒经不言性命与天道；至道超象，故老庄高唱玄之又玄。儒圣所体本即道家所唱，玄儒之间，原无差别。至若文字言说均为方便，二教典籍自应等量齐观。不过偏袒道家者则根据言不尽意之义，而言六经为糠秕，荀粲是也。未忘情儒术者则谓寄旨于辞，可以正邪，故儒经有训俗之用，王弼是矣。二说因所党不同，故所陈互殊。然孔子经书，不言性道。老庄典籍，专谈本体。则老庄虽不出自圣人（孔子）之口，然其学则实扬老庄而抑孔教也。"另外，也使儒道经典中本是冲突的文句得以贯通。"按子书中之毁非圣人，莫明于《庄子》。儒家之轻鄙庄老则有《法言》。""然向、郭之注庄，不但解庄绝伦，而其名尊圣道，实唱玄理，融合儒道，使不相违，遂使赖乡夺洙泗之席。王、何以来，其功最大。""李弘范虽名注儒书（《法言》），实宗玄学也。"②

---

① 《汤用彤全集》第四卷，第24－25页。
② 同上，第31－33页。

（三）解经方法与解经目的的一致

汤用彤认为，魏晋玄士的解经新意，因其是就一定的动机而发的，所以，解经新方法的采用就有个是否与解经目的合适的问题。他专门分析了王弼对两种儒经的重解，及向、郭对《庄子》的新解，来展示魏晋玄学解经之新方法与其解经意图的契合。

在汤用彤对魏晋玄学发展的分期界定中，王弼及向秀、郭象是他重点评说的对象①。如前所说，他肯定，只有王弼最能体玄致之意，而向、郭则是继王之后，另一得玄意的人。由于从时间上说，王弼是玄学的首倡者，并且按汤用彤先生的看法，王弼最能体现儒道会通的努力，所以，汤用彤对玄学解经的范例分析，自然最重王弼的儒经新解。如果说，王弼关于"圣人有情"的义释，从根本上显示了玄学解经目的与方法的一致的话，那么，王弼对《易》的重注及释义，还有对《论语》的释义，则是直接从经典重新解释中显示解经目的与解经方法的一致。

"圣人观"是儒家思想的一个中心问题，而圣人有情与否的问题，在汤用彤看来，也与中国传统对人性的形上理解有关，所以关涉儒道能否从根本会通的问题②。进一步来说，它还关涉儒家名教思想与道家自然思想的关系问题③以及圣人是否可至的实际问题④。王弼借言意之辨的

---

① 汤用彤关于魏晋玄学的分期的看法，可参看他的《魏晋玄学流别略论》，《汤用彤全集》第四卷。在他的梳理中，只有一、二期玄学是玄士当主角，三、四期则是创造中国佛学的玄僧当主角。而他首推的玄士为王弼（第一期发展的代表）及向秀、郭象（第二期发展的代表）。

② 汤用彤认为，中国人性说上形上学之大宗，首推儒家，之外，自推道家。《汤用彤全集》第四卷，第 69－70 页。

③ 参看汤用彤《王弼圣人有情义释》一文。

④ 参见汤用彤另一篇论文《谢灵运〈辨宗论〉书后》。

妙法，在《易》注及《论语》释疑中，化解了儒道在此问题上的根本及文句之别①。从而在形上与形下不分的新角度，赋"圣人有情"说予新意：辅嗣既深知体用之不二，故不能言静而废动，故圣人虽德合天地（自然），而不能不应物而动，而其论性情，以动静为基本观点。圣人既应物而动，自不能无情。平叔言圣人无情，废动言静，大乖体用一如之理，辅嗣所论天道人事以及性情契合一贯，自较平叔为精密②。

而王弼的《易》注，在解经史上，已被作为经典。这同样得益于世人无不从之获取新意③。因为"夫性与天道为形上之学，儒经特明之者，自为《周易》"④。"《易》之为书，小之明人事之吉凶，大之则阐天道之变化。"所以，如何注《易》，体现学人对儒家理想之普遍性或根本性的不同理解，也体现学人对儒家理想与现实政治、人生关系的理解。

王弼注《易》有其"因缘时会，受前贤影响"之因。后期汉儒已开始力克旧儒拘泥章句、"繁于传记，略于训说"的解经方式，开始"尝以《老》、《庄》入易"，用象数、阴阳等言说事物变化之物理的宇宙论思想解《易》，但又不免使"天道未能出乎象外"，致儒家之义理失真无用。王弼用得意忘言之法，批评汉儒这样的注经做法不能体现注经之目的："经世致用"。"夫着眼在形下之器，则以形象相比拟而一事一象。事至繁，而象亦众。夫众不能

---

① 参见汤用彤《王弼圣人有情义释》。
② 《汤用彤全集》第四卷，第71页。
③ 汤说："弼注《易》，摈落爻象，恒为后世所重视。然其以传证经，常费匠心。古人论《易》者，如孙盛称其附会之辨。朱子亦尝称其巧。"《汤用彤全集》第四卷，第77页。
④ 同上，第73页。

治众，治众者必由至寡之宗。器不能释器，释器者必因超象之道。王弼以为物虽繁，如能统之有宗，会之有元，则繁而不乱，众而不惑。学而失其宗统，则限于形象，落于言筌。"由于王弼的《易》注既"真识形象之分位"，更"深知天道之幽赜"，使《易》中"具体之象生于抽象之义"得于勃发。由此，其"《易》注出，而儒家之形上学之新义乃成"①。

　　而王弼对《论语》的释疑，汤用彤认为是王弼实现其儒道会通之目的的最成功之作。注《易》只是释理，真正儒家理想之新义，则由《论语》释疑体现。"王弼学贵虚无，然其所推尊之理想人格为孔子，而非老子。""王弼会合儒道最着之处为圣人观念。""王弼之所以好论儒道，盖主孔子之性与天道，本为玄虚之学。夫孔圣言行见之《论语》，而《论语》所载多关人事，与《老》、《易》之谈天者似不相侔。则欲发明圣道，与五千言相通而不相伐者，非对《论语》下新解不可。然则《论语释疑》之作，其重要又不专在解滞释难，而更在其附会大义使玄理契合。"作为儒家经典的《论语》所显现的，无疑最突出的为与道家经典的《老子》的根本和文句上的不同。望文生义，或拘泥于章句，于儒道会通只能是阻碍。要使儒道之玄理得体现，必须借用得意忘言之方法。

　　实际上，王弼通过解《论语》融通了儒道，于旧的圣人说立一新义：圣人虽所说训俗，但体无；圣人之德，神明知几；"圣人法道，德合自然"；圣人"用行舍藏"。

　　至此，王弼通过解经而建立的儒家之形上学之新义，就具备了不仅对人事的致用，而且更重要的是具备了立身

　　①　参看汤用彤《王弼之〈周易〉〈论语〉新义》。

道家流变

行事之风骨。汤用彤在解玄时，于这点的评价，是极为引人注目的：

> 中国社会以士大夫为骨干。士大夫以用世为主要出路。下正焉者欲以势力富贵，骄其乡里。上焉者怀璧待价，存愿救世。然得志者入青云，失意者死穷巷。况且庸庸者显赫，高才者沉沦，遇合之难，志士所悲。汉末以来，奇才云兴，而政途坎坷，名士少有全者。得行其道，未必善终。老于沟壑，反为福果。故于天道之兴废，士人之出处，尤为魏晋人士之所留意。
>
> 王弼虽深知否泰有命，而未尝不劝人归于正。然则其形上学，虽属道家，而其于立身行事，实乃赏儒家之风骨也①。

在汤用彤看来，玄士解经的目的与方法之合璧，只有在王弼的这种"体用一如"之哲学与社会政治理想及人格风骨的结合中，才真正体现②。

由于向、郭在玄学中位置显著，任何对玄学的研究，都不能绕开二人的思想而行。汤用彤对二人思想的解释也独具匠心。除不断地在多篇论文中比较王与向、郭的理论之玄远性和致用特点及人格理想外，汤用彤专辟一章，讨论向、郭的解经学。与王弼用《老》、《易》对《论语》释疑不同，向、郭是用儒家理论释道家经典《庄子》。《庄子》在某种意义上，与当时道家的其他主要著作一

---

① 参看汤用彤《王弼之〈周易〉〈论语〉新义》。
② 汤用彤在玄学研究中，特别注重王弼思想的阐释。不仅认为王体现玄学理论之真如，而且认为王也体现玄士的理想。魏晋佛学发展中，可与之比肩的，只有僧肇。参见上书中的《言意之辨》、《魏晋玄学流别略论》等篇。

样，不能被看成"经"。经之界定，只用于言说儒家传统的权威著作上。《庄子》一向被认为是道家著作，与儒家思想不仅有根本分歧，而且文句上最现道家对儒家攻击的代表。"老、庄绝圣弃知，鄙薄仁义，毁弃礼乐，而不满于尧、舜、禹、汤、孔子之论，尤常见于庄生之书。然则欲阳存儒家圣人之名，而阴明道家圣人之实者，文义上殊多困难，必须加以解答。"而向、郭能从如此极端的"绝圣弃智"之文中，解出同为儒家力扬的"内圣外王"之"中华最流行之政治理想"，实也是一种创造。

　　向、郭的妙解，自然首先关系上面所说的融合儒道及重弘圣人理想的目的。但在《庄子》中释出资源来，仍需实际的方法工具。"郭象注《庄》，用辅嗣之说。以为意寄于言，寄言所以出意。人宜善会文意，'忘言以寻其所况'。读《庄子》者最好方法，要当善会其旨归，而不滞文以害意。《庄子》辞多不经，难求其解。然齐谐志怪之言，不必深求。"正是运用这样一种方法解《庄》，不仅《庄》之"内圣外王"之真意得显，而且儒家圣人理想也得新义。汤用彤称这是对《庄》的理论之解答。也是王弼体用一如思想，在向、郭处的新发：所以迹与之迹的内外兼顾。"士君子固须宅心玄虚，而不必轻忽人事。"①

　　然比较王、郭两种注解、解经，二者仍有不同，从目的上，王偏以"本"、"无"统御"末"、"有"，所用方法为"得意忘言"；而郭则主"从有看无"，"以有显无"，方法上多用"寄言出意"。

---

　　① 汤用彤对向、郭《庄》的分析，参看其文《向郭义之庄周与孔子》等。

三、对汤用彤玄学理解之再理解

其实，汤用彤对魏晋玄学的理解并不限于解经方面。他的玄学研究范围极广，另外较引人注目的，包括他对竹林玄学的理解及对同时期佛学的玄学化理解。这些连同他对魏晋玄学中与儒家经典相关的解经理论的研究，该如何看待呢？作者尝试在介绍其他学人对汤用彤批评的同时，提出自己就解释问题相关的一些意见。

（一）从对汤用彤的评价谈起

随着《汤用彤全集》1999 年在河北人民出版社出版，学界对于汤用彤在中国学术史上的地位和作用，又掀起了一番新的评论①。尽管，几乎所有的学者都认定汤用彤对现代中国学术发展之贡献杰出、非凡，但仔细打量，便会发现讨论汤用彤贡献的言论和文章，多是就其对汉魏南北朝佛学的研究而论的。其中也有涉及汤用彤在魏晋玄学及其他方面研究的贡献，却始终着墨不多②。

偏褒汤用彤对佛学研究的贡献的做法，在大陆学界一

---

① 近期的集中讨论可见《中国哲学史（季刊）》，2001 年第 2 期专栏：《汤用彤：回顾与研究》。

② 全集出版后，北京大学和河北人民出版社专门组织专家、学者举行座谈会。详细报道可见 2001 年 1 月 3 日的《中华读书报》。里面引述了给全集作序的季羡林、任继愈二位先生的发言。《中国哲学史（季刊）》专栏的文章作者包括：任继愈、张岂之、蒙培元、孙尚扬、钱文忠的文章。其中任继愈、孙尚扬、钱文忠的文章，都特别针对汤先生的佛学研究来说。

直存在。大陆专论汤用彤学术成就的著作和文章不多①。其中，我们仍不难发现，这些专著及专文在论及汤用彤的学术贡献时，多着眼于其对佛学研究的贡献。

究其原因，当然与汤用彤论述佛学的著作面世后，立即得到国内外学界的高度赞扬而奠定其在中国学术研究中的崇高地位有关。汤用彤的《汉魏两晋南北朝佛教史》出版后，即得到当时教育部授予的最高学术奖②。并"一直被视作'价值至高之工具和导引'，被视为'中国佛教研究中最宝贵的研究成果'"③。至今，季羡林、任继愈、许抗生等先生仍共同赞誉此书及汤先生的佛教研究，是经典、传世之作④。而另一方面，也与学者认定汤用彤太过侧重于玄学玄理的阐发和解释，而对魏晋玄学中彰显人格风范的竹林玄学另眼相看、略显冷落的看法有关。王晓毅

① 专书上有麻天祥的《汤用彤评传》（百花洲文艺出版社，1993年）、孙尚扬的《汤用彤》（台北东大图书公司印行，1996年）等；专文有（主要参考中国人民大学报刊资料索引）：1.李中华《北京大学举行汤用彤先生诞辰九十周年纪念会》，《哲学研究》1983年第12期。2.许抗生《读汤用彤先生的中国佛教史学术论著》，《北京大学学报》（哲社版）1984年第6期。3.麻天祥《汤用彤的佛教史和比较宗教学研究》，《西北大学学报》（哲社版），1992年第2期。4.孙尚扬《汤用彤宗教思想探析》，《孔子研究》1995年第4期。5.《诉一代巨匠之心声——读〈汤用彤评传〉》，《晋阳学刊》1995年第2期。6.麻天祥《汤用彤学术思想概说》，《甘肃社会科学》1995年第1期。7.《一位有意于致中和之中国学人——读麻天祥博士著〈汤用彤评传〉》，《郑州大学学报》（哲学社会科学版）1996年第2期。8.《实践无为而治的佛学家扫描——评介麻天祥著〈汤用彤评传〉》，《甘肃社会科学》1996年第1期。9.《宏通平正，融化新知——汤用彤的学术贡献》，《历史教学问题》1999年第4期。10.孙尚扬《汤用彤文化思想探析》，《中国文化研究》1994年夏之卷、秋之卷（总第4、5期）。另外，还有与纪念汤用彤先生相关的学术论文集，如《燕园论学集——汤用彤先生九十诞辰纪念》（北京大学出版社，1984年）。其中，在27篇纪念文章中，直接与魏晋玄学问题讨论相关的有杜维明、汤一介二先生的文章。

② 见汤先生学术年表。孙尚扬《汤用彤》，台北东大图书公司印行，1996年，第310页。

③ 转引自孙尚扬《汤用彤》，台北东大图书公司，1996年，第42页。

④ 见北京大学与河北人民出版社《〈汤用彤全集〉出版座谈会》报道，《中华读书报》2001年1月3日；另见许抗生《读汤用彤先生的中国佛教史学术论著》，《北京大学学报》（哲社版）1984年第6期。

先生在他对现代玄学研究的综述中认为：

尽管这个时期的学术大师有相当水平的西方哲学知识，但是，仍留下开拓时期的缺憾。不仅像陈寅恪、唐长孺这样"客串"的大家如此，即使汤用彤先生那样的主将，也不免将竹林玄学置于其本体论学理体系之外，而以嵇康、阮籍为代表的元气自然论的存在，毕竟给汤氏体系的完整留下了缺口①。

汤用彤的玄学研究与其佛学研究相比，始终没形成系统的表述。其成就虽影响了大陆诸多学者的研究，但获得的评述，也始终不如佛学研究的多。如前所析，其魏晋玄学研究中，关于玄学方法的探讨多为人称道，后来学者沿此方向深入的也居多。但其对玄学的目的之分析及断定，却鲜为人说。与目的相关的原因探求，多为有历史学背景的思想史家如余英时继续深入②，但左右其思想方法的又主要是陈寅恪、唐长孺等史学大家。玄学目的与其方法选择之关系，当代学人中，虽有孙尚扬博士的出色评说③，但毕竟未成学界引起注意的大问题。

（二）理解或解释中的二重矛盾

汤用彤上世纪 30 至 40 年代醉心玄学，与他寄心于用

①　王晓毅：《魏晋玄学研究的回顾与瞻望》，《哲学研究》2000 年第 2 期。
②　参见余英时著《士与中国文化》（上海人民出版社，1987 年）有关篇章。
③　参见孙尚扬著《汤用彤》中第七、八章《慧发天真解玄音》（上、下）。

玄学去关怀国家、民族、文化甚至人生大问题的努力有关①。他自小便"寄心于玄远之学，居恒爱读内典"②，立志"融合新旧，撷精之极，造成一种学说，以影响社会，改良群治"，所以，其学说的建树无疑是致力于从哲学上发古哲潜德之幽光，以重体学理之助人驭心至驭身之作用。佛学固然是一种具驭心驭身大作用的玄远之学，但于解决中国切身的问题而言，汤用彤认定："理学者，中国之良药也，中国之针砭也，中国四千年之真文化真精神也。"③ 理学之形上学特质与佛学有关，再追溯远一点说，起码中国佛学作为玄远之学的驭心驭身作用，与玄学的影响分不开④。正是为求明有这样一种妙用的学说的真面目，汤用彤开始他对玄学的深悟妙发⑤，但50年代起他中断了这种研究⑥。在其晚年，佛学研究，并且是考证性的

①　参见麻天祥及孙尚扬的汤用彤评传对汤先生家学渊源及早年参与中国新文化运动、参与《学衡》杂志社活动、至哈佛师从白璧德新人文主义思想等的介绍。

②　孙尚扬：《汤用彤》，台北东大图书公司，1996年，第60页。

③　汤用彤：《理学澹言》，《汤用彤全集》第五卷，河北人民出版社，2000年，第3页。

④　汤用彤将儒家理学与魏晋玄学关联起来考虑的做法，可在任继愈先生对自己一篇早期论文的写作渊源的追思中得到旁证。任继愈先生在《理学探源》一文中，提到文章是在汤用彤的指导下做成的。"这篇文章使人联想起四十多年前某些知识分子在漫漫长夜中梦想'学术救国'艰难前进的状况"，"本文所论为探研理学之渊源"，"宋兴百年儒学复振于五代禅学鼎盛之后。袭魏晋之玄风，承孔孟之余绪，于理气性命心体善恶之问题作一空前之总结束，内之知心性之原，外之如造化之妙，推之为修齐治平，存之为格致诚正，无不尽其极致。两宋以迄清末，八百年来哲学界逐为理学所独擅，岂为偶然？然亦须知此固一种思想之自然演进，非为被动，亦非自葱岭带来也"（《燕园论学集——汤用彤先生九十诞辰纪念》，北京大学出版社，1984年，第302、303、307页）。

⑤　孙尚扬在此评论前，转引了一段汤用彤对哲学的界定（由贺麟记载的）："真正高明的哲学，自应是唯心哲学。然而唯心之心，应是空灵的心，而不是实物化或与物对待之心。"（《汤用彤》，第205页）

⑥　按，麻天祥及孙尚扬的汤用彤传记指出，汤用彤原本企图对其40年代以来系统讲授的玄学，作一体系的总结。1947年汤用彤赴美国加利福尼亚大学讲课，课程《汉隋中国思想史》（The History of Chinese Thought from Han to Sui Dynasty）中，主要内容也是魏晋玄学。参看麻天祥《汤用彤评传》及孙尚扬《汤用彤》，《汤用彤全集》第七卷的相关英文讲义。

研究，成了他留给世人的最后一笔宝贵遗产。他不是个喜记自己心路历程的人，他对玄学研究的中断究竟何因，无从考证，但其魏晋玄学研究从不同角度对正始玄学与竹林玄学、元康玄学的比较和评论①，也许对我们理解他的玄学研究中断之原因有所帮助。

而汤用彤玄学研究中断的原因，显然与其玄学理解中，尤其是其对玄学与儒家经典解释关系的理解中，仍给儒家经典解释中有关释经以致宏志、经世的努力留下的问题有关。作者试图对这些相关的原因与问题作如下的分析。

第一，解释本身的目的与方法之关系的问题。如果解释的存在，真如狄尔泰所言，具有从自由及普遍之意义开发精神科学研究的功能的话，那么，也就如他提醒的那样，企图从解释对象中发掘或唤起超越个体存在之狭隘性的意义，就不是解释中理性方法所能力担的重任。狄尔泰所谓归纳方法体现的对解释对象意义的再创造和再体验，可谓与王弼所唱的"得言忘言"经典解释方法有异曲同工之妙用②。问题在于，任何解释，包括经典的解释，对于解释者来说，目的不只是为了发掘对象的意义，尤其是对象在普遍品格上所体现出来的人文意义，而"得意忘言"的方法，如不是为人文意义寻找的目的作工具的话，也还自有其他的用处。另外，如果太过强调解释中非理性的意会及再创造和再体验，那么，解释中理性的规范和限制，又如何能保证解释者对对象的解释不是虚，借解释对象而发自己的新义才是实，甚至进一步说，如何保证解释

---

① 参看《汤用彤全集》第四卷中的各种彤魏晋玄学研究对竹林玄学一系的评论。
② 参看（德国）威尔海姆·狄尔泰（W·Dilthey）著，李超杰译《对他人及其生命表现的理解》，载洪汉鼎主编《理解与解释——诠释学经典文选》，东方出版社，2001年。

者不是将自己的思想强说是解释对象的新义呢？

第二，从儒家释经的目的来看，述志，无非是为了经世致用，但对经典的"述志"解释尚且不能保证完全克服解释者个人的随意性，那么，与其相附的体用理论，又何尝不是玄远之寄心与行事之实迹矛盾重重？汤用彤的魏晋玄学研究，甚少直接讨论儒士或佛学家对玄学理论的批评。尽管这或许不是汤用彤的有意疏忽，但却与汤用彤先生对哲学的期待相关。如魏晋玄士一般，汤用彤先生企图通过对经典的解释，开发玄学（哲学）救心以至救身的奇妙功用。毋庸置疑，哲学确与根本问题的认识相关，但根本问题的解决，却又与具体情境下的具体的人相关。如果说根本问题的认识，在某种意义上，可以是自然、不偏的话，那么，根本问题的解决，就不可能完全是"无为"和"无累"的。过分地强调根本问题的认识与根本问题的具体解决是可能一致的，只会导致认识本身及认识作用之期待的自相矛盾。实际上，从历史中关于魏晋玄学的作用及其定性问题的种种批评里，可以看出（1）玄学对现实的指导作用并不如魏晋玄士所期待的，能够真正克服汉儒的弊端，弘儒家大道。相反，被指太过玄远，缺乏儒家理想之鲜明的价值立场，缺乏切实际地处置人事与物象的具体作为，而与儒不相同①。（2）魏晋玄理的弘发，本就意味着与具体行迹有自觉区分。这种自觉的结果，当然是对人生、社会、文化等之中超越时空限制的终极问题的关注，但这种关注由于没有彻底与对现实政治和人生的关怀分别开来，所以，玄学有人生哲学、社会哲学的意味，可

道家流变

---

① 作者论文《归本崇无——析王弼对汉儒政治思想的继承和批判》最后一部分，刊于《经典与解释》（中山大学出版社，1999年），对此种评论稍作介绍。

是不具备宗教意义的终极意味。（王弼的"适变"与郭象
的"独化"等都有别于佛家的"顿悟"和"寂静"）①

显然，汤用彤对哲学及玄学的研究，之所以能屡屡发
"新义"，而又能使"新义"不偏离"原义"，与其本身同
样具有扎实的史学与语言学能力有关。但毕竟在解释或理
解的过程中，同解释者的生活与体验相关的"新义"是
否能够与被解释者的"原义"不相矛盾，在汤用彤漫长
的生活历程中，日益成为问题。特别是一旦涉及"救心"
与"救身"或"救国"、"救民"的问题，不仅魏晋玄学
那里没有明确的答案，而且现实生活中的汤用彤更是矛盾
重重②。玄学本就不是纯粹的理论，它与玄士的生活方式
有关。理论的玄远、"客观"，与生活本身的有限、侧重，
既相关又相左。仅说魏晋玄士理论的玄远，而少谈他们生
活的选择，不能把握理论玄远之度；而仅描玄士生活之
实，而不描他们理论所寄之玄，也不可能尽得，生活之
"意"。仅用理性的方法固然不能妙解"玄意"，但对生活
本身的体验，又如何能保证所解之"玄意"在普遍有效
的抽象层面上是"客观"的。玄学之研究，本就是理性
与体验并重的学问。至于何种理性与何种体验并重才能妙
解"玄意"，仍然是玄学研究中一个待解决的问题。

不管怎样，汤用彤对魏晋玄学的研究，仍然给中国学
术文化发展留下了一笔宝贵的财富。

（作者单位：中山大学哲学系）

---

① 事实上，汤用彤先生在其玄学分期及其汉晋佛教研究中，已触及这
个问题。参见《汤用彤全集》第四卷。

② 参看孙尚扬《汤用彤》中第五章《慧发天真解玄音》的第一节
《缘起》，第二章《文化思想》，第一章《生平与思想、学术历程》中关于汤
用彤与胡适的关系部分等（见氏著第 51－54 页）。另参看麻天祥《汤用彤
评传》中的第一章《生平及思想发展的路向》。

20世纪80年代以后大陆禅学史研究论评

| 龚隽

本文主要讨论了80年代以来大陆中国禅学史研究的状况，从思想史、学术史的层面分析了这三十多年来中国禅学史研究是如何变化发展并呈现出不同面向的。本文也对不同的禅学史研究著述进行了评论。

20世纪80年代是中国思想史上一个特殊的时段，中国哲学史和思想史研究的复兴带动了中国佛教思想和禅学的研究。与胡适当年整理国故而走到研究和尚（禅宗）有点不同的是，胡适当年是在哲学史的构架下走入了历史考据学的路线，而80年代所复兴的那场被学界称为"思想史"的研究，却更偏重于思想的论辩而不是历史的考究。80年代所唤起的禅学研究，也与那个时代的思想史研究一样，表现为重思想、哲学而轻历史、考证的作风。值得一提的是，五六十年代禅学史论述中那种批判胡适的方式也被逐渐扭转过来。从80年代的后半段到90年代初，大陆学刊陆续发表了罗义俊的《当代关于〈坛经〉的一场争论——兼评胡适禅宗研究方法上的若干失误》，楼宇烈的《胡适禅宗史研究平议》，以及顾伟康的《评胡适的禅史研究——1969年争论〈坛经〉的回顾与思考》

等文章①，试图重新唤起学界对胡适禅史研究的注意。虽然我们对胡适禅史研究的平反迟到了太久，但毕竟已经开始意识到，对现代禅学史的研究来说，胡适的工作是不能够轻易放过不论的。楼宇烈教授的文章就表示，今后中国禅学的研究要在胡适研究的基础上"大大地前进一步"。顾伟康也把胡适称为"现代禅史学之父"，而主张现代中国的禅学史研究应该站在他的肩上去"完成和开拓前人未竟的事业"。

1980 年齐鲁书社出版的《中国古代著名哲学家评传》中有关禅佛教的人物只有慧能一人，该书第二卷收有张春波所写"慧能"一章，该文可以反映 80 年代初禅史研究恢复后的一个基本状态。尽管这一时期中国禅学的研究在方法和结论方面仍然不完全接受胡适的意见，而批判还是在学术的范围内开展的。张春波的"慧能"一文虽然并不完全同意胡适禅史——主要是关于神会研究的结论，而该文无论从问题意识还是一些思想方面都综合参考了胡适的主张。如对南宗创始人的说法，该文否认胡适对神会的过度抬高，认为禅宗的创立应该是慧能和神会"共同努力的结果"②。又如郭朋在校释敦煌本《坛经》时，也批评胡适的神会作《坛经》以及"楞伽宗"等看法是"虚构"和"很大胆的神话"，但同时也肯定胡适有关《坛经》流变史的研究"具有一定的历史观点"，"有一定的道理"③。实际上，80 年代所兴起的对胡适禅学史研究的再认识并没有很快地表现在当时的禅史研究当中。在那样一种思想

① 分别见《世界宗教研究》1986 年第 4 期，《北京大学学报》1987 年第 3 期，《中国文化》1992 年第 6 期。

② 见其著《慧能》，《中国古代著名哲学家评传》第 2 卷，齐鲁书社，1980 年，第 675 页。

③ 郭朋：《坛经校释》，中华书局，1983 年，第 10、16 页。

史的年代里，胡适禅学史研究中那种以考证为主的方式并没有获得热烈的响应。

近代以来，中国思想学术的每一次转换，大都是通过"输入学理"的方式来进行的。80 年代中国禅学史的论述同样如此。有趣的是，80 年代中国禅学史研究更多是在胡适的朋友和论敌铃木大拙那种禅思想论说的方式中来进行的。葛兆光在 1989 年翻译出版铃木的《通向禅学之路》的译序中，就说 80 年代的禅学热乃是"出口转内销"地援手于铃木的禅学论述①，一直到最近还有学人回忆这段历史，说铃木的禅学不仅"征服"了西方，"在 80 年代，他也征服了禅的诞生地的现代中国人"②。这些看法虽然颇伤自尊，却是基本的事实。对 80 年代的中国禅学研究来说，铃木禅学著作的翻译可谓是一重要的思想史事件。这一时期在中国的禅学译著几乎都是出自铃木的作品，而且大部分都是他用英文发表的禅学作品（即使从日文译出的，也大都是根据铃木英文著作的日译本）。如《禅与心理分析》（与佛洛姆合作，中国民间文艺出版社 1986 年版）、《禅学入门》（三联书店 1988 年版）、《禅与生活》（光明日报出版社 1988 年版）、《禅宗与精神分析》（贵州人民出版社 1988 年版）、《禅风禅骨》（中国青年出版社 1989 年版）和《通向禅学之路》等③。铃木用英文写作禅学的特点是长于思想的论议而疏于历史的考证。他自己在英文禅学的作品中就经常表示他是有意识地"不把禅当

① 《通向禅学之路》，葛兆光译，上海古籍出版社，1989 年，第 1 页。
② 刘墨：《禅学与艺境》，河北教育出版社，2002 年，第 1017 页。
③ 另外，日本柳田圣山的小作品《无之探求——中国禅》也以《禅与中国》的书名在中国翻译出版，（三联书店，1988 年）但该书在 80 年代完全被铃木的影响盖过，几乎没有产生重要的影响，到 90 年代后的禅思想史书写中才被引述。

作学术性研究问题来进行学究气的处理"，甚至说"一旦着手进行缜密细致的检查，禅就逃得无影无踪"。[①] 这在当时给人一种印象，好像禅的研究就不能用常规的学术史和思想史方式来讨论。当时中国学界还完全不了解铃木的英文禅学与日文禅学书写之间存在着很大的不同，也不清楚铃木英文禅学论述的脉络及其背后的修辞意味。铃木在西方最初的受宠乃由于其反知识主义的禅学论述策略，正好迎合了西方人在20世纪初面对理性膨胀所需要的某种精神润滑剂，铃木禅在西方的成功，并非如当时国人所说的是由于铃木"第一次比较准确地将禅宗思想介绍到西方"[②]，更确切地说应是缘于他禅学书写策略的成功[③]。所以他的英文禅学论述中大都有意地使用西方哲学概念来组织论说，而特别要在理性与非理性、逻辑与非逻辑、知识与经验、合理主义与神秘主义这样的二元叙事结构中来讲禅的思想。不料，这一禅学书写又恰恰因应了80年代中国思想界所流行的，包括存在主义在内的某些反理性主义的思潮，这真是一个有趣的历史巧合。如《禅学入门》中译本的序中，就引海德格尔读铃木的感受来说明铃木思想的重要性[④]，葛兆光在《通向禅学之路》的长篇序文中也以主要篇幅大谈西方现代哲学中的非理性主义以及铃木禅的意义。于是，80年代中国思想学界对禅的兴奋点大都在反逻辑、非理性、直觉主义和无意识等这样一类哲学和心理学的观念下来进行思考，而对禅的历史和文献却几无

[①] 分别见《通向禅学之路》英文版序，第31页，《禅学入门》第20页。

[②] 《禅学入门》译者前言，第2页。

[③] 参考拙著《禅史钩沉：以问题为中心的思想史论述》第十章，第二节，北京三联书店，2006年。

[④] 参该书第3页。

深入考究了。

　　铃木的英文禅学论述不仅把禅宗作了反智主义的引申，而且把禅宗思想的精神归约为南宗，特别是临济一家的思想，所以他的禅学写作中最重要的主题就是开悟与公案了。铃木关于禅的这些论述都直接影响了80年代中国禅学的问题意识和讨论方式。我们以80年代"思想史"写作最有代表性的人物李泽厚为例，虽然他对中国思想史的论述不以佛学为中心，而那篇收录于他的《中国古代思想史论》中的《庄玄禅宗漫述》一文，却颇能够反映那个年代思想史意识中的禅宗论述。正如作者自己所说，他所代表的思想史写法是重于见林，而不是见树的"野狐禅"大叙事①。所以他是要"从纯粹思想角度"来看中国禅的特征。有趣的是，该文所重点论述的禅思想主题恰恰就是"悟道"和"公案"这两个观念。从李泽厚禅学论述部分所引述的资料来看，他对禅的看法明显受到了铃木作品的影响②。葛兆光的《禅宗与中国文化》（上海人民出版社1986年版）是80年代唯一——部有影响力的专以禅宗史为主题的论著。这本书有着鲜明的80年代那种有关"中国文化"写作的印记，在宏大的叙事结构中来处理禅宗思想，如从禅与人生哲学、审美情趣、思维方式和心理结构等诸多方面去讨论禅宗传统与士大夫之间的关系，这些都是我们在80年代思想史的作品中所经常感受到的主题和论述方式。该书虽然没有广引铃木禅来作为思想的资源，但在本书"结束语"中，作者特别把铃木禅提出来

---

　　① 参考《中国古代思想史论·后记》，人民出版社，1985年，第324页。

　　② 参考《中国古代思想史论》，人民出版社，1985年，第198、209、212页注。

进行讨论，表示当时铃木禅学的影响力。不过，需要提出的是，该书对铃木禅的思想也有相对清醒的认识。其一面称赞铃木禅学的研究"有着出类拔萃的成果"，而同时也指出铃木重于体验式的禅学研究而缺乏客观地"反观自身"，不能从广泛的文化背景去分析禅的历史变化，因而是一种"先验的原则"①。这与当年胡适对铃木的批评有点类似了。其实，铃木大拙还有一些严肃的禅思想史作品和有关禅宗文献的考证、整理等方面的研究，然而，这些作品都被那以思想为中心的年代轻易过滤掉了。以铃木禅学翻译所带动的这一禅学思想史研究也只有等到 90 年代以后才稍有转变。

另外，不能不提范文澜的《唐代佛教》对 80 年代禅思想史研究的影响力。该著作在立场和研究方法上都与铃木的禅学论述正好对立，1979 年该书由人民出版社再版以后，在当时中国思想史界可谓"风行一时"②。李泽厚把庄、玄、禅放在同一思想源流上来论述，就与范文澜禅学论述中从庄周、玄学到禅宗一脉相承的说法如出一辙。而葛兆光在他的《禅宗与中国文化》一书中专门提出来讨论的两位禅学史研究人物，除了铃木大拙，就是范文澜了。虽然他一面批评范文澜的《唐代佛教》陷入了另外一种的先验主义，同时也承认自己的禅史研究从《唐代佛教》中"得到不少收益"③。从葛兆光把禅与士大夫结合为主轴而贯穿全书这一点来看，就显然是接受了《唐代佛教》所确立的"禅宗——适合中国士大夫口味的佛教"

---

① 参该书，第 210、211 页。
② 葛兆光：《禅宗与中国文化》，上海人民出版社，1986 年，第 211 页。
③ 同上，第 211 页。

这一基本的观点。

80 年代开始，中国学界陆续整理出版了一些禅学研究典籍，我们可以发现，禅宗典籍的选定与 80 年代中国学界对禅宗史的理解有很密切的关系。应该说，禅宗经典的选定整理还是结合当时一般禅学兴趣而开展的。由于那一时期对禅宗史的理解是以慧能及其后的五宗七家为轴心的，于是，资料的选定也充满了南宗为正统的意识，倾向于《坛经》和南宗门下的各种灯录文献的校订整理。如20 世纪 80 年代初中华书局计划出版的《中国佛教典籍选刊（第一辑）》的书目中，大凡涉及禅宗的文献只有《坛经》、《禅源诸诠集都序》、《五灯会元》和《古尊宿语录》，完全没有初期敦煌禅史文书、北宗或其他宗派的作品。从这几部作品的编撰意识来看，基本都是坚持慧能为禅宗真正祖师，而其南传一系为正脉禅史的看法。如郭朋在敦煌本《坛经校释》的"序"中就说"慧能（638 - 713）创立了禅宗，而慧能之后，禅宗却又有了很大的发展和演变"。在郭朋的论述结构里，从"禅宗的创始人"慧能到其下的五宗就是全部的唐代禅史的图式①。苏渊雷在点校《五灯会元》的附录（一）"禅宗史略"一文，所建构的禅史图式是从"达磨禅"经过"东山法门"到"南宗禅"三个阶段，在这一简单而单线式的初期禅史结构中，北宗几乎被遗忘②。另外，从 1983 年中华书局出版的《中国佛教思想资料选编》第二卷第四册即唐代禅宗

① 分别参考其著《坛经校释》，第 1 页；《隋唐佛教》第四章，第四节，齐鲁书社，1980 年。又，1981 年郭朋根据敦煌（中唐）、惠昕（晚唐宋初）、曹溪原本（北宋契嵩）和宗宝（元代）四种版本的《坛经》对勘，出版了书名为《坛经对勘》本，该书由齐鲁书社 1981 年出版，但此书所用整理的手段和方法都很不成熟。

② 《五灯会元》，中华书局，1984 年，第 1410 页。

卷中看，虽然该编收录了北宗净觉的《楞伽师资记》和杜朏的《传法宝纪序》等敦煌文献，但主体资料都是以南宗为中心的，在各资料的"简介"中也基本坚持了南宗为正脉，而对敦煌文书中有关初期禅史的价值并没有给予很高的评价。如该资料批评《楞伽师资记》"为争正统而夸大，甚至捏造的东西"①。此外，这一时期中国禅学界还开始整理敦博本系统的各类初期禅宗史料，如《坛经》、《神会语录》和北宗门下净觉的《注般若心经》等，但这些成果都只有到90年代后才浮现出来，并对禅史书写产生实际的影响力。整体而言，80年代的禅史校订工作虽然已经开始，而当时有关初期禅史的观念的写作还基本没有变化。

从学术史的观点看，80年代出版的中国禅学史研究中颇值得一提的成果并不是表现在南宗禅的研究方面，而恰恰表现在关于"北宗"的研究上。虽然对北宗的研究在当时还很不系统。温玉成于1981年起连续在《世界宗教研究》上所发表的有关北宗的研究具有相当重要的价值。如1981年他在《世界宗教研究》第一期上发表了《读〈禅宗大师法如碑〉书后》一文，把新发现的《法如碑》全文公布并进行讨论。他结合《法如行状》、《珪和尚记得幢》、《少林寺碑》及《大唐故大禅师碑铭并序》等资料，指出法如这一为传统禅史资料所缺载的重要人物，曾是早于神秀和慧能而于弘忍门下独居一流的人物。法如的发现也更表示弘忍门下多流并作的局面，绝非单一南能北秀可以概尽。接着在1983年、1985年，温又陆续在《世界宗教研究》上发表了《禅宗北宗初探》和《禅

① 见《中国佛教思想资料选编》第二卷第四册，中华书局，1983年，第150页。

宗北宗续探》两文，应用金石资料、僧史文献等对北宗法如、神秀、道安和玄赜等不同法系的形成演化做了历史考察，他发现南宗为了自家张目而有意识地埋没北宗的历史文献。温玉成根据新发现的资料，阐明北宗法脉在"安史之乱"后仍然延续有百年之久。这些论文不仅为北宗研究提供了最新材料，改变了以往对北宗过于忽略或简化理解的方式，在论述上也突破了传统把北宗限于神秀一系的观念，而提出广义北宗应该包括法如、神秀、道安和玄赜等不同法系的多元并存。此外，他还讨论了法如系的成衰、神秀系的得势及其与密教的合流、道安系与南宗的融贯、北宗传入东亚、摩诃衍禅法的师承、卧轮禅师及北宗后期发展和僧史失载的北宗弟子等诸多问题。这一研究可以说把胡适以来禅学史研究的成果往前推进了一步，开创了国内北宗讨论的新格局，后出有关北宗讨论，几乎都必须以此为基础来开展。

90 年代一般被称为中国学术由"思想史"而转进到"学术史"的时代，不管这一描述如何的不精确，但它确实表示了当时学术史思想的研究和论述正在进行一次典范的转移①。禅学研究也步其后尘，虽然步调有些缓慢。90 年代对我们汉语禅学史的研究来说是一个收获的年代，禅学研究一度成为中国佛教史知识生产的最重要的领域。很多禅学史的研究作品虽然酝酿在 80 年代，却大都在 90 年代正式出版。只要看看这段时期所出版的各类具有禅学史研究性质的著作就不难理解这点。从 1992 年到 2000 年间出版的专书就相当多，我们这里只列举在当时较有影响力的几种（以出版时间先后排序）：

---

① 关于 90 年代"思想史"与"学术史"讨论，参考《学人》第一辑，江苏人民出版社，1991 年。

洪修平：《禅宗思想的形成与发展》，江苏古籍出版社1992年版。后来该书陆续有修订本出版。《禅宗思想的形成与发展》实际完成于1988年，台湾初版于1991年。1994又于南京大学出版社出版《中国禅学思想史纲》，把原来初期禅史扩大为整个中国禅史，为纲要性的论述。2007年在中国人民大学出版社出版了《中国禅学思想史》，也就是在《中国禅学思想史纲》基础上扩展。

邢东风：《禅悟之道——南宗禅学研究》，中国人民大学出版社1992年版。

潘桂明：《中国禅宗思想历程》，今日中国出版社1992年版。

杜继文、魏道儒：《中国禅宗通史》，江苏古籍出版社1993年版。

葛兆光：《中国禅思想史——从6世纪到9世纪》，北京大学出版社1995年版。

麻天祥：《中国禅宗思想发展史》，湖南教育出版社1997年版。此书陆续有修订版出版，但没什么变化，最新版见中国人民大学出版社2007年以《中国禅宗思想史略》为题名出版。

杨曾文：《唐五代禅宗史》，中国社会科学出版社1999年版。

再让我们看看这段时期有关初期禅学史研究相关的文献学成果。关于初期禅史方面的文献，特别是敦煌禅籍和早期灯录等资料的校订、整理一向是国际禅学史研究的重点，80年代我国的禅史研究在文献方面主要是以敦煌本《坛经》为中心而展开的。其他禅文献方面的工作虽然一直也在进行，但只有到90年代才完成出版。从这一时期出版的禅文献学成绩看，其选择的重心一面是继续对《坛经》不同版本的文献进行校订整理和研究，如杨曾文校写的《敦煌新本六祖坛经》（上海古籍出版社 1993 年版，宗教文化出版社 2001 年出版修订本），周绍良编著的《敦煌写本坛经原本》（文物出版社 1997 年版），李申合校、方广昌简注的《敦煌坛经合校简注》（山西古籍出版社 1999 年版）等；同时也拓展到其他初期禅史的文献上面，如萧萐父、吕有祥点校的《古尊宿语录》（中华书局 1994 年版），杨曾文编校的《神会和尚禅话录》（中华书局 1996 年版），吴福祥、顾之川点校的《祖堂集》（岳麓书社 1996 年版），邓文宽、荣新江录校的《敦博本禅籍录校》（江苏古籍出版社 1998 年版）等。全国图书馆文献缩微复制中心出版了林世田等编的《敦煌禅宗文献集成》（1998 年），而任继愈负责的《中国佛教丛书·禅宗篇》（江苏古籍出版社 1993 年版）更选印了历代有关禅宗的 56 种著述，按经典、灯录、史传、语录、杂著、禅门清规等顺序编排，其中 38 种据刻本影印，其余为敦煌写经及其他古写本影印。虽然学界对这些禅门文献的校订还有不少值得推敲和改进的地方，然而可以表明 90 年代禅学史研究已经开始重视历史与文献学的方向，而不再满足于 80 年代禅学讨论中的那种好作高远之议的作风了。这也可以说是我国禅宗学术史研究转向的一个明显特征。

除此之外，以禅宗为主题而辐射开的研究就数不胜数了，禅与文学艺术、美学及传统文化等诸多方面的关系研究都大量浮现出来，如浙江人民出版社 90 年代就出版了《禅与老庄》、《禅学与玄学》、《如来禅》、《祖师禅》、《分灯禅》、《禅宗语言》、《禅与诗学》等系列丛书，而以禅宗人物为主题的研究则集中在慧能及其南宗禅的方面，如 1998 年南京大学出版社出版洪修平的《慧能评传》，贵

州人民出版社 2001 年出版董群的《慧能与中国文化》，湖
北人民出版社 1999 年出版刘泽亮的《黄檗禅哲学思想研
究》等①。如果从各类学刊及相关禅学的论文集所发表的
禅学论文来说，其数量就更加可观了。虽然 90 年代这些
禅史研究的水准还参差不齐，作为学术史论述的知识规范
也程度不一，但从数量上来看，就不难理解与禅有关的研
究著述在 90 年代的中国思想和知识生产中所占有的位置。
笔者并不想开列这一时期国内禅学研究的书目，也不可能
对每一本禅史研究作出具体的分析评论，而只想就几个问
题来讨论这一时期的禅学史研究状况。

如果说 80 年代大陆禅学史的写作在很大程度上还笼
罩在铃木大拙的阴影之下，那么 90 年代中国禅学思想史
的研究则更多受惠于胡适、吕澂、印顺及日本禅学史界那
些更具有历史学研究性质的作品。潘桂明在 90 年代初出
版的《中国禅宗思想历程》中所清点前人禅学史成果的
名单中就包括了胡适、吕澂、印顺和日本的宇井伯寿、关
口真大、柳田圣山等②。葛兆光在他的《中国禅思想史
——从 6 世纪到 9 世纪》中所说现代禅学史研究所必须注
意到的"基石"也提到胡适、印顺和日本的宇井伯寿、
铃木大拙等③。这一时期，中国禅学史的论述虽然没有完
全排除铃木大拙的研究，但所关注的重点更多是铃木日文
禅学书写中那些更为基础性的禅历史学、文献方面的成

---

① 一直到最近，以人物为中心的禅学史研究仍然局限在南宗禅的范围
内，如近年出版的董群《融合的佛教——圭峰宗密的佛学思想研究》，宗教
文化出版社，2001 年；陈自力：《释惠洪研究》，中华书局，2005 年；杨曾
文、蒋明忠主编《马祖道一与中国禅宗文化》，中国社会科学出版社，2006
年；邱环：《马祖道一研究》，巴蜀书社，2007 年。

② 参该书《自序》，第 3 页。

③ 参该书，"道言"，第 1 - 3 页。

果了①。

　　胡适的禅学研究虽然在80年代获得了带有一定平反性质的推介，但他与禅学史研究有关的重要成果都是在90年代才重新出版的。如《胡适口述自传》（华东师范大学出版社1993年版）、《胡适文存》（黄山书社1996年版）中都收有胡适禅学史研究的重要成果，而《胡适说禅》（东方出版社1993年版）和《胡适学术文集·中国佛学史》（中华书局1997年版）的出版，则更系统全面地汇集了胡适禅学研究的作品，这表明国内对胡适禅学史研究有了真正积极和正面的关注。80年代中国的禅学史研究还没有充分继承胡适的禅学遗产，这也使我们的禅学史讨论没有建立在有效的知识生产与材料的累积上面，我们禅学史在重复着很多胡适早已经解决了的问题。90年代以后的禅学史写作中已经大量使用胡适禅学的研究，特别是有关初期禅史方面，几乎严肃的禅史研究者都了解胡适在禅宗文献和思想方面的某些成果是无法视而不见的。90年代的禅学史研究大凡涉及达磨禅、楞伽师等问题，特别是在关于《坛经》和神会问题，甚至在处理初期禅学思想流变中楞伽与般若经典的关系等问题时，大都必须在胡适这一大人物的肩膀上去进行发挥了。在禅学史的研究方法上也开始注意到胡适与铃木之间的那场论战，如麻天祥的《中国禅宗思想发展史》讲到近世禅学研究时，就用单独一篇在胡适、铃木大拙与印顺禅学研究观念和方法之间进行比较，而更有一些学人试图在此基础上去思考或确立新的禅学史论述方式。值得注意的是，葛兆光的《中国禅思想史——从6世纪到9世纪》希望"修正"他

---

　　① 　如杨曾文《唐五代禅宗史》中在禅文献的资料方面就大量参考过铃木大拙的整理成果。

在 80 年代那本《禅宗与中国文化》中的"偏向"，在"导言"中他用大量笔墨讨论胡适禅学史的观念、方法，特别是胡适与铃木之争在禅学史研究方法论上面的意义，而表示自己正是要在此基础上借用福柯的知识考古学等方法，寻找"禅思想史的新范型"①。胡适禅学史研究从 50 年代到 90 年代所"遭遇"的变化真可以说是极富戏剧性的了。

吕澂虽然没有像印顺那样写有禅学史的专著，他所写禅学论文也远没有胡适那么多，但他写于五六十年代那几篇与禅学有关的论文或讲稿，其见识之深广就足以让 90 年代一批学人消化好一阵子。吕澂在初期禅史上的一大洞见，就是在胡适禅学史结构中由《楞伽经》到《金刚经》的转变中间，添加了一段"起信禅"，来指示所谓东山法门（道信、弘忍）的思想特色②。这一点在 90 年代禅学史论述中获得了广泛的引述和回响。如洪修平的《禅宗思想的形成与发展》就完全沿袭吕澂的说法，认为东山法门的道信和弘忍都因偏重于魏译本《楞伽经》而受到《起信论》思想的影响③。潘桂明的《中国禅宗思想历程》一书讲东山门下到慧能的禅法，也有意识地强化了《起信论》的影响。该书更强调《起信论》与南宗，特别是慧能思想的关系，提出慧能的顿悟禅就是在《起信论》"一行三昧"和"本觉"观念的基础上开展出来的，甚至认为其与神秀禅法的区别也在《起信论》的意识中产生出来④。邢东风的《禅悟之道——南宗禅学研究》对《起信

① 参该书，"道言"，第3、34 页。
② 此外，印顺也特别提到《起信论》对中国禅宗史思想的影响，参《中国禅宗史》第 54 页。
③ 参该书第96、120、126 页。
④ 参该书 113－114、136－139 页。

论》与初期禅的意见与上说略有不同，指出不是慧能而恰恰是神秀一系的禅学继承了《起信论》"一心二门"的概念而走向"心二元论"，他认为《起信论》是对初期禅以及整个中国禅学"影响很大"的一部论典①。发挥吕澂此义到极端的要数杜继文、魏道儒所著的《中国禅宗通史》一书了。该书不仅明确表示胡适以《金刚经》对抗《楞伽经》的说法只是皮相之论，而主张要从《起信论》——所谓南北禅宗的"哲学基础"——去解读初期禅的南北、顿渐之争，甚至两宋以前的禅学史都是"可以从《起信论》构造的体系中演绎出来"。在讨论神会禅法——这在胡适认定为禅宗中推重《金刚般若经》的代表性人物时——该书依然肯定其思想的本体论是出自《起信论》，而指出《金刚经》只是神会的认识论和方法论而已②。这真可以说，整个初期禅史就是一部以《起信论》为中心思想的发展史了。

90 年代初对中国大陆的禅学史研究来说，有一件事情发生得有些偶然却必须一提。这就是由汤一介先生推荐，1990 年底由江西人民出版社出版的印顺法师的《中国禅宗史——从印度禅到中华禅》一书。在当时还很不容易看到海外同行研究的情况下，这部很有分量的禅学史著作的出版对国内禅学研究起到了相当大的作用。顾伟康就认为，胡适之后只有印顺的这部《中国禅宗史》才是"含英咀华、剖析经理"，"堪称盖棺定论"③。邢东风则把印顺的禅学史研究与胡适、铃木大拙相提并论，并分别作

---

① 参该书第 9、29 页。
② 参该书第 7－11、154 页。
③ 顾伟康：《禅宗六变》，台北东大图书股份有限公司，1994 年，第 39 页。

为不同禅史研究方式的典范。虽然他分判的方式和观念都大可商量，但已经把印顺视为禅学研究中统领一方的人物了①。可以想象，印顺的《中国禅宗史》对 90 年代初那种学术环境下的中国禅学研究者来讲，会产生如何的震动。我们从此后大陆有关禅学研究的论文、著作对该书的大量引述中就可以说明这一点。这部《中国禅宗史》正是由胡适的禅学问题而"接着讲"下来的一部严谨的学术性著作，胡适的禅学研究虽然很有参考的意义，但并不是有关初期禅史的系统专著。虽然胡适对初期禅史的流变有他特殊的看法和问题意识，特别是有关《坛经》与神会关系方面，他都有新的发明。但严格说来，胡适对初期禅宗历史方面的论述只有一般性的提纲，大多都还没有详细展开。所以胡适的禅学史研究留给 90 年代中国学界的遗产，主要还是在其考订和整理新材料的方面。90 年代以来，一般禅学史的写作在问题意识和材料的考订上都会参考到胡适的成果，而在具体的禅学史构造以及对资料的理解和解释上面，反而比较多地以印顺这部禅学史为典范了。我们以胡适最得意的神会研究为例来看看 90 年代禅学史著作是如何在胡适与印顺的研究之间做出抉择的。如潘桂明的《中国禅宗思想历程》在讨论神会与南顿北渐关系时，就批评胡适之论，而借印顺禅史的结论来支援己说②。又如，在《坛经》与神会关系上，洪修平的《禅宗思想的形成与发展》就取印顺之说驳正胡适之论，并指出胡适多有"武断之处"③。葛兆光《中国禅思想史——从 6

---

① 该书分别把印顺作为信仰主义的研究代表，铃木作为结合现代观念阐解禅思想的代表，而胡适则成为非信仰主义的研究代表。见《禅悟之道——南宗禅学研究》，第 2 页。
② 参该书第 181、182 页。
③ 参该书第 196 – 202 页。

世纪到 9 世纪》中关于《坛经》与神会之关系讨论，也明确不取胡适之说，而以印顺之说法为"最为公允平实"。而其关于荷泽宗的研究，一面表示是要跟着胡适的问题意识而对胡适的结论进行"修正"，同时以印顺的研究结论为确实"有根据的说法"，而批评胡适神会研究中有过多"极富想象力的猜想"①。

中国近代以来的禅学史研究一直就与日本同行之间有过程度不同的互动。这一点从胡适那里已表现得非常充分。80 年代中国禅学史的研究虽然主流所了解的还只是铃木那几本禅思想的作品，而已经有学者开始在注意和介绍日本学者对初期禅宗文献和历史学研究的成果了。杨曾文教授在 1987 年《世界宗教研究》第一期上发表了"日本学者对中国禅宗文献的研究和整理"一文，可以说是当时最系统介绍日本近代禅学史研究成果的文章。另外，80 年代中国佛学界与日本佛学界的交流也日见频繁，虽然那些交流仪式性意义要大于学术性的实质对话，但终于让中国佛学界多少可以了解到东亚近邻的日本学界在禅学史研究方面所达到的高度②。90 年代域外的禅学史译介中，日本早期禅学史名著，忽滑骨快天的《禅学思想史》的中国部分也以中文出版（《中国禅学思想史》，朱谦之译，上海古籍出版社 1994 年版），虽然胡适早就引述和参考过这部著作，但这对 90 年代的中国学人来说，还是他们所能够读到的唯一一部日本学者关于中国禅宗通史性质的作

---

① 分别见《中国禅思想史——从 6 世纪到 9 世纪》第 154－157、172、235、287 页。

② 从 1985 年和 1987 年两次召开的中日佛教学术会议来看，参加的日本学者多为一流佛学专家，而从中日双方讨论的论文议题来看，交集很少，而且论题过大，有关禅学史方面的就更少。具体可以参考《中日佛教研究》一书。

品。只是这部作品写作的时间太早，有关初期禅史的部分还没有应用到敦煌文书的资料，所以等到 90 年代在中国出版时，其对中国禅学史研究的影响力实际上已经没有多大了。不过，该书通史性的写作结构，特别是对宋以后禅史的资料、人物、历史的整理等方面也为我们禅学史书写提供了一定的参考。

90 年代中国禅学研究者对禅学的书写已经不再为铃木禅那种精巧的思想阐释所笼罩了，虽然涉及洪州宗以后南禅的公案等概念的解释时还偶尔借用铃木的说法，但整体禅史的研究已经不像 80 年代那样可以鲜明地看到铃木禅的影子。值得注意的是，铃木禅学研究中那些文献整理和校订性质的成果逐渐为国内禅学史研究所认识，而宇井伯寿、关口真大、柳田圣山、田中良昭、铃木哲雄等学者的禅史研究也不断在我们汉语写作的禅史研究中被引述。杨曾文的《唐五代禅宗史》就大量参考应用了日本同行在初期禅史文献校订和整理方面的成果，而把中国初期禅学史的研究建立在一个比较稳健的文献学基础之上①。对于当时国内还不容易系统掌握日本学界有关禅学研究作品的条件下，本书的出版在一定程度上具有学术史启蒙的意义。于是，任何严肃的有关中国初期禅史的讨论都不能够再和过去一样，可以根据宋代传灯录等种种传说而随意发挥了。

我们同样以这种国际化的学术准绳来审查我们 90 年代禅学史研究到底做了多少有效的知识生产呢？也就是说，90 年代大量生产出的禅学史研究和文献整理，有多少不是在重复前人，或者说是自己在国际同行研究的基础

---

① 该书最有价值的地方是大多初期禅文献都参考了日本学者校订和研究的成果，而且对近代以来中日学者有关初期禅宗史书和灯史材料的整理成果作了系统介绍。

上而进行的再创造？毕竟，严格的学术史评价并不只是根据出版的数量来判断，有效的知识生产才是我们讨论这一时期禅学史研究的真正标准。据于此，我想90年代中国禅学史研究留下了不少值得我们重新思考的问题。当然，需要肯定的是，我们在原有成果的基础上做出了不少的成绩。如我们在禅籍的校订和整理方面做过日本人没有做过的事情，这包括对《坛经》、《神会语录》等在内的各类敦博本文献的校订出版；禅思想史方面，我们对北宗进行了再认识与再评价，对荷泽神会的研究也有新的贡献①。但究实而论，我们无论在禅学文献的校订、整理、研究方面，还是在禅学思想史的论述上离国际高水准的禅学研究仍存在一段不小的距离。在文献方面，90年代我们已经在不断消化日本学人的成果，但还有很多重要的禅史资料并没有在我们禅文献学的研究中引起注意。比如，我们对日本和西方禅学界在八九十年代以来有关《顿悟真宗金刚般若修行达彼岸法门要诀》、《大乘开心显性顿悟真宗论》、《侯莫陈大师寿塔铭》等这些重要文书的讨论——这些对重新论定南北顿渐之争具有关键性意义——几乎完全没有触及；又如，我们研究慧能，而对所谓《金刚经解义》这一文献与慧能的关系也缺乏关注②。

西方对于禅学史的研究虽然很大程度上受惠于日本学界，而已经有了一个多世纪的光阴。自从20世纪80年代以来，西方学者在禅学史，特别是有关初期禅宗、北宗研究、神会研究，以及有关禅话语录和公案等方面的讨论，

① 如葛兆光对"香水钱"一事的再考论，见其《中国禅思想史——从6世纪到9世纪》第四章之第一节内容。
② 日本学界在这方面研究，可参考程正《日本学术界对于初期中国禅宗史的研究历程》，《华林》第三卷，中华书局，2003年，第416页。

佛
学
法
脉

都取得了相当的成就。他们借助于日本同行的成果，但又不囿于其中，而无论在资料使用、研究问题和方法论上都有很大的超越，逐渐形成了他们自己的论述传统。近十几年来，禅学研究像西方东亚学传统中的其他学门一样，无论在问题域和论述方法上都有了很大的变化。传统文本文献学、历史学和哲学式的研究虽然仍有延续，但跨学门的学科方法却不断被应用到禅学的领域中来，特别是人类学和知识考古学的方法被广泛运用，使得许多传统禅学史研究中习焉不察，或忽略的问题浮上水面。于是，即使对传统文本（文献）的讨论，也不再是在陈旧而简单的历史学原则或历史简化论的方向上来开展，而是在更为复杂和丰富的脉络里来重新审查这些文本（文献）的性质、制作形成与被应用的效果历史；文本（文献）也不再限于传统的文字读本，而包括了仪式、照相、法器、真仪等诸多其他传播媒介。这其中许多引人入胜的论述，也会给我们传统禅学史研究的图式带来相当大的冲击和意想不到的结果。但是在90年代中国禅学史的研究中，西方的禅学论述对我们来说几乎是处于缺席的，以至于不少学人只凭印象式或表面的观察，就不加分析地把这些我们还不太习惯的研究方式和结论一概视为奇谈怪论，甚至会以非常轻率和不负责的方式来加以打发。我们宁愿在旧有的论述方式和问题意识里，不断进行着内容重复的知识生产。

再者，90年代新禅学史料的发现与应用并没有根本上改变我们对禅思想史的论述结构和方法。就是说，新材料的发现整理并没有直接带来禅学史研究的革命或典范转移。我们大都还是在复制一个继承下来的符号和论述系统，用与传统模式一致的方式来描述禅宗的思想历史。葛兆光就发现我们禅史写作"仍然在原来层层积累的灯录基础上继续皴染和书写"①, 现代美国禅学史家马克瑞曾经批评某些禅史研究, 他指出, 来自敦煌写本的证据大都只"被用来在原有的传统图像上加绘一些更美的特点, 只是在前述的系谱模式上加添知识上引人瞩目的细节", 或"使用敦煌写本来补充对禅宗的认识而非彻底改变对禅宗的认识", 其结果便是一面如有关达磨、慧能或其他禅宗人物的"肖像"被不断充实, "而没有在实质上改变用以呈现这些人物的构架"②。这一说法用之于评论我们的禅史研究是非常恰当的。可以说, 90 年代中国禅学史研究虽然在某些问题点上对已有的看法有所推进, 而基本的思想和历史图式并没有突破传统的禅史框架。如我们虽然已经开始意识到北宗并不是单一的渐教观念, 南宗也不是只顿非渐, 但我们大都还是要在南顿北渐这一基本的传统格式下去做一些枝节上的论议。

另外, 我们在新材料的发现与处理史料的方法之间并没有取得平衡。我们大都仍然依据传统文献学的方法来处理新的禅宗文献, 而不善于从这些文献中点化提炼出新的思想史问题。如对不同版本《坛经》问题的研究, 在方法论上都还流于简单, 所讨论的问题也一直没有跳出胡适所提出的作者、原本、流变等方面, 甚至还有学人一直坚持要寻找《坛经》原本这类本质主义的历史方法③。其

①　见其《历史、思想史、一般思想史——以唐代为例讨论禅思想史研究中的一些问题》一文, 转引自洪修平、杨维中合撰的《1949 年－2002 年大陆禅宗已经的方法论》一文。

②　《审视传承——陈述禅宗的另一种方式》, 《中华佛学学报》第 13 期 (2000 年)。

③　如周绍良在《敦煌写本〈坛经〉之考定》一文中, 就认定敦煌本《坛经》是慧能"原始的本子"。见其编著《墩煌写本坛经原本》, 第 190 页。而任继愈反而在对《坛经》考订的方法论上有比较清醒的认识, 他提出不能限于汉学家的方式考定《坛经》, 不要相信一个"完全正确的标准本"的存在, 而要按禅宗思想的思路来整理《坛经》。见其《以禅宗方法整理〈坛经〉》, 李申合校、方广昌简注的《敦煌坛经合校简注》, 第 4 页。

实，我们早应该开始从新的问题和方法论来讨论《坛经》的不同版本及其流变的历史。福柯专门讨论过"作者"的问题，这对我们重新思考宗教史上文本制作和作者的判定等问题，都有很重要的方法论启示；另外，不同版本《坛经》流变的"痕迹"与不同时代的禅思想史和历史之间的关系，也需要在我们的禅史研究中获得恰当的论述。就是说，如何把不同文本的《坛经》放到其具体生产的"脉络"中去进行系谱学的考察，分析其制造的过程以及与宗派权力、意识形态的关系等，这些也会引发出很多意味深长的新议题。我们不只是要分辨不同版本《坛经》的真伪，而更重要的是把不同时代的《坛经》作为那一时代的禅学思想资料来看，则《坛经》流变史亦为一中国禅学史之缩影。如此则所谓假史料亦成为真史料，这就是陈寅恪所说的"史学之通识"①。

90年代禅学史在写法上亦有应该检讨的地方。我们缺乏以问题意识为主的禅学史研究，而一味热衷于一般通史或断代史写作形式为主导的禅史研究。实际上，我们大多数的禅史写作都还是缺乏扎实的文献学分析，很多史料和专题都还没有来得及处理完成，而通论或通史性的专书就一再抢先登场，这真是叫人匪夷所思，这样的研究品质当然值得怀疑。从禅史研究的国际视域来看，我们对日本禅学研究的成果的消化还相当不够，就更遑论对西方近代重要禅史研究的了解，特别是这些禅史研究中所带出的新材料、问题意识和方法论等，几乎都在我们禅史书写的意识之外。

进入到21世纪，汉语禅学史的研究虽然没有90年代那么喧闹，却还在陆续展开，研究的主题也逐渐由初期禅

---

① 陈寅恪之说，见冯友兰《中国哲学史》审查报告一，《金明馆丛稿二编》，北京三联书店，2001年，第280页。

史为中心而转向了宋以后的禅史讨论（如杨曾文出版了《宋元禅宗史》，北京社会科学出版社 2006 年版），通史或断代史的写法仍然主导着禅史论述的主流，而以问题意识为中心，并结合日本和西方禅学史研究成果和方法论，试图突破现有禅学史研究的问题意识和论述方式的努力也在开始进行（这方面最有代表性的是龚隽《禅史钩沉——以问题为中心的思想史论述》，北京三联书店 2006 年版），甚至以禅学为主题的专门的学术年刊也已经出版（见《中国禅学》，此刊由河北禅学研究所主办，吴言生主编，中华书局 2002 年开始出版）。在史料的校订整理方面，近年禅籍的校订整理也逐渐由八九十年代以初期敦煌文书为重点而过渡到对早期灯史和南宗门下语录资料的整理研究（如最近由杨曾文、黄夏年主编的《中国禅宗典籍丛刊》所选书目，该套丛书已由中州古籍出版社陆续出版）。我不便在此对这些研究和整理多加点评，我们还需要一些时间的沉淀才能够做出合理的说明。如果以较严格或挑剔一点的现代学术史标准来看，汉语禅学史的研究虽说已经有了一些积累，但还只能说是一个起步。平心而论，我们的研究无论是在史料整理、研究的问题意识和方法论方面都做得非常不够，作为有效知识生产的禅史研究对于我们来讲还任重而道远。借《易传》的话说："物不可穷也，故受之以未济终焉。"汉语禅学史的研究也正处在这样一个"受之未济"而有待光辉充实的年代。

（作者单位：中山大学比较宗教研究所）

说"无念为宗"

│ 冯焕珍

一、引言

禅宗六祖慧能（638－713）《坛经》中有云："善知识！我此法门，从上已来，顿渐皆立无念为宗。"[①] 所谓"无念为宗"，意谓《坛经》以"无念"为修行法门之宗要，亦即禅宗之宗本，可见其地位之重要。

以"无念"为禅（定、三摩地或奢摩他）之究竟，实乃佛法共义，早在三国支谦译《佛说慧印三昧经》（约222－253 年间译）即有曰：

> 尔时，佛从慧印三昧起，便动三千大千佛刹，舍利弗罗等便前白佛言："佛住何三昧？吾等以智慧眼推索佛，了无有能知其处者。"佛语舍利弗罗言："佛所至到处，非若阿罗汉、辟支佛等所可知，独佛自知之耳。所以者何？无念、不动、不摇故。"[②]

---

① 《南宗顿教大乘坛经》，《敦博本禅籍录校》（邓文宽、荣新江录校），江苏古籍出版社，1998 年，第 259 页。敦博本《坛经》虽不能遽然断为原本，《录校》之校刊亦存在一些问题，但此本《坛经》较其他各本为精（当有另文专论），故以下引自《坛经》之引文以此本为主，参以他本，凡引自此本则只注明"《录校》"之书名与页码，而引文则直接依文后"校记"所正引出。

② 《佛说慧印三昧经》，《大正藏》第十五卷，第 461 页中。

又解"无念、不动、不摇"曰：

不动摇者为何等貌？离于动摇之貌也。离于动摇者为何等貌？无心之貌也。无心者为何等貌？无念之貌也。无念者为何等貌？无二之貌也①。

"离于动摇"即离于烦恼之扰动，而唯无心（无妄心）方能离于烦恼之扰动，故离于动摇即意味着"无心"；"无心"即"无念"（无妄念），"无念"则诸法无二无别、平等一味。此即阿罗汉、辟支佛等所不可得知之慧印三昧。稍后，西晋竺法护译《持心梵天所问经》（286年译）亦论及"无念"：

（持心梵天）又问："何谓佛之所教、所当思者？"答曰："无意、无念。一切诸法亦复如是。斯乃名曰佛之所教、所当思者。"②

经中以"无意、无念"为佛所教法以及佛弟子所当思法，可见此境界同为修行究极之境。不过，这些经皆就佛果位说"无念"，并未就"无念"本身开出一种修行法门来。后来广为人知的《大乘起信论》通过观"念"之生、住、异、灭而入于"无念"，同样未立为行法正宗。

虽然，我们不能说六祖开示之"无念"法为直承上述经论而来的开展，因为佛法之真谛永恒不变，它在不同

---

① 《佛说慧印三昧经》，《大正藏》第十五卷，第466页下。
② 《持心梵天所问经》卷一《解诸法品》，《大正藏》第十五卷，第七页上。

时空的演化过程中呈现出之差异不过是言说、显示此真谛之方式的差异（设教系统不同）。任何一个彻悟佛法真谛的大觉者，无论他依哪部佛经得悟，那么从其大觉心海中流出之言教，自然别出心裁，自成一家，他实不必像现代佛学研究者一样从前人留下的文献中找出一条发展脉络。六祖亦然。

古今之论"无念"法者多也，何须笔者多言？窃以为，真正之禅不可言说，如六祖弟子南岳怀让禅师（677－744）所说："说似一物即不中。"① 因此，无论古说今说，无非都是或基于真修实证的经验之说，或缘自分别意识的推断之说，要之皆为一己之所得。既如此，笔者又何妨再添一说？本文尝试以异于当代佛学研究界之视野就六祖开示之"无念"法予以较为完整而具体的考察，并略为澄清后人对此法之误解。

二、"无念"法之体：实相

六祖以"无念为宗"之修行法门，直依其教法之体而来，故欲明其宗，必先明其体。然依此佛法说，五蕴原非我、四大本来空（万法自性皆空），何体之有？所以首先须明白，佛法中的体只是方便安立的名相，并非指西洋哲学意义上的本体或实体，亦不具根本意义，此义张尚德先生在《王阳明的悟道》一文中言之最明：

在中国思想中，把本体说得最突出的，就是佛法的《大乘起信论》，但在《大乘起信论》的"体、相、用"

① 《古尊宿语录》上册，中华书局，1994年，第1页。

学说中，"体"只是一个假托的名词，并无实质性可言，"体"即空也①。

明白此义，方不致被"体"之一字所迷。

如此说，佛学施设一个体岂非多此一举？对大觉者来说，诚然；对迷执众生而言，则不然。因为若不设立一体以为转凡成圣、翻迷成悟之所依，则众生之觉悟就如盲龟寻木孔，难有出期。故古来诸佛菩萨，从无碍智发同体悲、行无缘慈，于无言说中巧为言说，即无体中方便施设成体，导众生归于觉海。此体既为方便施设，是否可随意安置？不可。体之施设要能使众生即之悟入不生不灭的中道实相方可。如此，则最妙莫过于指中道实相本身为体，故龙树菩萨（约150—250）云："摩诃衍中说诸法不生不灭，一相，所谓无相。"②

天台智者大师（538—597）亦依之云：

《释论》云："除诸法实相，余皆魔事。"大乘经以实相为印，为经正体，无量功德庄严之，种种众行而归趣之③。

两位大师皆就大乘佛法言其体，实则无论大乘小乘，其体无非实相。若众生不堪依实相之体悟入，又有大小二乘以及大乘性相诸家、显密两教当机施设不同教体，引之同登正觉。

---

① 张尚德：《分析命词与综合命词》，台湾摩出版社2000年，第73页。
② 《大智度论》卷二十二，《大正藏》第二十五卷，第222页中。
③ 智顗：《观无量寿佛经疏》，《大正藏》第三十七卷，第188页上。文中《释论》指《大智度论》。

六祖尝言："此是最上乘法，为大智上根人说。"① 故《坛经》之体自然亦为实相，此即所谓"无相为体"。不过，六祖并非如中观学直显"不生亦不灭、不常亦不断、不一亦不异、不来亦不出"的中道实相②，他是承继如来藏学传统，点众生成佛之体性为实相。六祖云：

人即有南北，佛性即无南北③。

又云：

善知识！愚人智人，佛性本亦无差别，只缘迷悟④。

此佛性（又称如来藏）正是《大般涅槃经》、《如来藏经》等经与《宝性论》、《佛性论》等论从修行入手安立的成佛所依之体，《大般涅槃经》在在处处宣说"一切众生悉有佛性"，"佛性常恒、无有变易"。

但六祖并未执经不化，为了让学法者即时生起信心，并易于受学和修行，他依《胜鬘经》、《大乘起信论》、《大乘止观法门》以及禅宗祖师紧扣众生心行说法之传统，指众生之"本心"、"本性"或"自性"为佛性：

呈自本心，不识本心，学法无益，识心见性，即悟大意⑤。

---

① 《录校》，第306－307页。
② 《中论》卷一《观因缘品》，《大正藏》第三十卷，第1页中。
③ 《录校》，第223页。
④ 《录校》，第249页。
⑤ 《录校》，第240页。《坛经》中的"本心"一词，当得自《维摩诘经》，六祖就援引了该经卷上《弟子品》（《大正藏》第十四卷，第541页上）"即时豁然，还得本心"之句。（《录校》，第270页）

识自本心，是见本性①。

佛是自性作，莫向身外求。自性迷，佛即是众生；自性悟，众生即是佛②。

此三者，其内涵无二无别，皆指众生心的性空实相而言，如果于此妄加分别，那就等同戏论。

众生之本心或自性有何特性？六祖曰："无相"、"无念"、"无住"。

本心、自性何以无相？因为究实而言，本心、自性即是中道实相。六祖曰："实性者，处凡愚而不减，在贤圣而不增，住烦恼而不乱，居禅定而不寂，不断不常，不来不去，不在中间，及其内外，不生不灭，性相如如，常住不迁。"③

此实性亦即本心或自性，此心此性非有为法，故无增减、生灭、断常、来去、内外；此心此性无相，故其相如，亦无自性，故其性如，总而言之"性相如如"。无相的具体内容，六祖说"无二相诸尘劳"④，即无我、人等相，实即无一切相，因为"凡所有相，皆是虚妄"⑤。

本心、自性虽与实相同一无相，但既为众生之本心、自性，则它还是一种意识状态。本心、自性是一种什么样的意识状态呢？六祖说："无念。"无什么念？要弄清本心、自性"无念"的具体内涵，须先了解念到底具有什么内容。在佛法中，念有两种，一者为末那识执境之念，

① 《录校》，第257页。
② 《录校》，第340页。
③ 《六祖大师法宝坛经》（宗宝本），第61页，《中国佛教思想资料选编》第二卷第四册，中华书局，1983年，第55页。以下凡引此本，简称《选编》，并只注明版本与页码。
④ 《录校》，第263页。
⑤ 《金刚般若波罗蜜经》，《大正藏》第八卷，第749页上。

净影慧远《大乘义章》所谓"守境为念"①；二者为本心、自性所起之念，即六祖所谓"真如之念"。后者不能没有，因为人皆有本心、自性，"真如是念之体，念是真如之用"②。这种念：

念念不住，前念今念后念，念念相续，无有断绝，若一念断绝，法身即离色身③。

没有这种念就没有众生。那么，"无念"就是无守境之念，这种念之本性是执著，由末那识念（执著）我、人二相，渐渐扩展为念苦念乐、念美念丑、念善念恶、念真念假乃至念生死念涅槃、念烦恼念菩提等等念，本心、自性中原本没有如许种种念。如此，则本心、自性无念乃无妄念而有自性念，而自性念就是佛法所谓根本智。

本心、自性既无上述种种念，则此念念念相续、同时即是念念不住，"念念时中，于一切法上无住"④。"于一切法上无住"，意谓真如之念念念性空、念念无相，自然不被一切法所缚（实际上，在这里根本就没有一切差别法可缚真如之念）。不被一切法所缚，则本心、自性自无烦恼尘埃，故六祖曰："菩提本无树，明镜亦无台，佛性常清净，何处有尘埃"⑤！

————————

① 《大乘义章》卷十二，《大正藏》第四十四卷，第 710 页下。
② 《录校》，第 262 页。
③ 《录校》，第 260 页。冉云华先生以六祖这一论根本智之文为论解脱智，似有错置之嫌。See, YüN‑HUA JAN, A COMPARATIVE STUDY OF 'NO‑THOUGHT（WU‑NIEN）IN SOME INDIAN AND CHINESE BUDDHIST TEXTS, in Journal of Chinese Philosophy 16（1989）37‑58, Dialogue Publishing Company, Honolulu, Hawaii, U. S. A.
④ 《录校》，第 260 页。
⑤ 《录校》，第 240 页。

"无念"、无相、无住为本心、自性之性空义，若仅悟及此义，虽曰无住，仍不免住于空寂，南怀瑾先生即曰：

　　如把两者（按：指六祖慧能与神秀大师之偈）作一比较，自然了解五祖弘忍要叫六祖三更入室，付嘱他的衣钵了，但是，就凭"本来无一物，何处惹尘埃"（按：宗宝本此偈与敦博本文字不同，含义并无二致），还是未达传付禅宗衣钵的造诣……因为"本来无一物"的情况，正如雪月梅花的境界，虽然清冷而美妙，到底是空寂孤寒的一面，毫无生机存在。六祖在大彻大悟的时候，是他三更入室，五祖诘问他初闻"应无所住而生其心"的质疑，使他再进一步而彻底了解心性本元的究竟。……这个才是代表了禅宗言下"顿"与"悟"的境界①。

　　五祖弘忍大师（601—674）为六祖说《金刚经》时，六祖彻底了解的"心性本元"是什么呢？《坛经》载称：

　　慧能即会祖意，三鼓入室。祖以袈裟遮围，不令人见，为说《金刚经》，至"应无所住而生其心"，慧能言下大悟一切万法不离自性。遂启祖言："何期自性本自清净！何期自性本不生灭！何期自性本自具足！何期自性本无动摇！何期自性能生万法！"祖知悟本性②。

　　此处最关紧要者即"何期自性能生万法"，它显示六

　　① 南怀瑾：《禅宗与道家》，《南怀瑾著作珍藏本》第四卷，复旦大学出版社，2000年，第48页。
　　② 《六祖大师法宝坛经》（宗宝本），第34页。

祖了悟本心、自性空寂无相的同时并彻悟了本心、自性缘生万法的功能。然而，"自性能生万法"一语颇难讨其真义，极易造成误解，若认"自性能生万法"就如古希腊泰勒士所谓水生万物之关系或一般西洋哲学所谓本体与现象之关系，那绝非六祖之意，亦非所有佛法之意，此义前文已明。实际上，佛法中论自性与万法之关系，有理体和事相两面，事相又有因和果两位，设论之境不同，含义固然各异。就理体言，所谓"自性能生万法"即"性含万法，万法尽是自性"①，意谓：万法皆因自性而得缘生，无有一法离开自性能得生起，故可说万法皆由自性所生，亦可说万法皆含于自性；既然万法由自性缘起，则缘起诸法无实在本体，无实在本体则诸法当体性空，当体即是自性空。万法缘起性空、性空缘起，与龙树菩萨所说"众因缘生法，我说即是无，亦为是假名，亦是中道义"② 同一旨趣。这样的自性才堪称"本自清净"、"本不生灭"、"本自具足"、"本无动摇"，才堪称"无二之性"，才堪称"本然自性天真佛"。

三、"无念"法之宗要：自性起修

尽管就理体言众生无不是"本然自性天真佛"，然就事相言，众生无始以来即被无明所障，本心、自性当体转为阿赖耶识③。六祖云：

---

① 《录校》，第 288－289 页。
② 《中论》卷四《观四谛品》，《大正藏》第三十卷，第 33 页中。
③ 现代学人殚精竭虑地试图究明此一转，殊不知这是一个宗教实践问题，觉悟之后自然洞若观火，故《胜鬘经》曰："有二法难可了知，谓自性清净心难可了知，彼心为烦恼所染亦难了知。如此二法，汝及成就大法摩诃萨乃能听受，诸余声闻唯信佛语。"（《大正藏》第十二卷，第 222 页下）

自性常清净，日月常明，只为云覆盖，上明下暗，不能了见日月星辰①。

这"云"即指无明，"暗"即指阿赖耶识。此阿赖耶中之种子虽形似真如之念，亦具"刹那灭"、"恒随转"之特性，但其本身并非真如之念，因为真如之念无漏清净、明明了了、不堕三有，而赖耶种子则有漏染污、混浊无明、常在三有。阿赖耶识种子在末那识（我执识）执持之下，念念生起我法二执，念念住于三界有为法之有相境界，召感六道轮回之果报。诸佛菩萨针对众生种种迷执，开出种种相应之对治法门，俾众生离恶向善、从有漏善转入无漏善，直至成佛。前者为众生迷自性而生之法，后者为佛菩萨见自性后施设之法，两者皆不在自性之外，故同为自性所生之法。此即主要从事相之生灭、还灭两边所显自性生万法。

自性于众生位所起万法固是妄法，于佛菩萨位所起对治众生种种妄念之方便法，克实而言亦虚妄不实，故《金刚经》云：

如来常说："汝等比丘，知我说法，如筏喻者，法尚应舍，何况非法？"②

虽然，要须设此种种方便对治之法，方能疗治众生妄执之病。对治之法虽同归一觉，然有顿有渐，如唯识之转识成智、华严之缘理断九、密教之加行圆满，则渐门也；如中观之中道观、天台之圆顿止观、南禅之直了见性，则

① 《录校》，第278页。
② 《大正藏》第八卷，第749页中。

顿门也①。

六祖开出之禅何以可称为顿门？因其修行法门无不建基于自性之上。六祖云："吾所说法，不离自性，离体说法，名为相说，自性常迷。须知一切万法，皆从自性起用。"② 又云："知一切万法，尽在自心中，何不从于自心顿见真如本性？"③

"万法"固然包括宇宙一切现象，然此处主要指六祖"不离自性"而施设的种种修行法。种种修行法门皆具足于自性，众生为何不从自性建立之法门顿悟自性呢？欲"自心顿见真如本性"，则须先知建立于自性上之法。六祖从自性建立之法是什么法？既然离自性所说之法为有相法（相说），则于自性所立之法就是无相法。

作为六祖的修行法门，无相法是对其悟道的《金刚经》中"应无所住而生其心"这一无相修行法门的继承，六祖即自道："心修此行，即与《般若波罗蜜经》本无差别。"④

不仅此也，六祖还以大智慧深刻洞见到，《金刚经》之无相法门本自自性之"无念"又归于"无念"之自性，由此掘发出了"无念"法门。这样，在六祖禅法中，便是以"无念"行法为宗要（"无念为宗"），而以种种无相法为归宗之"众行"了。

① 所谓顿门与渐门只是对于学道人根性不同而施设之方便教门，并非说各教门间有高下之分，亦非说各教门间互不相干，实际上修顿门成就者早已历劫精修其他教法，修其他教法者亦终归于宗门顿悟心性。故六祖曰："何以顿渐？法即一种，见有迟疾，见迟即渐，几疾即顿。法无顿渐，人有利钝，故名'顿渐'。"（《录校》，第356页。）
② 《六祖大师法宝坛经》（宗宝本），第58页。
③ 《录校》，第314页。
④ 《录校》，第312页。此处之《般若波罗蜜经》虽为泛指，其实即指《金刚般若波罗蜜经》，因为六祖宗依者即此经，且六祖不识字，他未必（实亦不必）诵读太多经典。

280

兹先论作为宗要之"无念"法。

"无念"法之法要为何？"无念"法所被机虽总为上上智人，然上上根器修"无念"法亦有非次第修与次第修之别，此为修"无念"法之顿渐（所谓"顿渐皆立无念为宗"指此）。非次第修者，前念迷即凡，后念悟即佛①。一念即可彻悟本心、自性不生不灭、自在解脱，直入佛位②。此无烦多论。

次第修者，首先必须避免堕入无记空与寂灭空境。何为无记空？六祖云："莫定心坐禅，即落无记空。"③

"无记"本指赖耶种子中难以辨别善恶的一类种子，亦指由此类种子发出的无记业，六祖用于指修行法中一种不当有的空见，应指修行者修禅定时的"昏沉睡眠"状态。此种状态貌似"无念"而实为"无念"之障碍，佛法中称之为昏沉睡眠盖，属于五盖之一。《瑜伽师地论》云：

> 昏沉者，谓或因毁坏净尸罗等，随一善行，不守根门，食不知量，不勤精进，减省睡眠，不正知住，而有所作，于所修断，不勤加行，随顺生起，一切烦恼，身心昏昧，无堪任性；睡眠者，谓心极昧略。又顺生烦恼，坏断

---

① 《录校》，第 303 页。然而百丈怀海弟子黄檗希运（885 年卒）却云："如言前念是凡，后念是圣，如手翻覆一般，此是三乘顿教之极也。据我禅宗中，前念且不是凡，后念且不是圣，前念不是佛，后念不是众生，所以一切色是佛色，一切生是佛生。"（《黄檗断际禅师宛陵录》，《选编》第二卷第四册，第 229 页。）此岂非非薄六祖？非也。黄檗禅师乃是就如如心体或究竟果德而言，非谓众生本无须修行，与六祖宗旨无二无别，切不可错认。若不解其间奥妙，错认于句下，决然谬以千里。

② 有人说，六祖此语意指一念觉悟则一念是佛，非指一念觉后恒常是佛，这全然是颠倒见。设若此，无异于说悟后还转迷、佛犹将堕凡。其实，此并非新见，古来对《起信论》有三大难，其中一难便是说《起信论》会遭遇"觉后转迷"之难。欲详辨此义，非专文不可。

③ 《录校》，第 297 页。

加行，是昏沉性；心极昧略，是睡眠性。是故此二合说一盖。又昏昧无堪任性，名昏沉；昏昧心极略性，名睡眠①。

昏沉之主要特点为"不正知住"和"不勤加行"，前者谓修行者不知正确的修行目标，后者谓修行者悠悠荡荡，无所追求；睡眠之主要特点为"心极昧略"，谓修行者禅修时如睡眠一样善恶不辨、混沌无知。六祖所谓"定心坐禅"者，即以此昏沉、睡眠之心坐禅，若不知其实为无记空，误以为"无念"真空，则非但不能有丝毫觉悟，适终成一大痴人②。

寂灭空为另一种禅病。六祖云："莫百物不思，当令念绝，即是法缚，即名边见。"③

如果以百物不思、空空如也为"无念"，而不知其念已住寂灭空，是为离空有为二、弃有求空的偏空之见④。修行者依此见修行，极易陷进沉空滞寂的枯木禅，变得了无生气。修行者住此境界，而欲见念念相续、念念无住的自性真如，就难有出期了，故龙树菩萨诫曰："大圣说空法，为破诸见故，若复见有空，诸佛所不化。"⑤

明乎此，方堪进修"无念"法。由于众生无不住境住念，故修"无念"法者先须修离境离念之行。第一须远离外境，"于一切境上不染，名为无念"⑥。

修行者知"境"由心（妄心）生，凡起念生境，即知此境虚妄不实，由是念不住于境，不住一境，则不被一

---

① 《瑜伽师地论》卷十一，《大正藏》第三十卷，第329页中。
② 将禅门约体而言之"无修无证"理解为实际上无须修证者，与此何异？
③ 《录校》，第321－323页。
④ 《大般涅槃经》、《宝性论》称之为二乘"四倒"之一。
⑤ 《中论》卷二《观行品》，《大正藏》第三十卷，第18页下。
⑥ 《录校》，第260－261页。

境所缚；不住于一切境，则不被一切境所缚。此与未修行前本心之"无念"有同有异，同者此"无念"法本身就是本心之"无念"，异者修前本心之"无念"不为众生所知，而修行人则知其在行"无念"法。奈何众生起心动念皆住于境？六祖并未开示，因为此非"无念"法所摄①。

因为境由念生，修行者能无"念"于境，不必能无"念"于念，故须进一步修无"念"于念之行，做到"于念而不念"②。所谓"于念而不念"，就是虽然念念相续不断，而不住于任何一念，因为一旦住于念，则念本身遂成为念所对之境，即此一念之执便是无明根本。

于念若无有念，无念亦不立③。

不立一念，可谓不取一法。修行者能不立一念，则即时归于真如（本心）之自性念，"自性起念，虽即见闻觉知，不染万境，而常自在"④。

自性起念，则不染一切法，眼、耳、鼻、舌、身、意等感观尽管从事知觉与分析活动，但心念始终不被此等知觉、分析活动及其所对之法（现象）所染著，而是如如不动、自由自在。而不染一法，同时即意味着不舍一法，故六祖曰："何名无念？无念法者，见一切法，遍一切处，不着一切处；常净自性，使六贼从六门走出，于六尘中不

---

① 这是一大段功夫，欲竟其功，宜依《楞伽经》、《解深密经》、《瑜伽师地论》等教典而行。
② 《录校》，第259页。
③ 《录校》，第262页。
④ 《录校》，第265页。

离不染，来去自由。即是般若三昧、自在解脱，名无念行。"①

万法本来不生，故无可取；万法本来不灭，故无可舍。这是"自性能生万法"在修行结果上之体现。

悟入此地，即无时无地不安住于般若三昧、自在解脱之境，而这就是佛之境界："悟无念法者，见诸佛境界；悟无念法者，至佛位地。"②

自来皆称六祖所开法门为南宗，依此而言，更可称之为"无念宗"。这一"无念"妙法，六祖四传弟子大珠慧海禅师（生卒年不详）有至简至当之契会，兹不妨原文引出，以凸显六祖宗旨：

问："此顿悟门，以何为宗，以何为旨，以何为体，以何为用？"答："无念为宗，妄心不起为旨，以清净为体，以智为用。"问："既言无念为宗，未审无念者无何念？"答："无念者，无邪念，非无正念。""云何为邪念？云何名正念？"答："念有念无，即名邪念；不念有无，即名正念。念善念恶，名为邪念；不念善恶，名为正念。乃至苦乐、生灭、取舍、怨亲、憎爱，并名邪念；不念苦乐等，即名正念。"问："云何是正念？"答："正念者，唯念菩提。"问："菩提可得否？"答："菩提不可得。"问："既不可得，云何唯念菩提？"答："只如菩提，假立名字，实不可得，亦无前后得者。为不可得故，即无有念。只个无念，是名真念。菩提无所念，无所念者，即一切处无心，是无所念。只如上说如许种无念者，皆是随事方便假立名字，皆同一体，无二无别。但知一切处无心，

———————

① 《录校》，第 321 页。
② 同上，第 323 页。

即是无念也。得无念时，自然解脱。"①

四、"无念"法之众行：无相行门

六祖在《坛经》中为修"无念"法者开示了种种具体修行行门，且每每称之为无相法。由于这些行门皆是依"无念"法成立而又趣入"无念"法之庄严行门，故皆可纳入"无念"法来论说。兹依六祖说法次第，并参照佛法系统对之略加论述。

在佛法中，众生欲成为一名佛法信众和修行者，须先由具德和尚授三皈（亦称"归"）五戒，具体内容有皈依、忏悔、发愿等。六祖所授为无相戒，因为他"一一从众生自性去开示"②。

皈依指皈依佛、法、僧三宝，受戒指受持不杀生、不偷盗、不邪淫、不妄语、不饮酒五戒，两者可由师父分别授，亦可一处授，六祖取一处授。一般所授为有相三皈五戒，六祖自然是"与善知识受无相三归依戒"③。

六祖如何开示无相三皈依戒？六祖云：

善知识！惠能劝善知识归依自身三宝。善知识！善归依自身三宝。佛者，觉也；法者，正也；僧者，净也。自心归依觉，邪迷不生，少欲知足，离财离色，名"两足尊"；自心归依正，念念无邪故，即无爱着，以无爱着，名"离欲尊"；自心归依净，一切尘劳妄念，虽在自性，

① 释慧海：《顿悟入道要门论》，《选编》第二卷第四册，第177－178页。
② 释印顺：《中国禅宗史》，第114页，江西人民出版社，1990年。
③ 《录校》，第290页。

佛学法脉

自性不染着，名"众中尊"①。

佛、法、僧之梵文分别为 buddha、dharma 和 saṃgha，其义分别为觉悟者、任持自性（引申为真理）与和合，六祖分别以自性之"觉"（正觉）、"正"（正道）和"净"（清净）释之，乃皆取其究竟义。如此理解三宝及三归实有经证，《大般涅槃经》即曰：

> 应当修习佛、法及僧而作常想。是三法者，无有异想，无无常想，无变异想。若于三法修异想者，当知是辈清净三归则无依处，所有禁戒皆不具足，终不能证声闻、缘觉、菩提之果；若能于是不可思议修常想者，则有归处②。

经文视佛、法、僧三宝为"无有异"（不二）、"无无常"（非生灭）和"无变易"（非常断）之无为法，实即视之为佛性之不同面相；同时强调唯有归依这样的三宝方可称为清净三归。这与六祖之说毫无二致，只是六祖是就名异义同的自心、自性论"清净三归"而已。

在此了义境中，六祖完全可说："一切法在自性，名为清净法身佛。……从法身思量，即是化身；念念善，即是报身。"③"三世诸佛，十二部经，在人心中本自具足。"④

---

① 《录校》，第295页。依《坛经》此文语境以及唐代河西方音"身"与"心"通用规则，文中"自身三宝"当为"自心三宝"，《录校》失校。
② 《大般涅槃经》卷三《寿命品》，《大正藏》第十二卷，第382页下。
③ 《录校》，第281、284页。
④ 《录校》，第318页。

佛与众生之别只在对自心三宝之悟与迷而已。既如此，一经"大善知识"开示①，何不直接归依自心之觉、正、净三宝（即"清净三归"），依自心三宝修离欲、无邪、不染之行？

随之是发愿、忏悔。发愿即修行者所发上求菩提、下化众生之大愿，愿词皆同，然六祖之解义则一归于自性：

> 善知识！"众生无边誓愿度"，不是惠能度。善知识！心中众生，各于自性自度。何名"自性自度"？自色身中邪见、烦恼、愚痴、迷妄，自有本觉性，只本觉性，将正见度。既悟正见般若之智，除却愚痴、迷妄众生。各各自度，迷来悟度，愚来智度，恶来善度，烦恼来菩提度。如是度者，是名真度。"烦恼无边誓愿断"，自心除虚妄。"法门无边誓愿学"，学无上正法。"无上佛道誓愿成"，常下心行，恭敬一切，远离迷执，觉智生般若，除却迷妄，即自悟佛道成，行誓愿力②。

这里"自断无量烦恼"、"自学无上正法"（即六祖所说最上乘法）、"自成佛道"皆不难解，惟"自性自度"须待分疏。一般认为，惟有觉者方能救度众生，六祖何以说"不是惠能度"众生，而是众生"自性自度"？且说惟有"如是度"方名"真度"呢？因为众生修行，其目的只是了悟自性本来是佛，而这无异于众生精神之整体转化，此事只能自己做主，不能委诸他人。设不悟此，任你

---

① "何名'大善知识'？解最上乘法，直示正路，是大善知识，是大因缘，所为化道，令得见佛。"（《录校》，第318页）此以能宣说"无念"法者为大善知识。

② 《录校》，第286－288页。

穷尽千经万论、遍参世间善知识，皆不济事："若取外求善知识，望得解脱，无有是处。"① 若能自悟本心，则不必向外寻索："若自悟者，不假外求善知识。"② 虽不求外善知识而能横超直入，犹较求善知识者更快达到同样目的，故胜于外求善知识者。为什么？因为自性起般若观照，则从前障碍自性开显之邪见、烦恼、愚痴、迷妄立时瓦解冰消，而如如自性则可即时开显。

论忏悔，佛法中有理忏、事忏之分，六祖所传无相忏为基于理忏之忏法。③ 所谓理忏者，指修行者通过观诸法无性而灭罪障之忏法，适用于利根人。道宣律师（596—667）有云：

> 言理忏者，即在利人，则多方便，随所施为，恒观无性。以无性故，妄我无托，事非我生，罪福无主，分见分思，分除分灭。……故《华严经》云："一切业障海，皆从妄想生，若欲忏悔者，当求真实相。"如此大忏悔，众罪云消④。

利根人只要观万法性空（"无性"），即豁然明了从前罪业皆为执著有我（"妄我"）之行，由此其心念一方面不再染着于过去之罪业（"罪福无主"），另一方面亦不再生起新的罪业（"众罪云消"）。这成为六祖无相忏之经典依据。

无相忏具体内容为何？六祖云：

---

① 《录校》，第318页。
② 同上。
③ 关于这个问题，请参阅释湛如：《简论〈六祖坛经〉的无相忏悔》，载《六祖慧能思想研究》，《学术研究》杂志社1997年出版。
④ 《四分律删繁补阙行事抄》卷中，《大正藏》第四十卷，第96页。

善知识！前念后念及今念，念念不被愚迷染，从前恶行一时除，自性若除即是忏；前念后念及今念，念念不被愚痴染，除却从前矫诳心，永断名为自性忏。前念后念及今念，念念不被疽疾染，除却从前嫉妒心，自性若除即是忏[①]。

"愚迷"即无明，为一切烦恼之根本；"矫诳"、"嫉妒"皆为无明所生烦恼法，六祖借以指代一切烦恼。中下根人须循身、口、意之序，先降伏身、口二业之不善行，次伏断意识之不善念，最后断除末那识之不善根而转阿赖耶之不善种，实际上是一漫长修行过程[②]。而无相忏则直截烦恼根源，要于一念间永断过去烦恼之果、永绝未来烦恼之因，于一念间转阿赖耶识之染污种子为无漏种子，若非上上智人于当下一念彻照万法自性本空，岂堪受持此行？

既忏悔已，则进说戒、定、慧三学，即六祖所谓"摩诃般若波罗密法"。戒、定、慧三学为佛法精要所在，三者为一整体，缺一不可。三者之关系，包括神秀所传北宗在内的法门都以为是一由低及高、自浅至深的纵向结构，要须由持戒生定、定熟发慧、慧圆成佛，神秀（约606—706）弟子志诚（后为六祖弟子）初见六祖时即云：

秀和尚言戒、定、惠："诸恶不作名为戒，诸善奉行名为惠，自净其意名为定。"此即名为戒、定、惠。[③]

---

① 《录校》，第290页。
② 详参《大乘起信论》断离"六染"之内容。
③ 《录校》，第362页。

六祖却别有高见："心地无非是自性戒，心地无乱是自性定，心地无痴是自性惠。"① 这是以自性之自然合于戒律义为戒，以自性之自然如如不动义为定，以自性之自然洞彻万法义为慧②。

先看自性戒③。戒有有相戒和无相戒之分，如五戒、八戒、十戒、具足戒等为有相戒，如菩萨戒则为无相戒，所谓无相戒即没有戒相之戒，实际便是发自佛性之戒，《梵网经》即有云："金刚宝戒是一切佛本源，一切菩萨本源，佛性种子。一切众生皆有佛性，一切意识色心，是情是心，皆入佛性戒中。"④

因在六祖思想中自性即佛性异名，故六祖之自性戒实即同于佛性戒。所谓自性戒，意谓佛法的一切戒是自性本来具有之规范，这种戒没有戒相，不戒而自戒，自戒而不戒。一切有相之戒无非自此发出，惟随众生根基差别而有层次不同之戒律施设而已；另一方面，持守有相戒者并非以持守其当机之戒为目的，终究要识心见性成佛，如是则必归于自性之戒⑤。那么，直接修此无相戒，便可即时心体无非，举动营为无不"从心所欲不逾矩"，岂不更加直

---

① 《录校》，第363页。
② 我们不能以此认为六祖排拒神秀之说，因为六祖同时对志诚说："此说不可思议。"（《录校》，第362页。）合理的理解是：六祖视神秀所传戒、定、慧为接引中下根器者，不如他所传接引上上根器者妙。
③ 此处之"戒"与前文"无相三归依戒"本质上并无不同，但法门有异，一从皈依入手，一从三学之戒学入手，故须分论。
④ 《梵网经》卷二，《大正藏》第二十四卷，第1003页下。
⑤ 佛法之戒实即道德，包括世间与出世间两部分，其一切道德本自自性之说，与康德"道德本于绝对命令"之论相类，惟康德不能洞见绝对命令实即由自性发出，至于错认绝对命令为一假设，诚为憾事。虽然，这样的道德观始终归于人之自觉，故持此道德观者在规范面前心无挂碍。而当今学人趋之若鹜的"扩展秩序道德"论（大意谓人类道德奠基于人类为生存和发展而结成的社会秩序），将道德法律化，至持此种道德观念者守德如受戮，丧德而无耻。就其社会功能言，两相比较，我们至少不能厚此薄彼。

截了当?

次论自性定。佛法中，定亦有种种深浅各异、多个层次的内容，但无论何种层次之定，最后亦必归于自性定，六祖即从此定中施设修行方便。何为"心地无乱自性定"？六祖云："何名为禅定？外离相曰禅，内不乱曰定。"①

此定如何修？先须排除种种错误修法。有人以为坐禅即看心，六祖曰："若看心，心元是妄，妄如幻故，无所看也。"②

若看心，便有能看之心与所看之心，能所一起，则本心即转为被末那识所执持之阿赖耶识。修行者于末那识中以能看之心（见分）看所看之心（相分），而不知其本来虚妄不实，欲求识心见性，犹如蒸沙煮饭。

看心不成，看净或可成就？同样不可。六祖曰："若言看净，人性本净，为妄念故，盖覆真如。离妄念，本性净。不见自性本净，起心看净，却生净妄，妄无处所。故知看者，看却是妄也。净无形相，却立净相，言是功夫，作此见者，障自本性，却被净缚。"③

自性本然清净，不待人看，若"息妄看净，时时拂拭，凝心住心，专注一境"④，非但不能得净，反又生起作为妄法之净。看净之妄，为在离形绝相之清净本心上横生一净相，如金砂虽净，置于眼中，眼则不净。此净相看似清净，实则亦为执相之妄念所起，若有不知，真如之念即被此净相所缚。

① 《录校》，第270页。
② 《录校》，第265页。
③ 《录校》，第265-266页。
④ 宗密：《〈禅源诸诠集〉都序》卷二，《选编》第二卷第二册，第433页。宗密视此为包括北宗在内的"将识破境教"之禅法。

佛
学
法
脉

看心虚妄，看净不真，那么一心不动定当合于禅了。不一定。六祖曰："若言不动者，见一切过患，是性不动。迷人自心不动，开口却说人是非，与道违背。"① 惟有"见一切过患"而"不动"，即心性意义上之不动，方可称之为禅。所谓"见一切过患，是性不动"，即面对常人不堪忍受之一切内外灾患时心性不为所动，这实际上是以忍辱成就称禅。设若开口即道是非、起身即行恶业，而心却漠然不顾，此非禅之不动心，实乃麻木不仁。此种不动与禅背道而驰，以之为禅，无异于认贼作父，《佛性论》说，"佛法内人，堕定位者，亦同阐提"②，想来即是指此类人吧③。

众生究应如何坐禅？六祖曰："此法门中，一切无碍，外于一切境界上念不起为'坐'；见本性不乱为'禅'。"④

这实际上是以前述"无念"行门为禅要，以悟见本性之如如不动为究竟。而所谓"悟见"，非如如不动之本性外有一智慧能悟，即此如如不动之本性自身便具足"无痴"之智慧功能，此智慧发用即能自证本性如如不动，故定与慧未可判然二分。六祖曰："惠定体一不二，即定是惠体，即惠是定用；即惠之时定在惠，即定之时惠在定。善知识！此义即是定惠等。"⑤

虽然，若从慧入手，则又自有其方便。毕竟"自性无痴"之慧如何发起？第一步是求大善知识揭示众生本具般若智慧（即根本智）之密密意，因为众生为无明障蔽，

---

① 《录校》，第 269 页。依据唐代河西方音中"身"与"心"互相通用的规则，引文中之"身"当为"心"，《录校》失校。
② 《佛性论》卷二《明因品》，《大正藏》第 31 卷，第 797 页下。
③ 可是，古今又多少人以此为禅！"禅"之一字，岂可轻言？
④ 《录校》，第 270 页。
⑤ 《录校》，第 252 页。

对此一事实视而不见。六祖曰："般若之智，亦无大小，为一切众生自有迷心，外修觅佛，未悟自性，即是小根人。闻其顿教，不信外修，但于自心令自本性常起正见，一切邪见、烦恼、尘劳众生当时尽悟。"① 所谓"顿教"即般若波罗蜜法。众生听闻信受此法后，下一步就是奉行："若欲入甚深法界，入般若三昧者，须修般若波罗蜜行，但持《金刚般若波罗蜜经》一卷，即得见性，入般若三昧。"② 具体行法是："自性心地，以智慧观照，内外明彻，识自本心。若识本心，即是解脱。既得解脱，即是般若三昧。悟般若三昧，即是无念。"③

当体起智慧观照，即当体悟入般若三昧，而般若三昧就是"无念"。

戒、定、慧三门之外，六祖尚传有净土行门。在佛法中，净土为修行者修行所得依报果，但由于修行者证境不同，其所入净土便有种种差别。不过，一般而论，佛法都相应佛之三身而安立三种净土：相应佛之法身者为法性土（又称实相土、真净土、寂光净土等），相应佛之报身者为实报土，相应佛之化身者为圆应土。三种净土中，法性土为最极清净净土，惟佛能入，实报土和圆应土皆为此土在不同修行果位上之显现，在地前学人境界显现为圆应土，在登地菩萨境界显现为实报土④。那么，何为最极清净之法性土？《大智度论》云：

有佛国土，一切树木常出诸法实相音声，所谓无生无

---

① 《录校》，第310－312页。
② 《录校》，第305－306页。
③ 《录校》，第321页。
④ 参阅净影寺慧远：《大乘义章》卷十九《净土义》，《大正藏》第三四十四卷，第834页上－837页下。

灭、无起无作等。众生但闻是妙音，不闻异声。众生利根故，便得诸法实相。如是等佛土庄严，名为净佛土。①

据此，最极清净之法性土就是诸法实相；而作为法门，唯有利根人能直接修此法性土。

六祖所传净土法门与此无二，他虽未正面描状净土，但却开了修行净土之因行：

> 人自两种，法无两般。迷悟有殊，见有迟疾。迷人念佛生彼，悟者自净其心，所以佛言："随其心净，则佛土净。"②

由上文可见，六祖以自心清净为佛土清净之因，表明他将净土视为自心清净所入之境界，而自心清净实即实相境界，故六祖之自性净土实即法性土。

这里有必要澄清一种误解，即以为六祖宣说自性净土意味着反对弥陀（西方）净土和弥勒（兜率）净土。其实，六祖说得很清楚：修行人有利钝，自性净土是为利根人开示的法门，钝根人尽可以修西方净土。虽然，修行西方净土或弥勒净土者终究要归于自性净土，故切不可执之为实，否则即是住念修行，住念即为不净，"心起不净之心，念佛往生难到"③，遑论归于自性净土。我们可以说六祖以自性净土含摄弥陀净土和兜率净土，但不能说他以

---

① 《大智度论》卷九十二《净佛国土品》，《大正藏》第二十五卷，第708页下。
② 《录校》，第335－336页。
③ 《录校》，第336页。不过，这是六祖将西方净土与兜率净土摄入自性净土之说法，如果修行者此生但愿往生西方净土或兜率净土，修法则与此不同。

自性净土排斥此两种净土。

上述行门，在其他教门中非仅一逻辑系统，亦为修行之实践次第，而于六祖则无非平等之无相行门，任从一门皆可顿入"无念"、彻见自性。"得悟自性，亦不立戒、定、惠"①，即不立行门而自合行门（"无心合道"），任运现起自行化他之无相行，圆满无上菩提②。

五、"无念"法是佛法

六祖以"无念"为宗以及由此开出的种种无相行门，由于皆自佛法究竟处入手，确为最上乘妙法，然此法只有上上根器能够信受奉行。六祖郑重告诫门人曰：

善知识！将此顿教法门，同见同行，发愿受持，如是佛教，终身受持而不退者。欲入圣位，然须传受。从上已来，默然而付依法，发大誓愿，不退菩提，即须分付。若不同见解，无有志愿，在在处处，勿妄宣传，损彼前人，究竟无益。若愚人不解，谤此法门，百劫千生，断佛种性③。

欲受持此法，须具备三个条件：一须见地相同，惟有见地相同方不至于心生疑惑；二须终生奉行，惟有终生奉行方不至于半途而废；三须得传授，惟有亲承传授方不至于偏离宗义。反之，遇到志愿狭小，甚或不求上进，其见解与行履又大相径庭者，则不可传授，若所传非人，非但

---

① 《录校》，第363页。
② 由于本文以"无念"为题，不能详论六祖有关"无相行"的思想，但是无相行实乃菩提圆满之明证（六祖即谓"以无住为本"），断非可有可无者也。
③ 《录校》，第323页。

难以取信于人，甚至会横遭诽谤，于人修行无益，于佛慧命有害，其罪不小。

所不幸者，六祖之忧虑不久即成为现实。

禅宗自初祖菩提达摩（生卒年不详）至六祖慧能，皆衣法并传，所谓"将衣为信禀，代代相传；法以心传心，当令自悟"①。由于深知众生无明业重、名利心深，六祖示寂前断然改变自来衣法并传之制，特嘱门人"衣不合传"②，意在杜绝后代争夺衣钵、觊觎祖位之心，俾一心了脱生死。怎奈香象罕见，而一知半解者又好为人师？彼等未解称解、未悟称悟，妄解祖意，盲引徒众，致使清净禅林泥沙俱下。南阳慧忠国师（775年卒）时代，南方已然有人将六祖之佛性加以错解，彼云：

我此身中有一神性，此性能知痛痒，身坏之时，神则出去，如舍被烧，舍主出去，舍即无常，舍主常矣。③

如此理解佛性，实已等佛性为先尼外道所执独立不改之神主或我国古代有人所执不灭之灵魂；而将佛性（实为神性）与肉身打为两橛，既堕常见，复堕断见。这与六祖正见背道而驰，故慧忠禅师痛斥道：

吾比游方，多见此色，近犹盛矣。聚却三五百众，目视云汉，云是南方宗旨。把它《坛经》改换，添糅鄙谈，削除圣意，惑乱后徒，岂成言教？苦哉！吾宗丧矣④。

---

① 《录校》，第243页。
② 《录校》，第404页。
③ 《景德传灯录》卷二十八《南阳慧忠国师语》，《影印频伽精舍大藏经》本。
④ 同上。

此外，又有将了生脱死之禅变成玩弄光影的"文字禅"、逞扬口技的"口头禅"，甚至非理无法的"野狐禅"或"狂禅"者①。如文字禅大家觉范慧洪（1071—1128）未彻悟前已著作等身，且词藻华美，令人手难释卷，大行禅林，然其业师真净克文（1025—1102）不为所迷，每痛加针砭：

（洪觉范）弃（宣秘度）谒真净于归宗。净迁石门，师随至。净患其深闻之蔽，每举玄沙未彻之语发其疑。凡有所对，净曰："你又说道理耶？"②

其法兄灵源清禅师（生卒年不详）亦尝加劝诫，慧洪即自道：

灵源禅师谓予曰："道人保养，如人病须服药，药之灵验易见，要须忌口乃可。不然，服药何益？生死是大病，佛祖言教是良药，染污心是杂毒，不能忌之，生死之病无时而损也。"余爱其言③。

此处之"道理"即指慧洪所说佛理。佛理本身并没有错，错在慧洪染着佛理之心以文字为究竟。所幸慧洪遇上具德师友痛下钳锤，而其本人亦能够诚心反省，终得大悟心元。果然，则后人观其彻悟前之种种说法，岂能不具

① 须申明，诸佛菩萨方便化现者不在此例。
② 《指月录》卷二十八《瑞州清凉慧洪禅师》，《佛藏辑要》第二十四册，第436页上。
③ 同上，第440页上。如果站在诠释学或后现代理论的立场，便无法处理慧洪何以自暴其短这类关涉同一系统深浅层次的问题。

佛学法脉

顶门只眼？然后继者既非人人有幸遇到大善知识开其眼目，自身亦少有自知之明，于是多半"直把杭州当汴州"而死于句下了。至于"口头禅"、"野狐禅"和"狂禅"，就不必置论了。

以上是六祖以下宗门种种非禅而自称为禅、非究竟而自称究竟者流。虽然，宗门内尚无人怀疑禅宗为佛法，因为无论前期之荷泽、南岳、青原，还是后期之五家七宗，其主流概为自六祖一脉相承而来之无上妙法，惟各自门风施设有异而已。但走出此门，非禅之声便不绝于耳了。此处且置古调，仅及新谈。本来，自日本铃木大拙（1870—1966）和释印顺法师（1906—2005）等大德分别与胡适（1891—1962）、吕澂（1896—1989）先生辩难之后，此中是非曲直已然明朗，无须饶舌，但近来有人重提旧案，使此问题再次为学界瞩目。

20 世纪 80 年代，日本驹泽大学的佛学专家松本史朗和袴谷宪昭由批评本国佛教界种种不良现象而提出了"批判佛教"理论，将日本佛教之问题归咎于他们以为发源自《大乘起信论》的本觉思想，进而指责受此本觉思想影响之天台、华严与禅不是佛教。他们提出了种种区分佛教与非佛教之判准，演绎了大套说法，大有拒所有中国佛教宗门于佛法外之气势[①]。无独有偶，我国老一辈大学者季羡林先生（1911—　　）与之不谋而合，同样认为禅不是佛

---

① 关于这一主题，松本史朗的代表作有《缘起与空——如来藏思想批判》，东京大藏出版株式会社，1989 年；《禅思想的批判研究》，东京：大藏出版株式会社，1994 年。袴谷宪昭的代表作则有：《本觉思想批判》，东京：大藏出版株式会社，1989 年；《批判佛教》，东京大藏出版株式会社，1990 年。对这一思潮的简要而准确的评介，见 Paul L. Swanson, Why They Say Zen Is Not Buddhism: Recent Japanese Critiques of Buddha - Nature, in Pruning the Bodhi Tree, Edited by Jamie Hubbard and Paul L. Swanson, University of Hawaii Press, 1997。

教。由于所谓"批判佛教"涉及对众多佛理之理解，非一两篇文章能辨清，此处仅在本文论题内就季先生相对简单之说发表一点管见，以就教于季先生和行内方家。

季先生在为邓文宽和荣新江两位先生整理的《敦博本禅籍录校》所撰序中曰："据个人的看法，禅学是越向前发展，离开真正的佛教越远，到了后来，一直发展到呵佛骂祖，形成佛教的一个反动，一个否定，是人类思想史上一个极其有趣的现象。"①

季老为我国德高望重的学者，因成就斐然而有"国学大师"之誉，故其一言一语皆可能为后生晚辈奉为金玉良言。惟其如此，窃以为更宜"慎言其余"，何其言之不慎者如此？观此论，晚辈便不明白："真正的佛教"究何所指？"真正的佛教"是否包括大乘佛教？若不包括，理由何在？"禅学越向前发展，离开真正的佛教越远"是说禅学在不同时空中之演进呈现为一个"一代不如一代"的衰退过程吗？"离开真正的佛教越远"的禅学是否包括六祖禅学？若包括，那么六祖依《金刚经》等经典成立之"无念"法何以会"离开真正的佛教越远"？若此语专指六祖后出现之上述种种禅学末流，则宗门内时有具眼大德呵斥，何以良莠不分，通通骂倒？禅学演进到"呵佛骂祖"时代果真"形成佛教的一个反动，一个否定"了吗？

前文业已论明，六祖禅学非但是佛法，而且是无上妙法，故六祖禅学是否"离开真正的佛教越远"无需多论。但是，禅学之演进是否一种退化和"呵佛骂祖"是否"形成佛教的一个反动"两个问题，却有待检讨。

季先生以为禅学之演进是一个不断退化的过程，笔者

---

① 《录校》，第1页。

难以苟同。这种以为佛教每况愈下的"佛教退化论"与以为佛教蒸蒸日上的"佛教进化论"一样，都将佛法随缘显现的差别事相纳入或进步或退步的逻辑程式，难以顾及佛法一味解脱的不变义。尽管基于此类方法之佛教研究于今大行其道，且亦能说明佛教史的某些问题，但深入佛教教理层面，这种研究方法弊大于利。其根本弊病在于这种研究方法完全抛开了开展佛教宗门的佛门大德自身之宗教经验及其开展之法门所契合的机缘。由此弊病，佛教（其他宗教亦不例外）就不再呈现为信仰者依以奉行的活生生的宗教，佛教理论亦不再体现为信仰者表达其宗教经验的活泼泼的法门，而蜕变为一种由知性打量、规范的知识。这样的研究才"离开真正的佛教越远"了。

窃以为，印顺法师所倡导的"以佛法研究佛法"才是真正"同情地了解"佛教的方法。所谓"以佛法研究佛法"，依印顺法师说，包含如下内容：（1）"研究理解佛法中某一宗派、某一思想、某一行法、某一制度、某一事件的产生"①，"对于学派、思想与制度的衰灭废异"亦"一一研究它的因缘"②，从中"去伪存真，探索其前后延续，彼此关联的因果性，以便清楚地认识佛法的本质，及其因时因地的适应"③；（2）研究佛学的种种系统、思想、观念间的差异，因为"从众缘和合的一体中，演为不同的思想体系，构成不同的理论中心，佛法是分化了"，因此，"一味的佛法""非从似异的种种中去认识不可"④；（3）另一方面，不同的佛学系统"本是一体多面的发挥，富有

---

① 释印顺：《以佛法研究佛法》，台北正闻出版社，1992年，第5页。
② 释印顺：《以佛法研究佛法》，前揭书，第6页。
③ 释印顺：《谈入世与佛学》，《妙云集》下编之七：《无诤之辩》，台北正闻出版社，1995年，第229页。
④ 释印顺：《以佛法研究佛法》，前揭书，第11页。

种种共同性，因之，在演变中又会因某种共同点而渐渐的合流"①，也就是要研究佛学的异中之同；（4）以此为本，进而研究佛学的现代适应性及其价值。一句话，就是要以"诸行无常，诸法无我，涅槃寂静"之法则来指导研究。如此，方不至于在误解、错解乃至曲解佛教的基础上从事研究②。

　　季先生判定禅学到"呵佛骂祖"时代已"形成佛教的一个反动，一个否定"，实则为上述"佛教退化论"用于佛教研究而产生的一个典型例证。这里，不妨细察"呵佛骂祖"在禅学中究何所指，以证明笔者并非架空就说。"呵佛骂祖"一语初为沩山灵祐（771—853）对德山宣鉴（782—865）说法之判语。德山宣鉴在龙潭崇信（生卒年不详）座下得法后，第二天即到沩山法会参学。美其名曰参学，实际上德山只做了一番异常演示即不辞而别③。沩山深知此人已彻悟心性，当晚即以德山之举止为话头向门人作了开示：

　　沩山晚间问大众："今日新到僧何在？"对曰："那僧见和尚了，更不顾僧堂便去也。"沩山问众："还识这阿师也无？"众曰："不识。"沩曰："是伊将来有把茅盖头，骂佛骂祖去在。"④

---

　　① 释印顺：《以佛法研究佛法》，前揭书，第11页。
　　② 笔者对此问题有较为详细之论述，参《现代中国佛学研究的方法论反省》，即将刊于《论衡辑刊》第二辑。
　　③ 《景德传灯录》称："师抵于沩山，从法堂西过东，回视访丈，沩山无语。师曰：'无也，无也。'便出至僧堂前，乃曰：'然虽如此，不得草草。'遂具威仪，上再参。才跨门，提起坐具唤曰：'和尚。'沩山拟取拂子，师喝之，扬袂而出。"（《朗州德山宣鉴禅师》，《景德传灯录》卷十五，《影印频伽精舍大藏经》本。）
　　④ 同上。"骂佛骂祖"在《指月录》中则直为"呵佛骂祖"。（参《鼎州德山宣鉴禅师》，《指月录》卷十五，《佛藏辑要》第二十四册，第245页下。）

后德山接引学人，确实每用此法：

> 僧问："如何是菩提？"师打曰："莫向遮里屙。"僧问："如何是佛？"师曰："佛即是西天老比丘。"①

> 德山老汉见处即不然。这里佛也无，法也无，达摩是老骚胡，十地菩萨是担粪汉，等妙二觉是破戒凡夫，菩提涅槃是系驴橛，十二分教是鬼神簿、拭疮脓纸，四果三贤、初心十地是守古墓鬼②。

与德山同时的临济义玄禅师（卒于 866 年）亦以"呵佛骂祖"驰名禅林。他示众云："尔向依变国土中觅个什么物？乃至三乘十二分教，皆是拭不净纸，佛是幻化身，祖是老比丘。尔还是娘生已否？尔若求佛，即被佛魔摄；尔若求祖，即被祖魔缚。"③

临济禅师非但"呵佛骂祖"，甚至还要"杀佛杀祖"："道流！尔欲得如法见解，但莫受人惑，向里向外，逢着便杀：逢佛杀佛，逢祖杀祖，逢罗汉杀罗汉，逢父母杀父母，逢亲眷杀亲眷，始得解脱。"④

这里我们不禁要问：难道德山、临济等禅师真以佛

---

① 《景德传灯录》称："师抵于沩山，从法堂西过东，回视访丈，沩山无语。师曰：'无也，无也。'便出至僧堂前，乃曰：'然虽如此，不得草草。'遂具威仪，上再参。才跨门，提起坐具唤曰：'和尚。'沩山拟取拂子，师喝之，扬袂而出。"（《朗州德山宣鉴禅师》，《景德传灯录》卷十五，《影印频伽精舍大藏经》本。）

② 《鼎州德山宣鉴禅师》，《指月录》卷十五，《佛藏辑要》第二十四册，第 247 页下。

③ 《镇州临济慧照禅师语录》，《禅宗语录辑要》，第 5 页下，上海古籍出版社，1992 年。

④ 同上，第 6 页中。

祖、经教、父母为魔，势欲将其打杀、毁骂、糟蹋尽净而后快吗？绝非如此。设若此，他们与造"五无间业"者何异①？怎能受到其他大德褒扬②？又怎能成为一代宗师？

原来，此乃禅门当机为学人解粘去缚之方便法门。而欲真正理解此一方便，必先弄清其所对机缘。以临济禅师设教来说，他依慧根将学人分为中下根器、中上根器与上上根器三种，所对根器不同，则施教各异：

> 如诸方学人来，山僧此间作三种根器断：如中下根器来，我便夺其境，而不除其法；或中上根器来，我便境、法俱夺；如上上根器来，我便境、法、人俱不夺③。

此处之"境"指外境，"法"指佛之教法，"人"指学佛法人自身。中下根人慧根孱弱，易随人脚跟转，故遇此类人来求法，只能循序渐进，先破其对外境之执著，而暂且许其对佛法之爱，否则就会动摇其对佛法之信心；中上根人慧根稍强，并有一定修行造诣，已远离对外境之贪爱，但却易取著经教宣说之理以及依此理修性而得之愈悦境

---

① 佛法中称杀父、杀母、杀罗汉、出佛身血和破僧为五无间业，并认为凡造此类业者决定受地狱恶报。

② 云门文偃禅师（864—949）即赞德山曰："赞佛赞祖，须是德山老人始得。"《鼎州德山宣鉴禅师》引，《指月录》卷十五，《佛藏辑要》第二十四册，第247页下。

③ 《镇州临济慧照禅师语录》前揭书，第7页中。

界，欣上厌下、逐圣弃凡，法爱不除，照样不得解脱[①]，故遇此类人来求法，必须如快刀斩乱麻，从其意根上拔除一切染着之念；上上智人慧根深厚，工夫久积，惟欠最后一着，故遇此类人来求法，则不必次第遣执荡相（所谓"人、法、境俱不夺"），只消当机一语即可点铁成金、转凡成圣。

芸芸众生中，上智与下愚皆极罕见，大流为中庸之材，如临济云：

> 如诸方学道流，未有不依物出来底。山僧向此间从头打，手上出来手上打，口里出来口里打，眼里出来眼里打，未有一个独脱出来底，皆是上古人闲机境[②]。

所谓"未有不依物出来底"即指学道者之心念总在古人教法上打转。对此类学人而言，从上古人教法已完成功德，若再取著不放，任你多妙之法亦转而成为"闲机境"，修行者欲求"独脱出来"便难有时日了。或问曰：难道学人不知佛祖口口声声说"若当有法胜于涅槃者，我说亦复如幻如梦"吗[③]？恰恰相反，此类学人正是死执此等言教而不自觉。面对这种情形，禅师只得痛下杀手，采

---

　　① 智者大师即视法爱为大病而专设"无法爱"行门："第十无法爱者，行上九事，过内外障，应得人真，而不入者，以法爱住著而不得前。《毘昙》云：'暖法犹退。五根若立，上忍法真，则不论退。顶法若生爱心，应入不入位，又不堕二乘。'《大论》云：'三三昧是似道位，未法真时，喜有法爱，名为定爱。'……此位无内外障，唯有法爱。法爱难断，若有稽留，此非小事。……若破法爱，入三解脱，发真中道，所有慧身，不由他悟，自然流入萨婆若海，住无生忍，亦名寂灭忍，以首楞严游戏神通，具大智慧如大海水。"（《摩诃止观》卷七下，《大正藏》第四十六卷，第99页下－100页上。）修行者哪怕到了顶位、已入于三三昧，亦不过是相似法，爱著此法，则上不能入三解脱，下不能进二乘寂灭境，真是茫无所归了。
　　② 《镇州临济慧照禅师语录》前揭书，第7页中。
　　③ 《摩诃般若波罗蜜经》卷八，《大正藏》第8册，第276页上－中。

取"呵佛骂祖"、"棒打脚踢"等迥异常情的教法，一举将顽固地盘踞在学人心中的对于佛祖、经教、父母、亲眷之贪念扫荡干净①，方能使其得到彻底觉悟。

既然如此，我们非但不能笼统地说禅师们"呵佛骂祖"是"佛教的反动"、"否定"②，相反应赞叹中国禅师智慧之深妙，竟能开出如此"大机大用"来。

如果季先生仅仅因为禅师们使用了不同古人之教法而判定其为"佛教的反动"，那就无烦多言了。

（作者单位：中山大学比较宗教研究所）

----

　　① 注意：这与不敬尊长、不修三学完全是两码事，佛法在此要做的仅是将对任何人、事、物之贪念转化为大慈悲。
　　② 即便此类语言出自"口头禅"、"野狐禅"和"狂禅"者流，其病亦不在法而在人。

爱与正义
——对构建中国和谐社会的两个因素及其关系的考察

| 张宪

一、引言

尽管当代自由主义理论家哈耶克（F. A. Hayek）不承认"社会正义"，说它"根本上是一个空洞无物、毫无意义的术语"，而且"如一个梦魇，正在把人们的善良情感变成一种摧毁自由文明一切价值的工具"①，笔者还是愿意指出，和谐社会作为人类生存所追求的理想，无论其具体表现形态如何，一定是基于两个最重要的基本因素——爱和正义。笔者认为，爱与正义本来就具有存在论（ontology）的价值和意义。无论就个体生命还是共同体生存来说，爱与正义终究是实现生命体统一延续的力量。也就是说，爱和正义始终是人类所有精神价值的源泉。爱的外在表现是正义，而所有正义的东西也最终回归于爱。

社会是否和谐，从"精神"层面讲，取决于该社会成员对爱的认识和把握；从"制度"层面讲，则有待于

① 哈耶克：《法律、立法与自由》（第二、三卷），邓正来等译，中国大百科全书出版社，2000年，第2-3页。

正义（如分配正义、调节正义、奖罚正义等等）的实现。然而，爱与正义在社会生活中，恰好又表现为矛盾的统一体。假定一个社会制度的建立完全基于慈爱，换言之，假定该社会中的全体成员都懂得爱，其行为都出于仁爱之心，那么，正义则显得多余；反过来，假设在某个社会体系中，所有成员都不知道爱为何物，那么正义在根本上无从谈起。人类需要正义，表明不是这个社会体系没有爱，而是因为爱的普遍理念如何在具体生活情势下得以实现始终是一个问题。

笔者希望从基督教思想角度出发，通过对爱和正义这两个概念的梳理，特别是分析它们在社会生活中的矛盾关系，从而解决这个带有某种悖谬色彩的问题。

二、爱与正义的基督教理解

历史地看，爱与正义并不是基督教特有的概念；从形而上学角度来看，爱、正义与存在本身一样具有久远的历史。爱与正义本身先于各种"在者"，自然不是从后者中派生出来；换言之，爱和正义具有存在论的优先性。事实上，希腊哲学家早就从存在论角度审察过爱与正义。用蒂利希（Paul Tillich）的话来说："当早期哲学家们力图根据逻各斯来谈论存在之性质时，如果不使用爱、力量和正义之类语词或它们的同义词，他们就没法谈论。"①

柏拉图的神话意象"厄洛斯"（eros）无论翻译成哪一种文字，都具有爱的含义。这种爱如同一个强大的发动机，推动柏拉图以及亚里士多德的哲学向前运转。"厄洛

---

① 《蒂利希选集》（上），何光沪选编，上海三联书店，1999年，第305页。

斯"作为爱，其目的只有一个，就是使灵魂摆脱俗世的羁绊，向上超升以求默观自己的精神本质。换言之，"厄洛斯"作为爱，指引人从美的身体升至一切形体之美，再升至灵魂之美，最后附定在对最高形相（eidos）——"至善"，亦即神性正义的沉思中。由此，"厄洛斯"实现了宇宙中诸单个在者之间分离的完全结合，使"多"统合成"一"。也就是说，"这种爱的存在论导致了这么一个基本的断言：爱是一"①。

"统一"、"和谐"都可以用来描述正义的性质。事实上，在柏拉图和亚里士多德的哲学中，"厄洛斯"体现了正义的原则。在他们看来，正义不仅是一种德性（virtue），更是分离者重新结合的形式。从"辨证"的角度分析，正义必然既包含没有它就没有爱的分离，又包含爱在其中得以实现的重新结合。因此，我们可以把爱看成是正义的原则。

尽管希腊先哲的"厄洛斯"以及正义，与后来基督教所讲的"阿加佩"（agape）和"神义"（theodicy）有着相当的区别，我们还是要正确地看到，"厄洛斯"确实为"阿加佩"的出场做了认真的准备。没有向上超升以求默观真理的"厄洛斯"，基督教神学的出现不可能设想；没有走向先是形体美后是灵魂美的"厄洛斯"，基督教祭祀礼仪的表达形式也不可能想象。甚至可以这样说，对基督教的上帝而言，否定"厄洛斯"之爱，对上帝的"阿加佩"之爱就会变成一个不可能实现的概念，反而容易用对上帝的服从来取代对上帝的爱。然则，服从不是爱，却是爱的自由的束缚。人与上帝重新结合的自由渴望

---

① 《蒂利希选集》（上），何光沪选编，上海三联书店，1999 年，第310 页。

倘若阙如，与上帝的"阿加佩"之爱便成为毫无意义的字眼，真正的正义也就无从谈起。

所以，基督教的爱"阿加佩"，确实是从宗教超越的维度参与存在、进入人生命的整体，从而才真正成全了希腊人的"厄洛斯"的全部应有之义。今天，由于宗教的世俗化和所谓的社会"现代性转型"，两者之间的不同变得极其容易混淆。更为可怕的是，两者本身具有的神圣维度被极大弱化，继而完全被各种所谓的"主义"（如"功利主义"、"自由主义"、"社群主义"、"享乐主义"等等）取而代之①。相比起"厄洛斯"，基督教的神圣之爱早已被世俗的、消费的文化所玷污，变成"一夜情"、哥们义气、权钱的自觉不自觉交换等等。这些与基督宗教的神圣之爱格格不入的东西，不就是充斥眼前的种种社会不义现象吗？所以，我们有必要重新认识并呼唤基督教的神圣之爱和正义。

基督宗教的爱的独特性质，来自对待个人的"价值中心"，或者来自自己和他人之间的"纽带"。在基督宗教的爱中，价值的中心不是有限的、封闭的圈子。也就是说，不是光爱那些在自己圈子中的人，或者只爱自己的种族、自己的阶级、自己的民族。在笔者看来，基督宗教的爱具有两个主要的维度，一是它的超越性，即来自上帝的爱和对上帝的爱；二是它的普世性，即由爱上帝而导出的对他人之爱，而上帝之爱就是自己和他人之间的纽带。在基督宗教的爱中，我为了邻人而向上帝负责。总之，"阿

---

① 关于古典德性伦理与现代"义务伦理"区别的分析，可参见 S. Pinckaers 教授的著作《基督教伦理学的源泉》（The Sources of Christian Ethics, transl. from the third edition by Sr. Thomas Noble, O. P., The Catholic University of America Press, Washington, D. C., 1995），第 14 - 44 页。

加佩"是神中心的邻人之爱①。

具体而言，这种以上帝为中心的爱有四种含义。

首先，基督宗教的爱意味着关心那个处在他（她）独特个人性中的独特的人，既然那个人在创造的秩序中与我遭遇，并不因为种族颜色、阶级、民族、经济收入的不同而有所区别。因此，这种爱是无差别的博爱。

其次，以上帝为中心的爱是一种无所图求的爱，正如保罗在"哥林多前书"中所说："爱寻求的不是它自己。"神圣的爱根本不同于性爱，后者为的是自己的幸福，或者自我实现，或者上天的回报。

再次，以上帝为中心的爱邻人的理想是没有歧视而包容的爱。正如祁克果指出，它不是"专拣好的"。神爱（agape）不同于智爱（philia），就像希腊人所说的那种人与人之间相互喜欢的友谊。这种情感在道德上没有错，但还不是神爱。在《新约圣经》中对智爱和神爱的不同有不少明确的肯定。如教人不要贪图报答而施爱，而施爱是为了上帝的正义②。又说："因为上帝使太阳照恶人，也照好人；降雨给义人，也给不义的人。"③

最后，要把神爱理解为基督宗教伦理学的最高道德规范。虽然神对所有人都一样地爱，但是如何去爱却是有讲究的。神让人代管世界，人却常常忘了这一点。创造中的上帝委托我照料其他人，如我的孩子、学生、同胞，我作为代管，为这些人的幸福而向上帝负责。爱使我有义务尽

---

① 瑞典新教神学家尼格仁（Anders Nygren）详细分析了基督教的"阿加佩"与希腊人的"厄洛斯"之间的本质区别，认为前者着眼于神救，而后者则执着于自救（self‐salvation）。参见他的经典名著《阿加佩与厄洛斯》（Agape and Eros, transl. by Phlip. S. Watson, London, S. P. C. K., 1957），第220－221页。
② 《路加福音》，第十四章十二至十四节。
③ 《马太福音》，第五章四十五节。

自己所能使他们活得好，因此，我有必要判断和决定，什么是他人真正所需，什么是他们所要（人的所要往往并非他的所需）。

应该承认，当邻人的需要和关照自己发生冲突时，一个人也许不得不放弃自己的幸福，以便使别人活得好；这时也呼唤彻底的自我否定、自我牺牲。诚然，神爱是很少人能够做得到的具有崇高理想的道德规范。用整个纯洁的心听从上帝的诫命，从而使神爱具体可见，这样的圣人在现实生活中虽然是少数，毕竟还是有①。所以，无论从普遍原则还是楷模示范来说，神爱仍然可以作为我们用以判断和衡量所有世俗爱的标准，当然也是理想追求的规范。

从基督教角度看，柏拉图《理想国》关注的那种个人与城邦之间如何实现真正正义，换言之，城邦公民之间如何和谐相处而达至"共同善"的问题，毫无疑问只能在上帝国的正义即上帝的爱中，才能真正得以实现。道理很简单："地怎样生出苗芽，园子怎样使所种的生长起来，主耶和华也必怎样使正义和赞美，在万国之前生长起来。"② 那种恒常不变的普世正义只能来自一个绝对者，来自他绝对的爱。在基督教的经典中，这样的神圣正义和爱形成一个唯一的实体：正义强调爱的恰当，而爱则着重那种使人们彼此吸引的深刻自发性。从这个方面看，正义成了由圣经传达出来的最高道德品质，正如智慧对于希腊人来说是最高的道德品质一样。

上帝是正义的最终源泉，因为他创造和掌管这个宇

---

① 例如，著名的图图大主教，长期致力于反对南非的种族隔离政策，于1984年获得诺贝尔和平奖。又如德兰修女，用她的怜悯、关怀、包容和勇气践行了基督博爱的精神，于1979年获得诺贝尔和平奖。

② 《以赛亚书》，第六十二章十一节。

宙，并且通过基督耶稣救赎我们。他本身就是希腊人寻找的那个正义的一，能够通过我们首先是与上帝的关系，然后是与每个个人、社会和所有被造物的关系，把正义和爱归还我们。基于此，柏拉图和亚里士多德所说的人心正义和公民社会正义才能开出①。可以这样说，作为个人美德的心灵正义获得上帝的正义，就如大地播下的种子。也就是说，使我们纯洁或不洁、正义或不义的思想和行为，皆根植于人心，就如我们选择遵循或者拒绝神圣规条一样。在这属个人的层面上，正义成了灵魂的品质———一种美德。至于公民社会的正义，无疑要通过法律和权利才得以展开。它属于所有人而且依赖所有人，但通常却集中在统治者和立法者手里。他们有责任在个人之间、社团之间和内部、国家之间，建立最可能正义的关系②。

恰好在这里，我们发现了正义和爱之间在社会生活层面上的矛盾。

三、爱和正义的矛盾分析

基督宗教在理解和实践爱的美德方面，自然会考虑来自世俗的爱。但是，当人们面对现实生活时，当我们在经验世界中被各种问题所困扰时，我们会发现，直接运用爱的规范是如此不容易，如果不是不可能的话。是的，要爱你的邻人，但是，哪一个邻人？上帝要我们好好照管这个地球，但是，每天都在发生的乱砍滥伐，使得水土迅速流

---

① 参见亚里士多德《尼各马可伦理学》（第五卷"公正"），廖申白译注，商务印书馆，2005年，第126－131页。
② 柏拉图设想由善于沉思、最明事理和豁达融通的人即"哲学王"来统治城邦不是没有道理的。

失、田野渐渐荒芜，而这样做有时又是出于生存的迫不得已，因为经济的发展才可以给需要工作的邻人带来就业机会。改革开放之后，中国国力迅速增强，特别是加入了WTO，究竟采用什么样的贸易保护政策，才能利己利人？不论是国内的还是国际的政治事务，在道德上从来不是清楚而不含糊的，政治抉择总是存在于纯粹善和绝对恶之间的灰色地带。但是，政治的决定必须要做出，不抉择也是一种抉择。于是，"爱你的邻人"在进入纷繁复杂的生活世界时，有可能不是变得浪漫，就是变得不负责任。

因此，有必要考虑一个对于不只是基督徒的全体社会成员来说，更现实主义的、仔细的抉择，以便使爱的规范可以实践。也就是说，在信仰和事实之间、可描述的"实然"境况和规范的"应然"之间做出道德选择的一种可能性。可以肯定地说，一个人的负责任的伦理抉择必须要考虑两方面的因素：一方面是个人抉择的情势；另一方面是个人应该持守的规范伦理原则。当然，基于基督教信仰前提，特别是经过神学的充分论证，基督徒没有理由再去怀疑"阿加佩"之爱和正义这些规范的有效性。但是，负责任的抉择也还得要在信仰和事实两个层面之间做出①。

从理想方面说，基督徒（非基督徒愿意的话也可参照）的伦理抉择，应该是按照这样的顺序进行：（1）坚信上帝立约的各种规定；（2）按照上帝爱的旨意行事的意愿；（3）把这种神爱转变为可感受到的正义。由此，当面对冲突的价值而带来抉择的困难时，通常不会把一个人逼到无所适从的险地。但是，需要澄清的是，这个顺序不应理解为按时间先后做出的排列，而是心理反应上的考

---

① 参见 Waldo Beach《新教传统中的基督教伦理学》（Christian Ethics in the Protestant Tradition, John Knox Press, Atlanta, 1988），第 43－45 页。

虑。很清楚，一个人同时面对自己的信仰和遭遇的事实，必须在抉择的严峻考验面前考虑两者。

基督徒要想做出负责任的抉择，无疑一定要关心抉择的社会政治、经济、文化等情景所带出的各种棘手事实。因为，他们相信这是上帝在基督中所要求他们做的东西。当面对在各种事情上做出选择的困难时，基督徒一定尽可能多地了解围绕做出抉择而有所限制或允许的情况。20世纪初，罗宾荪（John Robinson）和弗列策（Joseph Fletcher）主教创立了一个思想流派，叫做情景伦理学（Situation Ethics），其主要贡献在于推动了基督宗教伦理学的发展①。弗列策尤其反对那种灵活的基督宗教律法主义，把某些来自圣经或教会的基督宗教律法，应用到完全不同于律令公布时的一种抉择的情势。但是，情景伦理学通过优先考虑变动的环境，倾向于几乎只从经验的"实然"派生出道德的"应然"，就不时地滑向那种自发即兴伦理的含糊地步，从而变成没有规范的伦理。不过，情景伦理学现实地承认，在基督徒抉择时，首先有必要负责任地了解事实，这无疑又是道德智慧的本质表现②。

抉择的困难来自冲突中的价值。这个层面仍然属于可描述的情景，却试图评价事实环境中各种彼此冲突的价值。清楚明白的事实并不单纯是价值中立的一串统计数字，人类相互关系的每一个情势都承载着价值。所有对好

---

① 参见出自弗列策名著《情景伦理学》（Situation Ethics, Philadelphia, Westminster Press, 1966）的"三种进路"（Three Approaches），载由 Wagne G. Boulton, Thomas D. Kennedy, and Allen Verhey 编的《从基督到世界：基督教伦理学导读》（From Christ To The World, Introductory Readings in Christian Ethics, William B. Eerdmans Publishing Company, Michigan, 1994），第 204－212 页。

② 参见 Waldo Beach & H. Richard Niebuhr 著《基督教伦理学》，刘锡惠译，东南亚神学教育协会，1995 年，第 231－232 页。

坏、对错、利害的考虑，都具体表现为各种材料。黏附在一切情势中的价值，可以从下面三个方面来理解。

第一，何谓价值？属于或不属于基督宗教传统的哲学家、神学家，用许多不同的方式，表达构成善的生活的价值等级。有一些维系生命健康的基本价值，见之于人类日常饮食和起码的经济保障活动中。然后是像友谊和协调一致这样的社会价值，还有更高的有审美的、理智的和灵性价值①。真正善的生活当然是让所有这些价值都能充分地实现出来，但是人类理性的有限、文化的限制、错误抉择的遗传等等，都会引致价值发生冲撞，常明显地见之于经济价值和灵性价值之间的冲突。

第二，价值冲突在基督宗教道德理论中是最棘手的：谁的价值？在经济匮乏时，人的抉择不可能帮助一切有需要的邻人。基督宗教道德通常说要爱一切人，但是被迫做出的选择从来不是在满足与否认人的需要之间，实际的抉择情势总是涉及究竟向谁（哪种邻人）提供帮助。涉及正义的最棘手抉择是，在满足了一部分人的需要和权利时，却给另一部分人的需要和权利带来损害。这种价值冲突的何事、何时和何人，也许都会在抉择时引起道德良心的困惑，不容易做出决定。

第三，这就需要我们考虑如何在现实生活层面上，实现基督宗教的爱和正义。事实上，所有人在面临由价值碰撞所引起的棘手的道德两难选择时，都不可能从最高道德原则直接引出最理想的道德行为。基督徒也一样，他们在

① 基督教哲学家、现象学家舍勒（Max Scheler）由低向高地排列人的四种价值：感觉价值、生命价值、精神价值和宗教价值，其依据是，价值越是可以延续，越是较少通过其他价值而"被奠基"，越是深刻地"满足"人对价值的感受，它们也就越高。见他的《伦理学中的形式主义与治疗的价值伦理学》（上册），倪梁康译，上海三联书店，2004 年，第 108 - 109 页。

遵循神爱原则和决定做出有爱心的行为之间，还需要一个环节的衔接，即用基督宗教的正义来连接爱和选择的特定情境。也就是说，基督宗教的正义，把神爱的规范转变为引导在冲突价值挤迫下做出负责任的决定。

从基督教思想史角度看，关于作为道德规范的爱和正义之间的关系，已经有许多不同的见解。一个思想传统来自路德两个王国的理论，把两者截然分开。爱的精神表现为友好、温情、宽恕、同情和温暖，特别适宜在个人关系方面，是上帝在基督中的恩典赠予我们的生活果实。另一方面，正义的精神表现为公道、奖罚分明、平衡、管束错误行为，特别见之于政府处理与公民的关系，或者学校行政纪律的约束。温柔的爱是基督徒家庭生活的规范，严厉的正义则是基督徒制定公共政策、在市场和法庭方面的规范，两者不可混淆①。不过，路德伦理学把个人仁爱内心和个人作为行政官员或者士兵的外在事务分开，这样的二元论违背了基督徒生活的完整性。根据希伯来民族的正义规范，我们无论做公事还是私事，"都要在上帝面前行义、慈爱和谦卑"②。从路德的传统，确实有一种给基督徒判断带来麻烦的紧张。比如，一个人在对罪犯的怜悯和对维护律法的责任之间，确实会有一种紧张。由是，一种完全分裂的道德理论就很难保持规范的特点。

正因为这样，弗列策提出一种主张说，"爱和正义没有两样，因为正义是被分配的爱，不是别的"，从而想一

---

① 参见 J. Philip Wogman&Douglas M. Strong 编的《基督教伦理学读本：一个历史的基本文本》(Readings in Christian Ethics: A Historical Sourcebook, Wesminster John Knox Press, Louisville, 1996)，第 123－133 页。又可参见《基督教伦理学》，第 125－129 页。
② 《撒母耳记下》，第八章十五节；"约伯记"，第六章十四节。

举解决它们之间的紧张①。就是说，对于弗列策来说，我们对身边一个人的神爱关怀，作为规范同样可以扩展到许多邻人那里。但是，这种一元论面对邻人冲突的主张和权利时，却很难顺利往前走。我们已经说过，不可能做对于所有人来说都是正义的事情，即使我们能够对一个人做完全的正义事情。

一方面是完全分开爱和正义的彻底二元论，另一方面是把两者融为一体的一元论，在这两种立场之间，还有一种更现实主义的选择，即把爱和正义看作具有辨证的张力。基督教的正义是爱的接近实现，因为在冲突价值中做出选择会受到环境的限制。正义作为道德绝对律令，在于为更多的人寻找最可能好的生活品质。这样一种规范同样考虑上面提到的价值冲突的三个方面：何事、何时、何人。

辨证张力的积极方面在于，这样的正义"用仁慈加以软化"；消极方面则是，在纯粹爱要做的和在一定条件下社会的正义政策能够做的之间，总是保持着一个距离，假定经济不能满足道德需要的话。现实主义的和负责任的基督宗教社会伦理学，强调爱和正义之间这种辩证关系的积极方面。因此，爱的精神派生出正义规范的三个方面，不管是从分配的意义还是从回报的意义来说。

第一是不偏心。基督宗教的神爱恰好为在社会分配中做到不偏心提供了基础，因为神学信仰告诉我们，上帝是价值和关怀的终极中心，对他的管治的忠诚，超越一切有限的人类派别性。第二是平等。正义从平等开始，正是体现了神爱——所有人都平等地是上帝的被造物，应该平等

---

① 参见弗列策：《情景伦理学》，第87页。

地对待。这里，神爱那无歧视的平等，作为正义中平等的基础。同时，基督宗教的正义是在平等的情况下平等地处理事情①。第三是相称的正义。在不同年龄、能力、需要、功劳等方面，分配物品不是完全一样的。从神爱的角度来看，每一个邻人都是特殊的、例外的。因此，相称的正义正是基于对每个不同的个人都保持着同样爱的关怀。然而，它也是一种规范原则，在要求做出决定和行动而出现价值和需要的冲突时，指导我们进行正确的选择②。

总而言之，正义的不偏心依赖爱的不计功利；正义的平等依赖对一切人平等价值的爱的关心；相称的正义依赖应该得以尊重的功劳和需要上的不平等。我们不要因为在现实生活中爱与正义之间有张力和距离，就匆匆作出一种犬儒主义的结论。事实上，实用主义并不是正义的规范。如果所有道德选择在道德方面都是模棱两可的，那么，一切都无所谓。这就必然会导致"算计者"的伦理，导致道德的混乱。没错，生命的真正选择有时不可避免地需要调和，绝对最好和绝对最坏之间的选择在绝大多数具体情况下是被排除的，我们只是选择较好的或较差的。但是，人格整全性和价值调解不是必然相互对立的。基督徒生命的完整不是一种无知的纯粹，它意味一种连贯的、有良知的意志在相对糟糕中选择较好的，为最大多数人达到最好的生命品质③。

---

① 蒂利希认为基督教优于柏拉图《理想国》正义理念的地方恰在于此，见《蒂利希选集》（上），第331页。

② 所以，我不同意罗尔斯把他自己提出的两个"正义原则"放在爱的原则之上的做法。具体参见他的《正义论》，何怀宏等译，中国社会科学出版社，1988年，第183页。

③ 参见 S. Pinckaers，《基督教伦理学的源泉》，第8-13页。

四、构建和谐社会的问题

受近代启蒙、理性主义、人文主义、科学主义、律法主义等思潮的影响，传统（包括希腊的和基督教的）德性理论被大大地边缘化。现代社会基于"功利"、"自由"、"规则"、"律法"的"义务论"，基本上取代了古典的"德性论"。传统德性变得像宗教信仰一样，只是"私人"偏好的事情。原来用来丰富人格灵性的"敬德"、"明德"、"践仁"和"心性天道"，现在变成仿佛是永远不够用的法律条文、规章守则和制度规范，以求对人的行为进行规整、约束甚至震慑。原来只有依靠家庭、亲情才能滋润的爱的品德，现在变成遵守冷冰冰纪律的中性义务。一句话，我们不再出于爱而遵从自己的义务，而是出于承担义务——但愿不是勉为其难——去爱。

当下人们讨论"和谐社会"的构建，往往热衷于所谓制度设计、游戏规则订立，着眼点是利益分配和权力制衡。这没有错，对于成熟公民社会建设也许不得不这样做。但是，对人性缺乏深刻的反省，对人格培养缺乏应有的热情，对心灵栽培毫无睿智的洞识，这使得我们的思考陷入这样一个误区：社会的和谐在于全体成员不同利益分配的最大平均化；使全体成员更好地获得自己应得的那部分利益，根本解决在于律法制度的建立。没错，社会生活的有序进行需要有律法制度的保证。但是，这只是社会生活的底线。律法只是限制更多的恶，却不能产生更多的善，尤其对基于人格灵性丰富的那种根本善是完全无能为力的。"和谐社会"不管是作为目前的设计，还是终极的理想，根本因素只有两个：神圣的爱和正义。

"和谐社会"倘若只强调律法以及遵从律法的义务，爱和正义作为福音教导的核心便被遮蔽了。同时，把承担义务降低为遵从律法这一底线，培养不了社会成员更高的道德品质。显然，高素质的道德感才是社会成员真正幸福感的基础。因为，人对幸福的感觉一定不只是囿于物质的消费，一定不只是获取，而是有更多能力的施予——不管用什么样的形式。即使那个近代"道义论"的提出者、大哲学家康德，也明确认为，虽然承担义务不一定带来幸福，但是承担义务、履行职责倘若最终不以幸福作为报偿，也是无法忍受的①。

"和谐"通常表现为人与人之间的友好、慈爱和友谊。作为本质上是自由的友谊，几乎不可能被认为是一种义务。友谊能产生义务，但反过来说就不对了。为了正义而采取的勇敢甚至大无畏的举动，也不属于义务；为他人而献身或者正义的殉道，当然是高于义务的人格品质。爱他人就是希望别人幸福，这倘若只是出于义务而没有人格完善的支撑，虽然也可以维持"和谐"，却是低素质的社会生活。而人与人之间的相互防范，通过律法划定各自的利益范围，又通过管治防止犯罪的滋生，这其实恰好是社会的不和谐。所以，笔者有时候会觉得，与其加强立法、强化管治、加大打击犯罪的力度，倒不如从人心这一源头开始，精心考虑如何培育公民高品位的道德素质。此时，社会的权力阶层更应有施予而不是索取的生活态度。权力精英们应用其楷模的榜样，明白无误地告诉社会的其他普通成员，优质的道德生活和富有内涵的灵性生活是如何可

---

① 参见（美）阿拉斯代尔·麦金太尔（Alasdair MacIntye）著《伦理学简史》（A Short History of Ethics, Routledge, London, 1984），第195–196页。

能的。

"和谐社会"无论其外在形式如何呈现，一定是由追求卓越的自由的人所组成。在笔者看来，基于义务的自由是一种冷漠的自由，它不需要德性，也不需要目的性。自由因此被固锁在自我断言内，导致个体与其他自由的分离。律法表现为一种外在的限制和自由的界限，而律法造成与自由的一种不可还原的紧张。相反，追求卓越的自由植根于向善和真理的自然倾向中，向着具有品质和完美的东西。它从道德生活开始时处于萌芽状态，然后通过教育和践行逐步发展起来。对于自由而言，成长是本质的。"和谐社会"具有自己的内在的目的性，这个目的内在地使社会成员的行为统一起来，并且确保其连续性。目的性是自由活动的本质要素，合符目的性的律法对于品行教育是必要的，却要通过正义和仁爱的德性而逐渐地内在化。追求卓越的自由敞开允许所有人充分展现其能力，以便他们实现其自我价值。同时与其他人合作，为了共同的善和社会的成长。

没有这些自由的精神价值作为前提，"和谐社会"这个概念讲与不讲并没有什么实质不同。在这个意义上，哈耶克说它"根本上是一个空洞无物、毫无意义的术语"也许不全无道理。

（作者单位：中山大学比较宗教研究所）

立足于儒家，重建新时代的孝道文化

丨 王祖森

一、前言

　　"孝"是我国传统文化的核心价值。谢幼伟教授说："中国文化在某一意义上可谓为孝的文化。孝在中国文化上作用至大，地位至高，谈中国文化而忽视孝，即非于中国文化深有所知。"① 正因为如此，"五四"运动中，在自由主义西化派、激进主义俄化派的推波助澜下，把我国固有文化视为酱缸文化而全盘反对；并批判儒家思想是"吃人礼教"，就是从"孝"入手的。吴虞在其《说孝》一文中认为：传统的孝悌之道，"就是教一般人恭恭顺顺地听他们一干在上位的人愚弄，不犯上作乱；把中国弄成一个'制造顺民的大工厂'，孝字的大作用，便是如此"②。我们当如何看待吴虞等人对传统"孝道"的批判？

　　事实上，这种批判，并不是无的放矢。原因何在？两千多年来，"孝"文化的确被人误导而僵化了；除了成为科举制度下晋升仕途的工具外，还被统治者用来当作教条在运用，诸如"君要臣死，臣不得不死；父要子亡，子不

---

　　① 谢幼伟：《中国哲学论文集》，香港新亚研究所，1969年，第2页。
　　② 吴虞：《说孝》，转引自《中国现代思想史资料简编》第一卷，浙江人民出版社，1982年，第369页。

得不亡"之类的教条，结果"孝道"成为专制社会下皇权、父权的工具，以致造成许多"以理杀人"的不幸悲剧，这正是"五四"学者激烈批判的原因之一。

但是，我们必须承认，由于"五四"运动打倒孔家店、全盘西化的原因，结果连父子之间的亲情都不要了，导致今天道德失落，让我们备尝苦果。"孝"是亲情的流露，是行"仁"之本；如果连生我、养我、育我、教我的父母之恩都不知道反哺的话，岂不是连禽兽都不如？

因之，我们有必要重新解释中国古代的孝道，重新建构孝道。

二、孔孟：立足于人的真情实感建立"孝道"

如何重新解释与重新建构孝道呢？

以往，学者在谈到"孝"的时候，通常会把它理解成一种道德教条，而没有进一步探究"孝道"的形上原理，以及在日常生活中的实践、体证。这种思维方式，很容易陷入困境而不自知。我们必须回到孝道文化的根本源头，回溯到人性的价值根源，以了解亲子间的真情实感，才有可能正确理解和重建"孝道"文化，并使社会风气为之丕变。

（一）孝道思想的发端

我国传统文化中，"孝道"原本是亲子间濡慕之情的自然流露。"孝"的本义，是子女善事父母，讲的就是子女对父母的亲爱之情与感恩之心。对此，古人讲得尤为清楚，《说文解字》就说："孝，善事父母者。从老省，从膝子，子承老也。"① "孝"，是善事父母，是承欢膝下的孝亲表现。金文的"孝"字，乃是一个长发老人，抚摸一个孩子的头，以表达亲子间的亲爱关系。王先谦《释名疏证补》称："孝，好也，爱好父母如所说（悦）好也。"②"孝"就是"爱好父母"，充分说明"孝"是一种"爱"的情感表达，是子女对父母的爱亲表现，是要让父母感到欢欣，由是，"心"才能够安。《诗经·毛诗·小雅·蓼莪》曰："蓼蓼者莪，匪莪伊蒿。哀哀父母，生我劬劳。蓼蓼者莪，匪莪伊蔚。哀哀父母，生我劳瘁。瓶之罄矣，维罍之耻。鲜民之生，不如死之久矣。无父何怙？无母何恃？出则衔恤，入则靡至。父兮生我，母兮鞠我。拊我畜我，长我育我。顾我复我，出入腹我。欲报之德，昊天罔极！南山烈烈，飘风发发。民莫不穀，我独何害。南山律律，飘风弗弗。民莫不穀，我独不卒。"③诗中所流露的朴素、自然亲子之情，正是"孝"的真情实感之显现。

父母与子女间的真情表达，源自内心的亲情流露，是良知的自觉，是道德的体现。本源性的"孝"，作为一种爱亲的情感，就是良知、道德的自觉与自省。简单地说，"孝"不是一个他律的规范，而是一种自律的显现。

传统的"孝道"思想，从"崇宗祀祖"衍生出来。周初，郊天大祭随着"天命"观念的转变，祭祀物件也有了改变，由形式上的祭天转变成实质上的祭祖。《孝经·圣治章》曰："昔者，周公郊祀后稷以配天，宗祀文王

---

① 许慎撰，徐铉校定《说文解字》，中华书局，1963年，第173页。
② 王先谦：《释名疏证补》（释言语），上海古籍出版社，1984年，第171页。
③ 《诗经》（《十三经注疏·毛诗正义》），中华书局，1980年，第459页。

于明堂以配上帝。"① 事实上，周公的祭天，已具有缅怀先祖功德的思想在内，而有"抱本返始"的"孝道"观念。

（二）孔子的孝道思想

孔子上承三代，面对"礼崩乐坏"的时代困境，从人性提炼出"仁"的观念，以接续"断隔的天人关系"，重新建构人性的价值意义，从对父母感恩开始，将"礼乐之教"，从"典章仪式"的外在表达，转化为内在的"生命自觉"；并将"礼乐之则"，从天子、诸侯（国）、卿大夫（家），下到"士"人身上，为"礼乐文化"寻找出普世的内在价值。

孔子以"仁"为核心，将内心的感受真实地表现在外，借由"礼"、"乐"展现出来，作为人的最高行为准则；然而，实践"仁道"，必须从"孝"、"弟"做起。所以，孔夫子教导学生做人的第一要事就是"孝弟"，孔子说："弟子入则孝，出则弟，谨而信，泛爱众，而亲仁。行有余力，则以学文。"②

弟子，指尚未涉世的少年或童蒙；入孝、出弟、谨信、泛爱、亲仁等五事，正是弟子处身家邦应守的道德法则，故自幼有待父母、亲长的辅佑与教道，使其在家以"孝"事亲，出外以"弟"事长。持己修身，谨言慎行，待人接物，普存爱心；如此，童蒙学习，家户不违。及长，必循规蹈矩，不会犯上作乱，则家国天下自平。至于

---

① 赖炎元、黄俊郎注译《新译孝经读本》，台北三民书局，2008年，第2版，第41页。

② 赖炎元、黄俊郎注译《新译孝经读本》，《论语·学而篇6》，台北三民书局，2008年，第49页。

现代导向

"行有余力，则以学文"，此"行"，指实践；"文"，指六艺之学，乃至文明、文化、文章、文理等诸学。简言之，童蒙之子，应自幼开始，学习待人接物之道，进退应对之方；及长，再学习技能知识之术。

有子曰："其为人也孝弟，而好犯上者，鲜亦；不好犯上，而好作乱，未之有也。君子务本，本立而道生。孝弟也者，其为仁之本与?"① 在家"孝"父母、"友"兄弟的人，就是懂得分寸、规矩之人，自然在外不会犯上、作乱；"仁"是一切德行的根本，故"孝弟"是行"仁"的开始。面对父母、兄弟，乃是伦理常行，是最亲切的生命活动。由亲亲而仁民，由仁民而爱物，由近而远，由亲而疏，此即是知所先后，则近道矣。

孔子在谈到"三年之丧"时，就是立足于爱亲情感和生活领悟，来解释有关对父母行"孝"的问题。据《论语》记载：

宰我问："三年之丧，期已久矣。君子三年不为礼，礼必坏；三年不为乐，乐必崩。旧谷既没，新谷既升。钻燧改火，期可已矣。"

子曰："食夫稻，衣夫锦，于女安乎?"

曰："安。"

"女安! 则为之! 夫君子之居丧，食旨不甘，闻乐不乐，居处不安，故不为也。今女安，则为之!"

宰我出。

子曰："予之不仁也! 子生三年，然后免于父母之怀。

---

① 赖炎元、黄俊郎注译《新译孝经读本》，《论语·学而篇2》，台北三民书局，2008年，第47—48页。

夫三年之丧，天下之通丧也。予也，有三年之爱于父母乎？"①

　　"三年之丧"是一种子女感念父母养育之恩的自然流露。"三年"在当年的社会，是源于一种自觉的体悟，也是感念"子生三年，然后免于父母之怀"的回报，非源于外在的伦理规范。所以，当宰我欲缩短守丧时间时，孔子才会说："女安，则为之。"并反问道："予也，有三年之爱于父母乎？"这就表明子孝父母之情，是出于一种自认应该如此，而不是人为的法则使然。正因为"孝"是一种出于自觉的表现，是一种爱亲的情感流露；所以，人人都应行"孝"。

　　有关"父子相隐"一事，又该当如何理解？据《论语》记载：叶公语孔子曰："吾党有直躬者，其父攘羊，而子证之。"孔子曰："吾党之直者异于是。父为子隐，子为父隐，直在其中矣。"② "父子相隐"，人情之常也。当然，孔子这里所谈的是"直"，不是"孝"，但却提出一个重要的观念，那就是人伦之间有关情、理、法的问题。孔子认为"父为子隐，子为父隐"，这样的"直躬"之道，是父子之间的一种亲爱之情，这种亲爱之情，是感情的自然流露，是先在于任何伦理、道德规范的。在这个意义上，"直"与"孝"有着一定的关联。事实上，孔子谈"直"，根本就不在道德伦理的层面上讲，而是在亲情的层级内谈。

---

　　① 赖炎元、黄俊郎注译《新译孝经读本》，《论语·阳货篇19》，台北三民书局，2008年，第180－181页。
　　② 赖炎元、黄俊郎注译《新译孝经读本》，《论语·子路篇18》，台北三民书局，2008年，第146页。

由此可见，孔子认为"父子相隐"，是基于生命的体悟及生活的情感，这是一种人生的体验，是先在于任何外在规范的。孔子对父子之道的领悟，充分流露在"子为父隐"之中，这是爱亲情感的显现，与法律约束无关。因为"人性"才是维系人类社会最基本的底线，法律是人类社会最后的防线。

（三）孟子的孝道思想

孟子继承孔子思想，进一步立足于本源情感来建构儒家的孝道思想，并将其"性善"说与"孝道"思想联系起来。孟子以"人性本善"作为其对人性的核心论述。其所以说"性善"，乃在于"人心"有仁义礼知（智）四端，进而能"扩充"此四端者即为善人。孟子曰：

> "凡有四端于我者，皆知扩而充之矣，若火之始然，泉之始达，苟能充之，足以保四海；苟不充之，不足以事父母。"①

孟子在孔子"心善"的基础上，为儒家开创出"性善"说。"仁义礼知（智）"显现于"人心"中，是所谓"性善"的充分表现。用于家庭中，是伦理关系的根本运用。故孟子曰：

> "仁之实，事亲是也；义之实，从兄是也；智之实，知斯二者弗去是也；礼之实，节文斯二者是也；乐之实，乐斯二者，乐则生矣；生则恶可已，恶可已，则不知足之

---

① 赖炎元、黄俊郎注译《新译孝经读本》，《孟子·公孙丑上6》，台北三民书局，2008年，第238页。

蹈之、手之舞之"①。

"仁"主爱,而爱莫大于爱亲;仁爱之心,出于人的本性,而事亲孝行,出于仁爱之心的自然流露。孟子"言必称尧舜",舜是传说中的大孝子,故他对舜的孝行称颂,胜于对舜的治绩。据《孟子·尽心上》记载:

桃应问曰:"舜为天子,皋陶为士,瞽瞍杀人,则如之何?"

孟子曰:"执之而已矣。"

"然则舜不禁与?"

曰:"夫舜恶得而禁之?夫有所受之也。"

"然则舜如之何?"

曰:"舜视弃天下犹弃敝屣也。窃负(父)而逃,遵海滨而处,终身䜣(欣)然,乐而忘天下。"②

舜的父亲瞽瞍,在传说中是一个不仁慈的父亲,他曾纵容舜的弟弟象,百般刁难和陷害舜,而舜至孝,不以为意。孟子的弟子桃应,问了一个十分尖锐的假设性问题:如果瞽瞍杀了人,请问舜该怎么办?孟子的回答却非常明确:舜视弃天下犹如敝屣一般。舜会窃父而逃,"遵海滨而处,终身䜣(欣)然,乐而忘天下"。从这里我们可以看出,孟子和孔子一样,都会把父子之爱放在首要的位置,并以此为基础来建构"孝道"思想。

———————

① 赖炎元、黄俊郎注译《新译孝经读本》,《孟子·离娄上7》,台北三民书局,2008年,第287页。

② 赖炎元、黄俊郎注译《新译孝经读本》,《孟子·尽心上35》,台北三民书局,2008年,第359-360页。

现代导向

329

由此可见，孔孟的"孝道"思想，是亲情的自然流露，毫不做作。值得注意的是，舜并没有否定"法"的合理性；否则，他不会"窃负（父）而逃"，更不会"遵海滨而处"。事实上，在孟子看来，亲情是先在的，父子之爱是人性的自然之情；是以，儒家"孝道"思想是以"人性"作为"源头活水"。

三、《孝经》：以"天道"为"孝道"的形上建构

自从周公制礼作乐，"孝道"成为"宗法制度"下血缘亲亲的自然流露，随着春秋时代"礼崩乐坏"之后，血缘亲亲的关系逐渐丧失了作用，传统礼制的内在精神已经失落，"孝道"日益式微。同姓之间的诸侯国，为了争夺土地和权力，展开激烈的争斗，在这样的情况下，试图通过重建宗法社会的亲和力，以正世道人心，实在是一件难为之事。于是，孔子将原本寄希望于"天子"的责任，降到贵族之末的"士"（读书）人身上，以"心善"作为"仁学"的基础，重新接续"断隔的天人关系"。并以行"孝"作为行"仁"的第一步，接着行"弟"作为第二步，为"仁"找到活水源头，为"礼"、"乐"找到实践基础。

孔子转向人人所共有的人心之"仁"，以建构"礼"、"乐"的内在精神，从而为"孝道"找到合理性，并为"人性"建立理论根基。孔子说："仁远乎哉？我欲仁，斯仁至矣。"① 原来"仁"就在我们身上，不需要外求。因此，子爱敬父母是"仁"的自然显现，这种爱敬父母

---

① 赖炎元、黄俊郎注译《新译孝经读本》，《论语·述而篇29》，台北三民书局，2008年，第100页。

之心就是"孝道"的自然流露，也是行"仁"之本。

孟子从人人皆有"不忍之心"立基，提出"四端"之心，作为"性善"说的理论根据，并在孔子的"仁学"基础上为儒家思想进一步巩固了理论基础。孟子在《尽心上》提到：

人之所不学而能者，其良能也；所不虑而知者，良知也。孩提之童无不知爱其亲者，及其长也，无不知敬其兄也。亲亲，仁也；敬长，义也；无他，达之天下也。

又谓：

亲亲而仁民，仁民而爱物。[1]

孟子以"爱其亲"、"敬其长"为"良知"、"良能"即为先验的。事实上，亲亲、仁民、爱物，是仁爱之心的逐渐扩充。孟子曰："仁也者，人也。合而言之，道也。"[2] 所谓"仁"，是"心安"的显现，是儒家思想的核心价值。

具体而言，"仁学"可分为"忠"、"恕"之道。"忠"者，正己；"恕"者，成人，合而言之，就是做人处世的道理。故"仁心"乃人性的本然，当合天理所为，此为"天道生成万物"的根本原因。

关于这一点，《孝经》也作了阐释："不爱其亲而爱

現代導向

---

① 赖炎元、黄俊郎注译《新译孝经读本》，《孟子·尽心上15》，台北三民书局，2008年，第353页。

② 赖炎元、黄俊郎注译《新译孝经读本》，《孟子·尽心下16》，台北三民书局，2008年，第367页。

他人者，谓之悖德；不敬其亲而敬他人者，谓之悖礼。"①
不仅如此，《孝经》在孔孟思想的基础上，为"孝道"的
理论与实践建构了完整的基础。孔子在《孝经·圣治章》
中说："天子之性，人为贵；人之行，莫大于孝。……父
子之道，天性也。"② 此表明"孝"乃出于天性，天地万
物受天地之理以生，故皆有天性。人禀天地之灵气最多，
其不同于禽兽者，在于人有仁心、仁性。父子之间的情感
流露是一种天然的亲情流露，它既是人性，也是天性。
"孝"虽然有其人性作为根基，但也取法于"天地之道"，
故《孝经》又曰："夫孝，天之经，地之义，民之行。天
地之经，而民是则之，则天之明，因地之义，以顺天下，
是以其教不肃而成，其政不肃而治。"③"孝道"乃圣人明
察天地之象，通神明之德，类万物之情，合天、地、人三
才一贯之道，而定民行之则。《孝经》将"孝"提升到了
"天"的高度，而天道在传统儒家形上学的思想中，那是
唯一、绝对存在的形上本体，由是，儒家孝道思想成为天
道与人性的统合，不仅内通人性，而且上达天道，这就是
儒家孝道思想的形上基础。

四、孝道思想在当代的"损益"

从义理之"性"的观点来看孝行，可被理解为人性
本体的体现；从本源之"情"的观点来看，孝行其实是
情感流露。爱亲情感的行为，恰到好处谓之"义"。根据

---

① 赖炎元、黄俊郎注译《新译孝经读本》，《孝经·圣治章》，台北三
民书局，2008年，第41页。
② 同上。
③ 赖炎元、黄俊郎注译《新译孝经读本》，《孝经·三才章》，台北三
民书局，2008年，第33页。

孟子"仁、义、礼、知（智）"的架构来看，"义"先行于"礼"，"义"为"礼"而奠基。这里"义"有两重意义：一是缘情，亦即源于孝思报恩之情，这是"正义"原则；二是逐生，亦即顺逐于当下具体的社会生活方式，即顺天应人，这是"时宜"原则，而这两者其实都是源于生活本身。其中，由"仁"而"义"的"正义"原则是不变的，任何关于"孝"的规范建构，都必须立足于此，并以此为根据；但是，我们也不能忽略儒家所提出的"时宜"原则，"礼"要随着时代不同而有损益。因不同的时代、不同的生活方式，我们对"孝"的具体规范，要有相适应的"礼"来因应、配合。但是，"礼"的原则是不变的，离开"义"去对传统的"礼"进行"损益"，都是相当危险的，这会使我们失去人之为人的那点"几希"。

我们在建构当今"孝道"具体规范时，必须立足于"正义"和"时宜"的原则，这样建构出来的"孝道"之"礼"才有意义。在当代社会中，儒家"孝道"规范的建构，首先值得关注的是"养亲"的思想。人子奉养父母，乃是基本孝行；如果弃父母之养于不顾，就是最大的不孝。

孟子曰："世俗所谓不孝者五：惰其四支，不顾父母之养，一不孝也；博弈好饮酒，不顾父母之养，二不孝也；好货财，私妻子，不顾父母之养，三不孝也；从耳目之欲，以为父母戮，四不孝也；好勇斗狠，以危父母，五不孝也。"[1] 此五不孝中，有三种行为乃是因为不顾父母之养，而被列为不孝的。故奉养父母，乃孝行之始。《孝

① 赖炎元、黄俊郎注译《新译孝经读本》，《孟子·离娄下30》，台北三民书局，2008年，第299页。

現代導向

经》也说："用天之道，分地之利，谨身节用，以养父母，此庶人之孝也。"① 人当奉养父母，这是孝亲最基本的要求。

其次，孟子还提出要"养志"。所谓"养志"者，善体父母之心意也。孟子非常赞赏曾子事亲，能做到"养志"的孝行。他说："曾子养曾皙，必有酒肉；将彻，必请所与；问有余，必曰'有'。曾皙死，曾元养曾子，必有酒肉；将彻，不请所与；问有余，曰'亡矣'。将以复进也。此所谓养口体者也。若曾子，则可谓养志也。事亲若曾子者，可也。"② 曾子能体贴亲意，顺承亲意，故在孔门七十二贤中，以"孝"著称。人子事亲，当如曾子，不仅做到养亲之"口体"，而且还要养亲之"志"。

再次，《论语》又特别强调孝行表现在对父母要有"爱"与"敬"。"父母之年不可不知也，一则以喜，一则以惧。"③ 人子当对父母有出自爱心的关怀，在事亲时更应做到和颜悦色，《论语》记载："子夏问孝。子曰：'色难。有事，弟子服其劳；有酒食，先生馔；曾是以为孝乎？'"④ 就是说，事亲有"爱"之外，还要有"敬"，否则，与养禽兽有何差别？所以，孔子在回答子游问孝时说："今之孝者，是谓能养，至于犬马皆能有养，不敬，何以别乎。"⑤ 此正是强调事亲时"敬"亲的重要。孟子

---

① 赖炎元、黄俊郎注译《新译孝经读本》，《孟子·庶人章》，台北三民书局，2008年，第31页。
② 赖炎元、黄俊郎注译《新译孝经读本》，《孟子·离娄上19》，台北三民书局，2008年，第285页。
③ 赖炎元、黄俊郎注译《新译孝经读本》，《论语·里仁篇21》，台北三民书局，2008年，第74页。
④ 赖炎元、黄俊郎注译《新译孝经读本》，《论语·为政篇8》，台北三民书局，2008年，第56页。
⑤ 赖炎元、黄俊郎注译《新译孝经读本》，《论语·为政篇7》，台北三民书局，2008年，第56页。

继承孔子的思想，认为敬爱父母乃人子尽孝的最大德行，其曰："孝子之至，莫大乎尊亲；尊亲之至，莫大乎以天下养。为天子父，尊之至也；以天下养，养之至也。诗曰：'永言孝思，孝思维则。'"① 人子对于父母，应当以爱之、敬之、尊之的心情来奉养；否则，即是不孝。孟子曰："食而弗爱，豕交之也；爱而不敬，兽畜之也。恭敬者，币之未将者也；恭敬而无实，君子不可虚拘。"② 此亦充分说明"爱"、"敬"之心的重要。

五、结语：以"孝道"思想净化当代人心人性

儒家所讲的孝行，大致可用《礼记》中的一句话概括之："养可能也，敬为难；敬可能也，安为难；安可能也，卒为难。父母既殁，慎行其身，不遗父母恶名，可谓能终矣。仁者仁此也，义者宜此也，信者信此也，强者强此也，乐自顺此生，刑自反此作。"③ 这是当下重建孝道应该反思的基本点。

人子当体父母养育之恩，将发自"报本溯源"的爱敬情感，扩充于事亲之中，真正做到养亲、敬亲、悦亲、礼亲、安亲，好好地做人，以不辱父母，为最基本的要求。人人以此自我责求，则国家上下尽是守本分的人；如此，大同社会才可能实现！

根据"礼有损益"的时宜原则，古代规定的那一套

① 赖炎元、黄俊郎注译《新译孝经读本》，《孟子·万章上4》，台北三民书局，2008年，第307页。
② 赖炎元、黄俊郎注译《新译孝经读本》，《孟子·尽心上37》，台北三民书局，2008年，第360页。
③ 王文锦译解《礼记译解》，《礼记·祭义》，中华书局，2008年，第694页。

关于"孝礼"部分，如果在当今的生活方式下，有不适当的部分，我们应该可以"损"（有所调整）的。然而，对父母的"爱敬"之心，应该可以"益"（有所加强）的。当下我们要重建"孝"之礼，必须立足于本源的亲亲之情和当下对生活的时宜领悟。我们只有不断地回到生命本源之体，来建构当下的"孝"之礼，才能重新使"孝道"鲜活起来；同时，也只有不断地回到当下的生活中去领悟，来建构"孝"之礼，才能使"孝道"具有时宜性，以适应当下的现实生活。举例而言，如果我们现在还谈"割股疗亲"就不太适宜了。所谓"孝治天下"，简单讲，就是不做违法乱纪的事情，以免让父母蒙羞，这是放诸四海皆准的要求，不因时代变迁而有所不宜。

"孝治天下"在宗法社会制度下，是指家族、宗族；今天是指社会、国家，我们不要拘泥而食古不化。这就是《大学》所述："大学之道，在明明德，在亲民，在止于至善。知止而后有定，定而后能静，静而后能安，安而后能虑，虑而后能得。物有本末，事有终始，知所先后，则近道矣。古之欲明明德于天下者，先治其国，欲治其国者，先齐其家；欲齐其家者，先修其身；欲修其身者，先正其心；欲正其心者，先诚其意；欲诚其意者，先致其知，致知在格物。物格而后知至，知至而后意诚，意诚而后心正，心正而后身修，身修而后家齐，家齐而后国治，国治而后天下平。自天子以至于庶人，壹是皆以修身为本。其本乱而末治者，否矣。其所厚者薄，而其所薄者厚，未之有也。"[1]

儒家思想所说的格物、致知、诚意、正心，是"内

---

① 赖炎元、黄俊郎注译《新译孝经读本》，《大学·经一章》，台北三民书局，2008年，第3-4页。

圣"工夫；修身、齐家、治国、平天下，是"外王"实践。这一套简单、完整的思想，并没有随着时代的变迁而有任何不适宜的地方。因此，"孝治天下"，应是21世纪人类社会问题的最佳解方，"孝道"思想的重新建构，是全人类应该深思的事，儒家思想教导我们以"尽人道"为起始，进而以"合天道"为终极。所谓"合天道"，就是合乎宇宙"生生不息"的生成法则。

人类欲求种族繁衍，"孝道"具有最重要的意义。今天要如何建构孝道？应该建构怎样的具体规范？我们不妨重新解读《论语》、《孟子》、《孝经》，以期正确理解儒家思想中孝的真实面貌与真正价值。儒家的基本特点是立足于人的真实生活与真实情感开示价值之源的。唯有回归到生活的本身，回到生活的真情实感中来领悟儒家思想，才能真正掌握儒家思想的神髓。那就是："孝"是人性的自然流露；"孝道"与任何外在的法律规范无涉，它是一种本然的爱亲表现。

很显然，"孝"作为一种本源的爱亲情感，是超越时空的，这与何种社会制度、何种生活方式无关，只要激发人性的纯真情感，"孝"是人人能够体会到的。我们可能没有儿女，但人人都有父母，而且都曾受到父母的抚养与照顾。我们生为万物之灵，生来就知道爱亲。即便禽兽，如乌鸦尚知反哺，羔羊且知跪乳，人对养育我们的父母，岂能不孝？否则，岂不是连禽兽不如！故提倡"孝道"思想是净化人心、人性最便捷的方法；同时，建构"孝道"社会也是解决社会乱象的最佳之道。

现代导向

|学子初步|

广州城隍庙的角色职能初探

| 张清江　张东丹

引言

　　城隍信仰是中国传统神祇信仰之一，它源于周代祭祀水墉神的传统，从唐代就开始盛行，至明以后，被纳入国家宗教祭祀系统，同时又保留着民间信仰的特色，对国家政治运作、民众生活产生深远影响①。广州城隍庙历史悠久，几经变迁，一度荒废。自 2009 年底开始重修，2010 年 10 月 31 日荒废了近百年的广州城隍庙重光。当天近四万市民进庙参观，市领导出席开光典礼，参拜城隍并寄语："要保佑建设系统没有腐败分子"，此事引起极大的社会反响。这现象既反映出普通民众强烈的宗教需求、官员对宗教的重视，也折射出政治清明共同诉求下官意期许和民心焦虑的交汇，背后意蕴耐人寻味。本文以广州城隍庙为个案，通过展示其沿革变迁，剖析其历史角色及发挥的社会功能，探索其日后运作发展，也期望对探讨中国传统宗教的复兴与现代角色此一宏大话题有所裨益。

---

　　① 参见《护城兴市——城隍信仰的人类学考察》，郑土有、刘巧林著，上海辞书出版社，2005 年。

一、广州城隍庙概况

最早提及广州城隍庙的文献记载应是宋代的《太平广记》，其卷三十四记载：唐贞元年间南海书生崔炜意外进入南越王赵佗墓穴奇遇神仙羊城使者，后返回到人间（地上），"然访羊城使者，竟无影响。后有事于城隍庙，忽见神像有类使者，又睹神笔上有细字，乃侍女所题也。方具酒脯而奠之，兼重粉绩，及广其宇"。传说不足为信史，可靠的记载应是宋王象之《舆地纪胜》云城隍庙在"州西城内百步"，但又与今城隍庙址有异①。现存的城隍庙位于中山四路中佑大街 48 号，即旧之布政司大街，约建于明代初期②，岁月侵蚀，屡有圮坏。广州太守郭如皋因祈雨神应，于万历十三年春重修，当时的规模是："自中殿一座六楹，以及拜亭六楹，冈不美而焕矣！又自左右两庑，各十二楹，中外二门，各八楹，冈不翼而严矣！又自斋宿厅房，左右各六楹。西为省牲所，东为羽士房，冈不饰而新矣。"万历十六年、清代顺治、康熙、乾隆、同治、宣统年间代有修葺③，总之，明清二代，城隍庙"庙貌森严，规模宏敞，独与外都异"，香火鼎盛，地位尊赫，"凡督抚大吏以及监司守令，岁时月吉，展谒维虔。下逮编氓市贩，奔走祈禳如鹜"，"盖省会之民物也繁，香火之奉崇也至，固宜其神尊且县也。粤之称英灵者，必曰

---

① 参见《广州城坊志》，黄佛颐编纂，仇江、郑力民、迟以武点注，广东人民出版社，1994 年，第 179 页。
② 阮元《（道光）广东通志》卷 145，"建置略二十一"，"庄有恭记略"，见《续修四库全书》第 672 册，上海古籍出版社影版，第 243 页。
③ 参万历十三年《重修广州城隍庙记》，见冼剑民、陈鸿钧编《广州碑刻集》，广东高等教育出版社，2006 年，第 405－406 页。

'城隍城隍云'"。美国水手杰伊的访华日记记录了晚清时的广州城隍庙前盛况："城隍庙值得一看。我们从街道上穿过一个宽阔的庭院，那里挤满了男人、女人和小孩，导游告诉我们，这些人要么是来拜神，要么是来赌博的，两者的设备都很齐全。赌博的、算命的、江湖医生等分散在各处角落。"①

历史上的广州城隍庙经历了几次大的变迁。首先是明代洪武年间的改制："明洪武三年，诏封天下省州县城隍之神，前用木主，后塑神像。守令新任斋宿于此，祭礼同风云雷雨山川坛。其制北为神宇，南为拜堂，亭左右为斋宿所，仪门西南为省牲所。"② 这次改制，城隍庙的神被削去封爵，只称"某府县司民监察之神"，神像被毁捣成泥涂于壁上作图，但这种做法并不得人心，到了明代中期的景泰年间，"粤巡抚、御史王翱复塑广州城隍像，自后各郡县城隍皆塑像矣"③。清代雍正年间，观风整俗使焦祈年奏请将广州城隍由向来的府城隍升格为都城隍庙，获准之后巡抚司道等大吏都要诣谒。及至民国，盛况不再，1920 年，因市政扩建马路的需要，城隍庙的建筑大部分被拆除，只留下今天能见到的拜亭和大殿。之后由广州中学校管理征收租项。民国十二年，市财政局收管庙产以充公库。1946 年，广东省府社会处社会服务总站将城隍庙设为民众联谊厅④。新中国成立初期，城隍庙被用作被服厂。1956 年又成为广州市材料试验机厂。"文化大革命"

---

① 广州博物馆"东方之旅（1882~1885）——美国青年水手杰伊访华日记暨美国友人杰伊捐献文物展"。参《广州日报》2010 年 10 月 29 日的报道。

② 《广州城坊志》所引乾隆《广州府志》，第 179－180 页。

③ 《广州城坊志》引《粤小记》，第 180 页。

④ 参见《饬本处社会服务处总站举办民众联谊厅一所设于广州市惠爱东路城隍庙旧址》，广州市档案馆全宗号第 14 目录第 1 案卷号第 9。

期间，庙被关闭，至20世纪90年代初，竟经文化部门批准被一家公司租用做卡拉OK厅，强将大殿用钢筋混凝土改为两层，严重破坏了墙体。1993年被列入市级保护单位后就锁闭起来，直至2009年，借助"文化建设迎接亚运会"的便利，通过政府多方协调，广州市道教协会将城隍庙从文物局手中接管过来，投入一千多万资金，参考清代一位洋人所线描的广州城隍庙图，按清代风格对遗址进行修复，于2010年10月31日重光开放。

今之城隍庙包括忠佑牌坊、仪门、拜亭、城隍宝殿，殿中供奉着三位城隍神：广州都城隍监察司民之神像、大明广州城隍杨公忠愍之像、大明广州城隍海公忠介之像，即南汉国主刘龑、明代清官海瑞（号刚峰）和杨继盛（号椒山）。那历史上广州的城隍神是谁？据《粤小记》载："世传粤之都城隍，向者杨椒山，海刚峰继之，今则倪文毅。或云今都城隍乃李恭毅湖。而庄滋圃有恭言，各省城隍多以古人实之，惟吾粤独无，此尤得其正云。"庄滋圃即是乾隆时番禺人庄有恭，他在《重修城隍庙记略》中说："余自奉命巡抚吴中，闲览旧志，城隍之神皆有庙号、赐爵，指一人以实其神，如镇江、宁国、太平、华亭等郡邑，皆以为汉纪信事属附会。惟吾粤无之，于义犹古。"据此，我们可知，广州的城隍神应只有一位，但可轮流上任。在民众传说中，先后有过杨椒山、海瑞、倪文毅、李恭毅等人，说法并未统一过。海瑞妇孺皆知，是清官的典型，他曾读书于城隍庙西的禹山书院，死后被祀于书院中[1]。杨椒山名继盛，字仲芳。明保定容城（今属河

① 阮元《广东通志》云：梁廷佐广州贞烈传，宋禹山书院，在省城城隍庙西邻，百揆尝讲学于此。明海瑞读书其中，为百揆表墓。瑞卒，郡人并祀二先生于院。

北）人，嘉靖进士，任兵部员外郎，因弹劾权臣严嵩而被杀，临终绝笔"铁肩担道义，辣手著文章"，死后被民间奉为北京城隍。倪文毅是倪岳，字舜咨。明上元（今属江苏）人，天顺进士，授编修。官至礼部尚书、吏部尚书，卒谥"文毅"。李恭毅名湖，字又川。清江西南昌人，乾隆进士。官至广东巡抚，清正严明有治绩，卒谥"恭毅"，被粤人奉为广东都城隍①。但民间的追认并没有得到官方承认，浸润在儒家传统中的士大夫还是希望遵古制，不坐实为某一人格神。今之城隍神设为三尊，与历史上定制不符，而且史书并无南汉国主刘龑任城隍的传说记载。今日所看到的三尊城隍神主要还是依照市道教协会会长潘崇贤道长的设想，这更多是出于他对岭南的地域认同和现实考虑（刘、海都是岭南人，广东人倍增亲切感、认同感），故将五代岭南割据政权首领奉为城隍。刘龑嗜杀浮奢②，但他对岭南的安定和经济文化的发展有所贡献。而供奉海、杨二公，则是源于上述史料记载的传说。

二、广州城隍庙的历史角色、功能及其意涵

在中国信仰体系中，城隍信仰占据重要地位，其影响自不待言。不过，研究者对其角色和功能的研究，多属泛

---

① 史澄《（光绪）广州府志》卷一百六十二杂录：嘉庆壬戌四月朔，长宁令熊均权诣城隍庙行香，小坐东厅，与同官言，原任广东巡抚李公湖者，同乡人，今任广东都城隍云，因述伊友马时俊向游粤，幕后回籍补弟子员。乾隆乙巳，过访斋中，留连累日，旋里时有衣冠使者，持柬候道左，趋前致辞称，原任广东巡抚李，今任广东都城隍。相延入幕，言已不见，马大骇愕，急旋家召妻子，告以所遇。越日见舆马来迎，旋坐卒。前粤东亦曾盛传为都城隍者，而未得其详。窃以为粤人爱中丞之切，而为是言也。

② 《旧五代史》（七），"僭伪列传"二：（刘龑）性虽聪辩，然好行苛虐，至有炮烙、剐剔、截舌、灌鼻之刑，一方之民，若据炉炭。惟厚自奉养，广务华靡。

泛而谈。比如杨庆堃先生在其被誉为"研究中国宗教的'圣经'"的《中国社会中的宗教》中，把城隍信仰放入政治伦理信仰的"以神道设教"之列，突出强调城隍信仰作为冥界信仰对人类现世生活的威慑力，从而说明城隍信仰是"传统社会加强政治伦理秩序的重要手段"①。这当然是很对的，可是，这并没有体现出，除了政治伦理的功能之外，城隍信仰功能还有其他面相。当然，很多学者注意到，城隍信仰不仅是民间信仰，而且被纳入官方祭祀系统之中，成为官方信仰的一部分，因而具有"民间性与官方性的双重特性"②，而从宋代开始，道教也开始崇祀城隍神③。正是由于这种特殊性，遍布全国各地的城隍庙成为官方、民众和道教等各种力量的交汇点。而另外一股不可忽视的力量，则是以士绅为代表的知识精英阶层，因为城隍庙的修建及信仰知识的建构，多由士绅主事。这种种力量的交织，凸显着城隍庙在不同身份人士心目中的不同角色，他们期许城隍庙所发挥的功能，有重叠，但也有冲突，因而我们认为，在历史上，城隍信仰的角色和功能有多种面相，而不是单一的。我们希望以广州城隍庙为例，具体展现各种不同诉求的交织，并分析其背后蕴藏的深层内容。因此，下面的分析，采取的是类型学的方法，将不同类型群体对城隍庙这一"神圣空间"的期许和诉求表达出来。当然，在很大程度上，这是一种"理想类型"的划分，因为现实情况往往很复杂。由于材料所限，我们不得不借用一些关于城隍庙的宏观研究，因而，广州

① 杨庆堃：《中国社会中的宗教》，范丽珠译，上海人民出版社，2007年，第 152－154 页。
② 张显慧、范立舟：《明清时期华南地区的城隍信仰研究》，《江西社会科学》2009 年第 8 期。
③ 张泽洪：《城隍神及其信仰》，《世界宗教研究》1995 年第 1 期。

城隍庙的独特之处显得有些不足。不过，我们认为，这种划分对理解广州城隍庙在历史上的特殊地位仍然有益，并对今天有所启发。

（一）民间信仰中的城隍庙

根据日本学者滨岛敦俊的研究，城隍神信仰首先是"由民间主导自发产生并走向兴盛的"①，然后才在明代被纳入国家祀典之中。这就是说，在成为官方信仰之前，城隍信仰作为民间信仰已经存在相当长的时间。

一般认为，城隍神产生之初，其主要职能是保卫城池、护佑地方，这当然是起于对文字的解读，城是城墙，隍是护城河，都是保卫城市免受外敌入侵的屏障。不过，随着历史的发展，其职掌慢慢有所变化，所发挥的功能也越来越多。根据学者所列举的内容，可归纳出城隍的主要功能如下：禳解水旱灾害、兼掌科名桂籍、主宰冥司等②。另外，城隍神要扶危济困，伸张正义，这也是为何后世民间多以清官为城隍神的原因。对此，庄有恭曾记述说："高垒深池，神巩护之，愆阳伏阴，神节宣之，弗若弗顺，神遣除之，为忠为孝，神翼相之，是其有功于民甚巨。"③

由此可见，城隍神在民间的主要角色，首先是地方的保护神，这种保护不仅是在面对外敌入侵的时候，更重要的是民众日常的福祉。民间信仰的一个重要特点在于，其信仰的延续性，与神祇的灵验性密切相关。民众对城隍神

---

① 滨岛敦俊：《明清江南农村社会与民间信仰》，朱海滨译，厦门大学出版社，2008年，第115页。
② 张泽洪：《城隍神及其信仰》，《世界宗教研究》1995年第1期。
③ 阮元：《（道光）广东通志》卷145，"建置略二十一"，"庄有恭记略"，前揭。

的信仰，基于累积的神话，这些神话记载在地方志、志怪小说以及民间口耳相传的内容之中。比如《太平广记》中记载的崔炜所遇到的羊城使者。这位羊城使者带着崔炜离开南越王墓地，回到人间，因而受到崇奉。而最为常见的是城隍神为受冤的民众申冤，这是很多古代小说的常见主题，反映了民众的普遍心理，即在他们心目中，城隍神能够惩奸除恶、伸张正义。明代张景的《疑狱集》就记录了广州城隍神助官府捕缚逃犯的故事①。出于对政治清明的强烈寄望，民众把历史上的清官尊奉为城隍，如上述的海瑞、杨椒山，还有南海人周新，皆因为"刚直，命为城隍"来协助人间"治奸贪吏"②。父母官的好坏，直接影响到受管治民众的祸福，故民众希望通过树立城隍神的权威，使官员有所敬畏。

除此之外，民间还有城隍赛会的习俗，以及庙会等。这对于地方群体之间的认同与交往起到巨大作用。因此，作为民间信仰，城隍庙主要是民众祈福禳灾、希求日常福祉的寄托，城隍神一般被附会为某具体的人格神，并且有着灵验的传奇，能够为民众排忧解难、伸张正义，一定程度上制衡着现实政治权威。

---

① 张景《疑狱集》卷十：广州某大家交结上位而蔑视邑官，尝私系一逋债者死焉。其家经官取尸时，邑尹王某有私忿，逮至拷楚，勒令招承，辄复异词，大家虽竭力营救，而王尹亦百端究竟，累经省宪审覆，辗转数年不得明白。元贞乙未，廉访赵副使到，首及此事，闻本州岛城隍及判官灵异，移文两纸及纸钱至庙焚化，唤庙祝责限三日报应，三日无报应则庙祝决二十七下，判官决三十七下。越一日，大家于图圄中呼曰：其人将到矣！明日，逋债者诣廉访前，呼曰：我某人也。双手如缚，抱头不致。问其来故，曰：释我缚容言之。赵副使曰：请城隍释其缚。其人遂下手，悉言逃故在三百里外某处，昨日被人系其手于首，驱之至此遂释。大家而问罪王尹焉。

② 史澄：《广州府志》卷一百十五，"列传四"。

（二）国家祭祀中的城隍庙

明洪武二年，朱元璋甫登帝位不久，就诏令天下，册封各地城隍神，封以爵号。由此，国家将原本的民间信仰纳入国家祀典之中，"朱元璋政权在历史上第一次将城隍神庙纳入祭祀体系中，形成天下通制"①。

明太祖大张旗鼓地册封天下城隍，使之成为官方信仰，一个重要目的，是彰显"神圣的眷顾"②。朱元璋出身贫微，在发迹过程中受到城隍助佑，因而此举有感恩成分。而册封城隍意味着"天命在我"，因此，反对皇帝，必遭神祇唾弃。这样，这个册封行为就不仅仅具有感恩的偶然含义，而且具备了深刻的政治意图。对此，各地官员心中都很清楚："我高皇帝神圣开基，独崇是典，敕天下府州县治，必立城隍，以镇一方，而申之制词，隆以徽号。凡以神道设教，护国庇民也。……盖置司牧以报厘，立城隍以纠察，阴阳表里，使人戒惧，而不敢易纪律，且以塞其违，其重也如此"，"明有城隍，幽冥并治，国之纪也"③。在这一点上，我们可以说，杨庆堃先生的分析，确实非常准确。城隍庙中的十八层地狱的凶恶形象，对民

---

① 滨岛敦俊：《朱元璋政权城隍改制考》，《史学集刊》1995 年第 4 期。

② 由于时间仓促，我们没有找到广州城隍庙的相关资料，不过，根据陈景熙老师对潮州城隍信仰的分析，可以明确地说，这种政治意图确实存在，即，"朱元璋要向天下昭示，自己已得'代天理物之道'，是天命之所归，掌握着由各地城池联结而成的天下网络"。见陈景熙《城隍信仰与潮州地方社会的发展》，载林纬毅主编《城隍信仰》（新加坡，韭菜芭城隍庙，2008 年），第 97 页。而"代天理物"则是道藏《太上老君说城隍感应消灾集福妙经》中描述城隍神职能的用词。广州府城隍与潮州府城隍差不多同时设立，其目的当无二致。

③ 《重修广州城隍庙记》，见冼剑民、陈鸿钧编《广州碑刻集》，广东高等教育出版社，2006 年，第 405－406 页。

众的威慑作用相当有效①。神道设教，教的是如何成为帝王统治下的顺民。官方考虑的城隍庙角色是，如何通过阳间的官员与阴间的城隍相互表里，共同维护其统治。

当然，不能否认，官方祭祀体系中的城隍庙，也有监察官员的功能。"守令下车先谒神，以设誓于神前"②。这包含有借神明警示官员的意思，也包含着取信于民的含义，即以城隍神前的宣誓让百姓安心。而在具体行政事务中，各地方官员也可能借幽冥之事维持统治，比如广州城隍庙曾经作为"地方官祈晴之所"③，也可能用来协助断案劝善、宣讲圣谕。但是，政府的目的是要社会的稳定，在官方心目中，城隍庙是标榜"政治合法性"的极佳公共空间，便于直接向基层百姓渲染政权受到"神圣眷顾"。他们要通过城隍庙，树立官方的权威，教民顺从，城隍神成为协助政府治理天下的工具。

（三）士绅与城隍庙

士绅阶层在中国的地位很特殊，他们非官非民，"是退任的官僚或是官僚的亲亲戚戚。他们在野，可是朝内有人。他们没有政权，可是有势力，势力就是政治免疫性"④。正是由于这种特殊的地位，士绅阶层在中国社会结构中发挥着特殊作用，他们掌握着知识话语权，既是儒家思想在基层的担纲者，又是政府统治不可缺少的力量，还是协调官民利益的重要人物。因此，他们对城隍庙的诉

---

① 费孝通先生在谈及明太祖对篡逆者的酷刑记载时，曾专门提到，城隍庙的十八层地狱形象，据说是"明史标本"。见《论绅士》，《乡土中国》，上海人民出版社，2007年，第93页。
② 孙原湘：《城隍庙祀考》，《天真阁集》卷四十二。见《续修四库全书》1488册，上海古籍出版社影印版，第334－335页。
③ 阮元：《广州通志》，见《广州城坊志》，第180页。
④ 费孝通：《论绅士》，前揭，第97页。

求，既与民众和政府有合拍之处，又有独特的寄托。作为儒家知识精英，依据"子不语怪力乱神"的圣人遗教，对于幽冥不测之事，士绅本不应过分参与。然而，《易·观》云："圣人以神道设教，而天下服矣。"神道是宣扬教化、维持社会秩序比较有效的途径，这为士绅们热衷参与事神活动提供了经典依据。

由于士绅是地方的望族，捐修城隍庙的工作，一般都由他们承担。比如，"乾隆三十四年，进士凌鱼集众绅呈请捐修"广州城隍庙①，同治十年，"于是荐绅士庶，踊跃摅诚，集议重修，共襄美举"②。士绅们愿意捐资修葺城隍庙，一般有现实的利益牵连。如获取官方的认可和民众信任，促成士绅间的团结互动，巩固知识阶层的世俗权威。除此，还有很重要的一个原因，即要借助城隍庙的"神圣空间"直接向基层普及儒家圣训。广州城隍庙现在的柱子上保留着宣统元年广仁善堂捐修城隍庙时留下的劝善对联。广仁善堂是广州近代著名的九大善堂之一，其主要成员，是地方的士绅商贾，曾跟康梁维新派关系密切，维新派曾借助广仁善堂成立"圣学会"，其主要宗旨，便是宣扬儒家教谕③。城隍庙楹联就是这些基本道德训谕，比如"不欺暗室"、"正直无私"、"教孝教忠"等④，它跟官府教谕的差别在于，官方更着眼于培养顺民认同、维护政权，士绅着眼的还有儒家的训示，如楹联所书的"善

---

① 史澄：《（光绪）广州府志》卷六十七，"建置略四"。
② 李光表：《重修都城隍庙记略》，见《广州碑刻集》，前揭，第507页。
③ 《两粤广仁善堂圣学会缘起》，《中国近代史资料丛刊：戊戌变法（四）》，中国史学会，上海书店，上海人民出版社，2000年。《全粤社会实录》"广仁善堂"条，见《清代稿钞本》第50册，广东人民出版社，2007年。
④ 广州城隍庙中的对联，为宣统元年广仁善堂倡修城隍庙时所留。见本文附录。

恶只两涂须要不欺暗室，阴阳无二理岂能瞒过当堂"。有意思的是，在清末世人追逐欧美风习的时代背景下，与"圣学会"关系密切的士绅们还借城隍庙发出"护教"的呼声，力图挽回风化人心："事人事鬼悉本诚心入庙当知孔训，教孝教忠不离神道同胞勿狃欧风。"这样的护教呼声作为楹联刻在广州城隍庙的大殿石柱上，在全国城隍庙中是罕见的。

这种劝善和教谕功能，与之前提及的两种类型中也都有重叠之处。不过，士绅们特别热衷捐修城隍庙，既有出于巩固自身世俗权威利益的现实考虑，也是儒教理想使然，后者体现着他们作为儒家思想在社会基层的担纲者的自我职责期许。在他们眼中，城隍庙是借神明宣扬儒家教化的场所，城隍神是监察人间道德的神祇，其职能是要对人事做出判定，赏善罚恶维护世俗秩序的稳定。

（四）城隍庙中的道士

在成为国家祀典之前，城隍信仰已经被纳入道教信仰体系之中，《道藏》中就有专门的《城隍经》。但事实上，道教跟民间信仰通常混在一起，不易区分。广州城隍庙中很早就有道士驻居，至少，史澄《广州府志》中记载嘉靖年间的广州城隍庙就有道士的踪影，万历年间城隍庙的重修也跟道士有关联[①]。

不过，在广州城隍信仰的历史中，道士作为一种类型的独立性并不突出。究其原因，大概有几个方面。首先，广州城隍庙的建立，在明代将国家祀典化的背景中。其归属首先是国家，而非一般宫观，道士即便驻居，不会有过

---

① 见陈大猷《助修城隍庙记》，《广州碑刻集》，前揭，第 406 – 407 页。

学子初步

多权力。道士的活动受制于国家，至多只是协助官方管理和进行祭祀活动。其次，庙宇的修缮工作多由有名望的乡绅集资，道士更多做些"助修"工作。因此，道士们没有权力决定城隍庙的走向和规制，他们要么依附于官府，要么帮助士绅开展日常的道事活动。这与今天道士在广州城隍庙中的主角地位迥然有别。

由上述简单的类型描述可以看出，虽然作为官方祀典，城隍庙跟其他官方信仰一样，受到政府控制，不过，与祭天等仪式不同，"顾凡祀典所载，若天地山川，尊而不亲，非民所得祀。惟城隍、社稷于民，为近民实亲之"①。也就是说，官府没有垄断对城隍神的祭祀，城隍信仰向各种世俗权力开放。这意味着，政府对城隍祀典的规定，只是城隍信仰的一部分。作为官方信仰与民间信仰的交叉点，城隍在历史上的地位复杂而特殊，不同身份对它的期待和愿望不同。由于这种种期许的交织，城隍庙实际上成了一个"符号"，成了各方表达自身诉求的一个集中地，存在种种张力。在不同阶层心目中，城隍庙、城隍神有着不同的角色和功能，他们对城隍庙有着不同的诉求，而这些诉求交织在同一个"神圣空间"之中，便会产生种种冲突。最明显的例子，是洪武三年的改制。

按照滨岛敦俊的说法，洪武二年的新制"只是继承了传统的城隍信仰作为国制，并使之体制化而已"②，并没有改变原本作为民间信仰的城隍信仰。但是，到了洪武三年，却废除了城隍神的人格属性，封神受爵被完全否定，统称某地城隍神。城隍庙中的神像也被废除，而代之以木主牌位。滨岛认为，这一举动，源于朝廷内部儒臣的观

① 庄有恭记略，见阮元《广东通志》，前揭。
② 滨岛敦俊：《明清江南农村社会与民间信仰》，前揭，第118页。

念，没有任何社会基础。因而，诏令的实际效果并不明显，"明代中期以后，城隍神恢复了神像（即人格神），并赋予其姓名、称号，往往由有司、搢绅塑造神像"①。广州城隍庙也不例外②。改制的发生，表现出作为国家宗教的儒教与民间信仰之间的冲突，而实际效果上，则体现出民众信仰的独立性，并不受到政府的支配，按滨岛的说法，"三年改制根本无法在民间牢固的城隍信仰中扎下根，可以肯定最后都流于空泛化，只能作为一种干涉观念而存在"③。另外，民间信仰举办的各种活动，也一直为代表国家的儒家士子担忧，比如孙原湘就曾严厉地说："至于春时祭赛，动费巨万，倾城出观，淫风相靡，岂朝廷立祀以设教之意哉？而有司以为吴俗尚鬼，一切淫奢陋俗，悉仍民便，乌庸所贵乎。为民父母者，为其教民成俗也，而因循若此。又岂朝廷设官以莅治之意哉？诚有良有司者，定其庙制，毁其神像，革其不经之谥号、封爵，禁其无益之演戏、报赛，立木主曰：某邑城隍之神，严禁妇女入庙烧香，非春秋两期不得渎祀。如是，则国家之禋祀严，而下邑之淫风息矣"④。

官方和士绅虽然同样以城隍为"神道设教"的场所，

① 滨岛敦俊：《明清江南农村社会与民间信仰》，前揭，第126页。
② 阮元道光年间的《广东通志》载黄志节略称："洪武元年，各处城隍，皆有封号。府曰公，州曰侯，县曰伯。三年，正祀典，改天下城隍，只称某府州县城隍之神。前时爵号，一切革去。既附享山川风云雷雨坛，复勅立庙专祀之。凡守合莅任，则俾其宿斋于此，与神为誓。未几，又合各处城隍神，旧有泥塑像在正中者，以水浸之泥在正中，壁上画云山国，神像在两廊者，泥在两廊壁上。"可见，无论是新制还是三年的改制，广州城隍庙当然都受到影响。
③ 滨岛敦俊：《明清江南农村社会与民间信仰》，前揭，第129页。孙原湘《城隍祀庙考》的说法为这种观点提供了证明："我朝（清代——引者注）祀法精严，凡淫祀有禁，而城隍之祀，比于国社里社，因仍不废，亦曰某处城隍之神而已。而里俗相沿，吾邑犹有灵佑侯、忠佑侯之称，则沿洪武之旧，而未之革也。"
④ 孙原湘：《城隍庙祀考》，前揭。

行教化民众之目的，然而，官方的期许，一方面是对官员自身的震慑约束，但更重要的是，以"神圣的眷顾"诏示天下臣民。"天命在我"，神与官府同在，反对官府就是反对神明。对士绅来说，他们一方面固然要与政府保持相当的一致，希望以城隍设教，使民众顺服、社会有序；但他们也抱有儒家知识分子的理想主义态度，希望将儒家的道德理想化入民间，成为民众道德生活的依据。因此，他们更注重借助城隍庙这个"神圣空间"宣扬儒训。这各种力量之间的冲突博弈，塑造着历史上的城隍信仰形态。

三、新时期广州城隍庙的角色期许

改革开放的三十年，也是传统宗教从奄奄一息到"一阳来复"的三十年。尤其近年来，传统宗教从幕后登台亮相，不仅恢复了内部运作，还日益转型，渗透到现代公众生活的方方面面中，走进一个新的发展时期。

新时期的城隍庙部分延续了历史上神道设教的功能，百姓依然会在祈求福祉的过程中得到心灵慰藉和道德教化，但经过百年来现代性对宗教观念、制度的洗刷，城隍作为城市守护神的身份和功能已淡化，大多数民众视城隍神与天后、关帝等神祀并无太多差别，进庙烧香不外乎是求福求财求健康，对城隍神并没有什么特别概念。历史上每年清明、中元、十月朔日三次由官方组织的恭迎城隍神安抚孤魂的厉祭仪式今已不见，城隍神接受新上任的官员的朝拜明誓仪式不可能也没必要恢复。简言之，其关联到国家政治层面的实际功能早已消失。当然，某些属于城隍神本职功效观念仍是民众"心灵积习"的一部分。比如他们会惦记起城隍神专主一地之监察司检，到城隍庙控诉告状。据城隍庙的车高飞道长说，某日傍晚，庙门将关闭，例行清场，有一阿婆请求工作人员稍候片刻，谓欲告状，遂忿忿冲入殿中跪拜，由于现今庙中禁止明火，她也没有焚烧状纸或疏文，只是念念有词地泣诉。再如，城隍庙开光当日，市长万庆良率广州市众领导出席典礼，参拜城隍，不少媒体以"市长拜海瑞保佑无腐败"为题大肆发挥，引起公众热议。以上两例，都反映出公众对社会公正、为政清廉的强烈诉求，而官方深明"神道设教"大义，乐意"入乡随俗"，作出尊重信仰、顺应民意的姿态，这是值得肯定的。凭借城隍庙的特殊身份来搭建官民互动沟通平台，在信仰上彼此达成和解，在行政理念上彼此表达善意，或是一个值得探索的方向。

从目前城隍庙的发展态势看，自重光伊始甫逾两月，庙务活动正在陆续谋划、开展中，其定位尚未完全明确，但已露端倪。就目前的观察，我们认为，广州城隍庙发展空间较大，正逐步进入现代角色转型，发挥宗教的公共职能。前面提到，历史上，城隍庙中的道士并没有独立性，而只是依附性地存在于城隍庙中。但现在政府将新的广州城隍庙的管理权下放到道教协会手中，给予较大的发展空间，而道教协会对城隍庙的管理，已经有了比较大的自决和自觉。无论是决策上，比如三位城隍的选择及背后的考量，或下一步的计划开展；还是经济上的资金运转，都表明广州城隍庙的独立性实体。这正是它现代转型的必要前提。我们不妨从目前的姿态对它的职能、前景作出剖析和期许：

首先是本质职能——宗教职能。城隍庙目前由市道教协会主管，自 2010 年 10 月 31 日开光仪式之后，举办了几次祈福法会和挂平安灯仪式，因为无法容纳过多的信众，法会时间选在晚上，不对外开放，信众须凭票参加。值得注意的是，目前城隍庙在名义上是"广州市道教城隍庙"，庙外的宣传栏及海报内容主要是介绍道教教义、科仪，主管方有意强调其道教身份，但弱化了城隍信仰固有的国家宗教及民间信仰层面。庙的常规法事沿用的是通行的祈福仪式，城隍神虽是"东道主"，却只在例行的请神环节中作为道教众神中一员出现，并无特殊的地位。当然，信众不会深究到这个层面，照样也会得到心灵的安顿。但若从尊重城隍信仰文化的角度出发，主管方应该在凸显城隍信仰特色上进一步探求更多可操作性的途径，这些途径包括整理、演习城隍科仪，印赠流通《城隍经》和相关劝善书，阐述、宣传城隍神的事迹功绩，让民众在了解城隍信仰的同时，能深化扬善积德的传统伦理观念，信守城隍神所象征的正直、公正、忠职等价值，这些价值与现代公民道德的要求并不违背，为民众扬善去恶提供信念支撑。

其次是展示、弘扬地域传统文化。经过百年欧风美雨、社会革命的冲洗，尤其是近十几年来的城市改造，广州老城区完整的历史建筑所剩寥寥，北京路周边自古是府城的经济文化中心，但如今在人们印象中只是繁华的购物路段。作为历尽劫难而保留下的历史文化资源，城隍庙与相邻的南粤王宫署及对面的万木草堂，共同为市民游客提供了一个保存、延续城市记忆的文化场所，俨然是广州城市的文化名片。从主管方的意愿来看，道协更愿意打这种文化牌，在重修城隍庙的过程中增设潮州木雕、岭南漆画来体现岭南文化特色，提高旅游观赏价值。此外，恢复传统庙会的计划也已提上日程，对此，区政府表现出积极的态度。这些举措无疑迎合了时下建设文化大省的官方号召和民众日益强烈的岭南文化认同心态。在笔者的采访中，市道教协会会长潘崇贤道长讲得最多的是道教应该做好角色定位，担负起弘扬传统文化的责任。从长远的效果看可以安顿社会人心，现实的考虑则是宣扬发展道教，缓解宗教与官方主流意识形态的张力，获得官方资源的支持。潘道长对城隍庙的未来定位也是"以弘扬传统文化之名，行弘道传教之实"，所以他主张恢复每年的庙会，以"忠孝"为主题举办系列文化活动。

再次，凝聚城市认同感，和睦社群。拜神习俗是粤地自古所尚，至今此风犹存，通过观光城隍庙、参加庙会、拜祭城隍，由"神缘"来增强"地缘"、"业缘"的契合，整合社群，促进社区互动，让老市民增强社群的认同感，让新移民了解、融入到广州习俗生活中来。

最后，慈善赈济职责。自古城隍神有济众抚民之功德，逢节庆日施粥赠医，是城隍庙的"例牌"，这种功德在现代应体现为提供良好的社会救济服务，如救济老弱病残、鳏寡孤独等社会弱势群体，来弥补救济制度不完善、社会不公所造成的缺陷，增强城隍信仰的感召力。2011年春节前夕，城隍庙道众与社区街道办合作，协同居委会到街区慰问贫困户，派发棉被，可见城隍庙已初步具备赈济所需的物质条件。由于毗邻北京路步行街，城隍庙每日接待的参观者少则数千，多则上万，信众供养的香油收入可观，是广州香火最旺的宗教场所之一。建立完善慈善制度，建立庙宇的公信力，将十方供养的财富用于公共所需，是城隍庙亟须面对的课题。

总之，随着社会结构及生活方式的剧变，新时期的广州城隍庙已脱离了旧时的国家信仰系统，弱化了对官方的依附，归属于当前的道教系统，作为承载精神文化资源的社会实体，进入市民公众的视野，日益发挥着新的社会公共职能。这个个案有助于我们探索传统宗教的历史角色转型及前景。然而，如何对传统教义中表达的价值观作出现代的调适、诠释，如何在目前政治体制的规限下拓展发展空间，明晰宗教、社会、政治间的权限边界，在公共领域发挥宗教特有的超越批判功能，对传统宗教来说，这些是迫切的问题。只有在对以上问题有了一定共识的前提下，我们才能更准确地定位宗教的现代角色和职能。

（作者单位：中山大学哲学系博士研究生）

附：

城隍庙大殿拜亭楹联石刻：

善恶只两涂须要不欺暗室　阴阳无二理岂能瞒过当堂

善善恶恶两无私堪作上天主宰　暗暗明明皆有报足伸下土民情

事事扪心何必问吉凶祸福　头头是道不外敬天地神明

莫待降殃始思作善　若知悔过及早回头

到底果然终有报　举头如在切毋欺

赏罚难逃天有眼　奸邪欲遁地无窝

瞻镜彻毫釐鬼蜮神奸到此自然泥首　心田但方寸天堂地狱莫走错了路头

事人事鬼悉本诚心入庙当知孔训　教孝教忠不离神道同胞勿狃欧风

正直总无私任尘世颠是倒非终难粉饰　幽冥惟尚德看古今祸淫福善几见糊涂

祀典昉三唐捍患御灾碑篆缙云征故实　英灵彰百粤报功崇德庙新禺麓表庄严

（按：以上各联落款皆为"大清宣统元年岁次己酉仲冬上浣吉旦　两粤广仁善堂总理倡橐　陈府宪募捐重建首事沐　恩信士南海劳守慎顿首拜撰"）

城隍庙大殿廊西内侧墙体石碑文字：

广州市财政局布告（第九七五号）

为布告事照□广州城隍庙系广州中学校管理征收租项拨充学费近因需欸孔亟本局长奉令收管城隍庙尝产以期学

费市库两有裨益旋因加租□□成议遂决定城隍庙划段投承此系公家万不得已之苦衷当为神人所共谅现在本局长统筹默察于原定开街计画略为变通将城隍庙正殿全座及殿前天井一段计面积五十二井五十七方尺二十八方寸划出保留仍由广州中学校管理收租办学备垂久远余地仍分别开投承领经呈奉核准在案除函广州中学校查照外合行布告仰市民人等一体知照此布

中华民国十二年十一月七日
局长李禄超

中西宗教史中的"感孕"与"神化"

——比较道教的斗母与天主教的圣母

| 余剑龙

将道教的斗母和天主教的圣母比较讨论,并非本文一厢情愿的无媒苟合。日本学者麦谷邦夫曾在《道教与日本古代的北辰北斗信仰》中提出"斗姆信仰诞生与基督教救世主的圣母信仰也有相似之处"[①],虽然此一提法一语打破多年来学界以斗母作宗教比较时,仅以佛教的摩利支天为对象的格局,甚具启发性。然而麦谷氏的文章却未就斗母与圣母信仰的相似之处作进一步的解释和申论,因此本文试图依照麦谷氏的思路作一补充,以探讨两者异同所反映的意义。

在天主教两千年的历史中,圣母信仰的形成有民间的成分、也有地域的成分,代国庆曾对圣母信仰的发展与伪经及民间信仰的关系有深入的探讨[②]。然而天主教官方的信理部对于圣母有统一颁布的信理标准,天主教徒除了要相信《圣经》对圣母的描述外,还有四条必须相信的"当信道理"——天主之母,终身童贞,始孕无玷,灵肉

① (日)麦谷邦夫:《道教与日本古代的北辰北斗信仰》,《宗教学研究》2000年第3期,第35页。
② 代国庆:《新约伪经与圣徒传记中的圣母玛利亚》,《四川师范大学学报》(社会科学版)2010年第4期,第24-30页。

升天。官方信仰与民间信仰常互相影响，间或处于张力之中。

至于道教方面，由于年代、地域及教派等因素，斗母在不同经典和地域中，其信仰也有不同的重点和差异性，本文将采用道教经典中较为一致的部分讨论斗母信仰，即主要集中于两部早期的斗母经典《玉清无上灵宝自然北斗本生真经》①及《太上玄灵斗姆元君本命延生心经》②，后期的经典将在举例说明时按需要而援引讨论。

一、"造神"始源的异同③——维护其圣子的神格

本节先疏理斗母和圣母于其宗教中被"神圣化"的最初情况。

现今天主教以"天主圣母玛利亚"的名号称呼耶稣的母亲玛利亚。玛利亚此特殊地位源于二至三世纪，当时流行以"生育天主者"称呼玛利亚，这本来是一种民间的潮流。然而由于君士坦丁堡的宗主教奈斯多利（Nestorius，约公元386－451）提出了质疑，认为耶稣的天主性自永恒已存在，圣母只是耶稣人性的母亲，不宜称为"生育天主者"，天主教官方在"厄弗所大公会议"（公元431），表明反对奈斯多利的主张，认为由于耶稣是天主三位一体的其中一个位格，而且耶稣的人性和天主性不可分割，所以圣母不但是耶稣人性的母亲，而且是整个耶稣的

① 《道藏》，文物出版社、上海书店、天津古籍出版社，1988年，第1册，第872－873页。下简称《北斗本生经》。
② 《道藏》第11册，第345页。下简称《斗母心经》。
③ 天主教并不视圣母玛利亚为"神"，在天主教神学中只有三位一体的天主是神，圣母尽管在受造物中有最崇高的地位，但也只能称为"圣人"，因此本节标题"'造神'始源的异同"只是一种为免标题过于冗赘的权宜论述。

母亲，因而断定称为"生育天主者"并无不妥，反而奈斯多利的质疑则有提倡圣子二性二位的含意，因此公布将玛利亚称为"天主之母（Theotokos）"的当信道理，以确保耶稣二性一位的神学概念不被污染，并将奈斯多利定为异端①。

道教的斗母，初见于宋元间的道经《北斗本生经》及《斗母心经》的斗母生育九位圣子的神话。本文认为道教为北斗和紫微设立父母，理由和天主教相同，也是为了保护其圣子的信仰。东汉以来盛行的北斗信仰及紫微信仰，在唐代佛教密宗传入后，便面对着密宗星辰佛事的竞争，佛事以释迦佛化身的"大威德金轮佛顶炽盛光如来"为本尊。炽盛光曼陀罗的图像多以炽盛光如来居中，围绕着十一大曜、十二宫神、二十八宿等天体星象的神祇和符号。炽盛光陀罗尼星辰信仰流行于唐宋，雕造炽盛光经咒以消灾祈福蔚然成风②。

密宗为吸收道教信众，将紫微及北斗安置为金轮炽盛光佛的部下③。紫微本是道教的帝星，而北斗位于中天，二者均为天界的主宰大神，但密宗却将之贬抑。道教面对挑战时，造作斗母女神，以《斗母心经》"天皇、紫微尊帝二星居斗口娑罗上宫，真光大如车轮"④的论述先将帝星紫微等同于炽盛光如来，再在紫微之上安立生母，将天界的主宰权由炽盛光如来转回斗母手中，透过母子的伦常

① 邓辛格编，施安堂译：《天主教教会训导文献选集》，台北总主教公署，1975 年，第 251 页。
② 韦兵：《日本新发现北宋开宝五年刻〈炽盛光佛顶大威德消灾吉祥陀罗尼经〉星图考——兼论黄道十二宫在宋、辽、西夏地区的传播》，《自然科学史研究》2005 年第 3 期，第 214 – 215 页。
③ 吴慧：《北斗八女考——另附汉译密教中南斗北斗之汉化分析》，《世界宗教研究》2008 年第 2 期，第 50 – 59 页。吴氏认为"北斗八女"是紫微与北斗七星的总称。
④ 《道藏》第 11 册，第 345 页。

学
子
初
步

差等性，隐喻了先道后佛的判教意味①。紫微因而成为了炽盛光如来，保存了本来也在道教中的天界中心的神格。

总括而言，无论是圣母还是斗母，她们受到注意的始源，都是因为她们生育了神圣的儿子。更进一步而准确地说，她们被神圣化的理由，就是为了维护她们儿子的神圣性，维护她们的儿子于其宗教发展史中所面对的异端思潮（奈斯多利派）或竞争对手（佛教），因此圣母玛利亚和斗母最初其实都只是应运而生的神（斗母）或圣人（圣母玛利亚）。

二、生育的异同——被动与主动

虽然"造神"的起源相同，但在生育圣子的过程中，圣母和斗母因为中西宗教文化背景的差异，以及截然不同的神学观念，展示了主动和被动的不同倾向。圣母产子起源于被动的"领报"：

到了第六个月，天使加俾额尔奉天主差遣，往加里肋亚一座名叫纳匝肋的城去，到一位童贞女那里，她已与达味家族中的一个名叫若瑟的男子订了婚，童贞女的名字叫玛利亚。天使进去向她说："万福！充满恩宠者，上主与你同在！"她却因这话惊惶不安，便思虑这样的请安有什

---

① 紫微（小熊座 β）和天皇（小熊座 α）的亮度，目视星等为 1.95－2.04 等及 2.2 等，不可能是天空中最亮的星，说其"真光大如车轮"不可能是切合实际的形容。而且，考查中国历代天文志及笔记中的异常天象记录，并没有光如车轮的星体曾出现于天空中央的记载，最接近的仅有《太平御览》记载晋穆帝永和十年（345）"夜，天有光如车盖"一则（北京天文台编《中国古代天象纪录总集》，江苏科学技术出版社，1988 年，第 28 页），然而车盖的大小与车轮本已有差别，而且《太平御览》并没有记载如车盖的轮光出现在天空的哪个位置，加上由晋永和年间到北宋的年代差距，很难令人信服"真光大如车轮"是对异常天文现象真实纪录的描述。

么意思。天使对她说："玛利亚，不要害怕，因为你在天主前获得了宠幸。看，你将怀孕生子，并要给他起名叫耶稣①。

圣母没有主动要求成为救主之母，也对天主的安排惊惶不安。圣母生育耶稣，完全是天主的主动安排。再者，根据天主教官方的神学概念——"教父们惯称天主之母为纯洁、没有丝毫罪污、好像被圣神塑造为一个全新的受造物，是毫不足为奇的"，以及天主教继此而立的当信要理——"始胎无玷"，即圣母在她受胎之初，已蒙天主的特恩而免于原罪的污染②，天主拣选圣母，甚至是在圣母受造的最初。由此可见，天主教认为天主掌管安排万事，对人类的救恩工程早有预定和全盘计划，所反映的神学观念是天主的全能，以及天主和人之间具有不能逾越的鸿沟。

虽然生育圣子是天主主动的安排，但天主教认为圣母不是消极地被动接受，圣母是以"积极被动"的态度参与救世的计划：

所以教父们认为圣母并不仅是天主手中一个消极被动的工具，而是通过她自由的信德和服从，成为天主救人的事业的合作者。事实上，正如圣依肋乃所说的："她由于服从而成为自己和全人类得救的原因。"③

所谓"积极被动"是指天使报喜时圣母向天使说：

---

① 《圣经·路加福音》，香港思高圣经学会，1968 年，第 1 章第 26 - 31 节。
② 孙静潜译：《教会宪章》，台中光启出版社，1966 年，第 146 页。
③ 同上，第 147 页。

"看，上主的婢女，愿照你的话成就于我吧!①"对于天主意图以神迹性的方式令圣母受孕，圣母积极地选择顺从天主的安排。在天主教传统中，圣儒斯定和圣依肋内等教父，甚至将厄娃与圣母对比，认为厄娃不服从天主的禁令而令死亡进入世界，圣母却因服从天主的旨意，而将永生带入世界②。教父们认为圣母并不仅是天主手中一个消极被动的工具，她是积极地服从。

相反，斗母生育九皇却是她个人主动而持久的意愿，《北斗本生经》谓斗母"誓尘劫中，已发至愿，愿生圣子，辅佐乾坤，以裨造化"③；《斗母心经》谓斗母"每发至愿，愿生圣子，补裨造化，统制乾坤"④，她生育圣子的理由反映了道教的宇宙观，道教虽然认为宇宙万物是大道运化流溢而生成的，但人类却可以借着掌握自然之道，辅助大道的运行，甚至"宇宙在乎手⑤"，夺天地之造化。人类的主动性和个人价值得到了高度的肯定。

在斗母发愿补裨造化的框架下，《北斗本生经》和《斗母心经》展现了不同的神学取向。《北斗本生经》记载斗母"因上春日，百花荣茂之时，游戏后苑，至金莲花温玉池边，脱服澡盥，忽有所感，莲花九包，应时开发，化生九子"。神话情节是典型的浴水感生神话，在道教的教义体中此也反映了人的至诚能感通天地神圣的原始天人交感观念。而在《斗母心经》中，斗母浴水不是产子的

---

① 《圣经·路加福音》，第1章第38节。
② 岳云峰：《敬礼圣母的历史发展》，《神学论集》第78期，第497—515页。http://archive.hsscol.org.hk/Archive/periodical/ct/CT078/CT078D.htm
③ 《道藏》第1册，文物出版社、上海书店、天津古籍出版社，1988年，第872页。
④ 《道藏》第11册，第345页。
⑤ 《黄帝阴符经》，《道藏》第1册，第821页。

原因：

因沐浴于九曲华池中，涌出白玉龟台神獬宝座，斗母
登于宝座之上，怡养神真，修炼精魄，冲然摄气，气入玄
玄，运合灵风，紫虚蔚勃，果证玄灵妙道，放无极微妙光
明，洞彻华池，化生金莲九苞①。

神话中斗母产子是在白玉龟台之上修炼内丹证道的成
果。斗母在自身的小宇宙中，修炼精、气、神而最终与道
合一，不但令自身证道，更影响了外在的大宇宙，化生九
皇于天以统制乾坤，反映了道教内丹派中天人相应，外在
大宇宙与人体小宇宙的共同结构。人只要主动地改造自身
的小宇宙，即能感应大宇宙而使之改变。这种天人交感的
概念，在斗母相关的科仪中也有反映，清代全真派陈仲远
所编的《广成仪制·先天礼斗全集》就有"虽霄壤悬隔
于两间，而圣贤感通于一念"之语②，神圣虽在九霄之
上，但世上的贤良之士，只虽一念之诚便能与之感通，可
见道教与天主教一样承认天人之隔，但天主教的天人之隔
表现为以信徒对神的绝对服从，道教的天人之隔则可以靠
一念感通而超越。

本文认为，即使接受"积极被动"此吊诡论述中的
主动性，但无疑天主教所强调的是天主与人之间的安排与
服从，两者具有不可逾越的巨大差距。对比道教关于斗母
主动性的论述，则可见道教的天人观念与之有极大的
差异。

① 《道藏》，第1册，第872页。
② （清）陈仲远辑：《广成仪制·先天礼斗全集》，成都二仙庵，1911
年，第1-2页。

学子初步

三、司职之异同——限于转求与无限扩张

天主教圣母的司职以她向圣子转求为首，这可从信徒日常诵念的、起源于十五世纪的《圣母经》中见到：

万福玛利亚，你充满圣宠，主与你同在，你在妇女中受赞颂，你的亲子耶稣同受赞颂。天主圣母玛利亚，求你现在和我们临终时，为我们罪人祈求天主。亚孟①。

经文的前半是对圣母的赞颂描述，全部经句均出自《圣经》。"万福玛利亚，你充满圣宠"② 乃天使加俾额尔向圣母报喜时说的话；"主与你同在，你在妇女中受赞颂，你的亲子耶稣同受赞颂"③ 则为圣母表姐依撒伯尔会见圣母时所说的话，经文的后半部分则是求圣母替信徒向天主转求的祈祷辞，可见"转求"是圣母首要的司职：

在圣宠的境界里，玛利亚为母亲的这种职分：一直延续不断，从天神来报时她以信德表示同意，她毫不犹疑地在十字架下坚持此一同意，直到所有被选者获得荣冠的时候。事实上，她升天以后，犹未放弃她这项救世的职分。而以她频频的转求，继续为我们获取永生的恩惠④。

《圣母经》除了求圣母实时转祷之外，更强调了在

① 《祈祷文集》，http：//newhamg. myweb. hinet. net/7/page7 _2. htm
② 《圣经·路加福音》，第 1 章第 28 节。
③ 《圣经·路加福音》，第 1 章第 40 ~42 节。
④ 《教会宪章》，台中光启出版社，1966 年，第 62 页。

"临终时"的转求。这是由于中世纪时天主教发展出炼狱的信仰，认为教徒如于得救有份，但仍有罪罚未除者，死后经过炼狱的净化才能升天，在世者则可以通过祈祷和感恩祭以帮助亡者早日升天①。圣母与炼狱的关系，可溯源至公元1251年7月16日圣母向英国隐修院院长圣西满思铎的显现。圣母显现时颁授棕色圣衣并许诺："凡佩戴而孝爱圣母的人，能得到善终，死后在炼狱，圣母要迅速救他升天堂"②。圣母的司职除了向天主转求祈祷之外，更有庇佑"死亡"及"重生"的职分。

圣母的转求司职，在近现代的圣母显现中，表现出极大的权能。1930年10月13日教廷宣布值得相信的法蒂玛圣母③，1917年圣母在葡萄牙境内的法蒂玛，连续六个月于当月的13日显现给三个牧童，启示了三个秘密。第二个秘密内容如下：

你们看到了那些可怜的罪人去的地狱。要拯救他们，上帝希望整个世界奉献给我圣洁的心。假如我对你们说的达到了，那么许多灵魂会得到拯救，和平会来到，战争即将结束……我要求将俄罗斯皈依到我纯洁的心和修复第一个周六的交流。假如我的要求被遵守，俄罗斯会被皈依，那么就会有和平。不然的话她的错误会传播到整个世界，导致战争和对教会的迫害。好人会殉教；圣父会蒙受痛苦；许多国家会被占领。最后我纯洁的心会胜利。圣父会

---

① 《天主教教会训导文献选集》，台北总主教公署，1975年，第856页

② 天主教嘉尔默罗圣母圣衣会：《加尔默罗圣母圣衣简介（附祝圣和佩带圣衣简单仪式）》，缺出版资料，无页码。

③ Joseph Pelletier. "The Sun Danced at Fatima", *Doubleday*, 1983. p. 147.

将俄罗斯奉献给我，她会皈依，整个世界会获得和平①。

圣母在显现神迹中，除了继续其中世纪关心亡灵、拯救地狱中的灵魂的司职，她的转求更发展至左右世界性的大战，以及世界的发展方向——使得整个世界基督化。天主在世界大战中，将整个俄罗斯的命运，交托于世人向圣母的转祷之上。然而，即使圣母的转求被视为极为有效的辩护，但其司职一直被天主教官方局限于此范围之内：

在圣宠的境界里，玛利亚为母亲的这种职分：一直延续不断，从天神来报时她以信德表示同意，她毫不犹疑地在十字架下坚持此一同意，直到所有被选者获得荣冠的时候。事实上，她升天以后，犹未放弃她这项救世的职分。而以她频频的转求，继续为我们获取永生的恩惠。以她的母爱照顾她圣子尚在人生旅途上为困难包围的弟兄们，直到他们被引进幸福的天乡②。

虽然斗母同样是因其圣子而形成，但却并没有如圣母玛利亚一样，其神格一直依附于其圣子之上，其司职单单表现为向其圣子的转求。最初，《北斗本生经》中的斗母神格主要是依据北斗而来，并没有述及斗母的司职。在《斗母心经》中，斗母的司职已出现独立于北斗的倾向：

凡天地气运休否，日月星辰错行，雨旸晦明不时，风寒暑湿不节，亢旱水火，疫疠凶灾，至如刀兵虫蝗，妖精

---

① 佚名译：*Lucia de Jesus. Fatima In Lucia's Own words*, The Ravengate Press, 1995. p. 104.

② 《教会宪章》，台中光启出版社，1966年，第62页。

鬼怪，疾病伤生，争讼横挠，种种不祥，悉皆乖气所致。斗姆降以大药，普垂医治之功，燮理五行，升降二炁，解滞去窒，破暗除邪，愆期者应期，失度者得度，安全胎育，治疗病疴，润益根荄，阳回气候，生成人物，炼度鬼神，散禳百结，资补八阳，辅正全真，召和延祚，潜施药力，职重天医，生诸天众月之明，为北斗众星之母，斗为之魄，水为之精，主生人身，光凝性水，众水一月，众月一光，有情无情，均禀灵光道炁，一一资其生养护卫①。

　　宇宙的"种种不祥"，即天地日月运行、降雨开晴、季节气候、疫疠虫蝗等自然界现象，疾病刀兵、生育死亡、诤讼横挠等社会人事现象，妖精鬼怪、召和延祚等超自然的现象，其内在象征结构均以周期性节律为核心。斗母能掌制周期性现象的运化、繁衍、时间及命运，有使"愆期者应期，失度者得度"的能力，将周期性现象偶然出现的不良发展重新放回正轨，如同"天医"般调整一切乖于常道的现象。对于人类来说，最重要的周期性现象莫过于人的生死。斗母掌握周期的运行，人的整个生命均分享了斗母的"灵光道炁"，《斗母心经》：

　　恩深德重，皆莫能知，是以人身，面有七窍，内应乎心，魄有七真，受魄于斗②。

　　不论人还是物，其生老病死的生命过程，或者是成住坏灭的存在过程，都是禀受了斗母的"灵光道炁"才能

---

① 《道藏》，第 11 册，第 345 页。
② 同上。

成就的，透过灵光道炁的生养护卫，才能继续生存和存在。再者，人或物虽然都禀受灵光道炁，但人比物更为肖似斗母，因为人的七窍、心的七孔、魄的七真，都与北斗七星相对应，而北斗七星就是斗母之"魄"。

《斗母心经》不但形容斗母生成人物，更认为她能炼度鬼神。由斗母、月、生死再生、不死等共通性出发理解，则斗母为何担当两项极端不同的司职的问题便迎刃而解了。斗母掌制整个生死循环——包括人的生成、生命的长短寿夭，以及死后的际遇，不但人的出生和寿命由斗母宰制，人的再生也源于斗母。至此，不难理解斗母何以既是现今港澳全真派祈福延寿的主神，又是上海正一派济炼亡魂的教主。因为，斗母掌握人的整个生命周期，包括由出生到死亡，甚至由死亡到再生的阶段。

元末成书的神霄派道经《先天雷晶隐书》中更有"至如急告等事，只告天母足矣。盖天母乃北斗之母，母行子安有不允从者也"的说法①，认为在紧急之时，信徒可直接向斗母奏告，斗母已经展现出取代北斗的倾向。

为何斗母和圣母玛利亚的造神起源相同，但司职的发展却展现出不同的倾向，即圣母玛利亚的司职由始至终均受制于其圣子，但斗母的司职却渐渐脱离其圣子的影响而具有独立性，甚至最终取代了其圣子的司职？本文认为此与中西宗教发展史的路向不同有关。天主教由犹太教演变而来。犹太人本来生活于信仰混集的中东地区，天主雅威本来只是西乃山的山神、部落神及战神，在梅瑟的宗教改革后，犹太人始将雅威视为唯一的神，犹太教因而成为一神教。天主教继承犹太教而来，虽然信仰犹太人的雅威天

---

① 《道藏》，第29册，第353页。

主圣父，但也承认耶稣是天主，甚至承认五旬节时下降于宗徒之间的圣神也是天主，形成了"三位一体"的神学概念，即天主虽然有圣父、圣子（耶稣）及圣神三个位格，但却只有一体，因此天主仍然是唯一的神。在一神教的框架下，既然圣母玛利亚只是受造物，她的转求和辩护的司职，必须靠分享耶稣的中保身份而来，她的司职无论有什么奇效，也只能归咎于她的转求，而不是她本身的神力，因为圣母不可越此雷池半步，否则她就不是人而是天主了。将圣母的司职限于转求，是避免其权威过大而取代了耶稣及天主的位置，触犯一神宗教的大不韪。此在下一节中将会更仔细地讨论。

相反，在道教神学中，从东汉张天师创教以来，道教信仰太上老君及天地水三官等神，本来便是一个多神教。降及上清派、灵宝派以及后来的一切道派，均未有出现至上一神的概念，即使三清被视为大道一炁所化，但从来不排斥其他神灵的存在，不会视他们为邪神或魔鬼之化身。道教面对其他宗教或民间的神灵时，习惯于将那些神灵编收入自身的神谱之中。因此，不同的神灵在道教中的司职不仅可以互异，甚至可以重叠，各神的司职不仅可以自由地发展，更可互相替代或同兼一职。在多神教的框架下，斗母的神职脱离北斗而多向及分殊地发展，甚至取代原来北斗的司职，都是有可能甚至是理所当然的。

四、神格地位的高峰

圣母玛利亚的司职虽然被限于"转祷"的框框之内，但随着转祷项目的增多和扩大，她的神格地位其实是日益增高的。天主教的祈祷习惯，惯常是先赞美神圣者，再提出自己的要求。前文引用的《圣母经》即是一显例。

中世纪期间，修会会士除了对圣母十分虔诚，还制作了许多赞颂经文，赞歌如 Ave Maris Stella（11 世纪）、Stabat Mater（13 世纪）、Salve Mater Misericordiae（13 世纪）、Tota Pulchraes（14 世纪）等。经文如玫瑰经（11 世纪）、圣母经（12 世纪初）、三钟经（13 世纪）、圣母德叙祷文（约 16 世纪）①。对于祈求者而言，祷文中赞美圣母的部分，正反映出他们对圣母神格的定位与接受。在众多圣母祷文中，教宗西斯多第五世于 1587 年正式批准的圣母德叙祷文，以一系列的名号称呼圣母，以表达她辉煌显赫的地位：

领：圣玛利亚　众：为我等祈

领：天主圣母　众：为我等祈

领：童身之圣童身者　众：为我等祈

领：基利斯督之母　众：为我等祈

领：天主宠爱之母　众：为我等祈

领：至洁之母　众：为我等祈

领：至贞之母　众：为我等祈

领：无损者母　众：为我等祈

领：无玷者母　众：为我等祈

领：可爱者母　众：为我等祈

领：可奇者母　众：为我等祈

领：善导之母　众：为我等祈

领：造物之母　众：为我等祈

---

① 岳云峰：《敬礼圣母的历史发展》，《神学论集》第 78 期，第 497－515 页。http://archive. hsscol. org. hk/Archive/periodical/ct/CT078/CT078 D. htm。

领：救世之母　众：为我等祈

领：极智者贞女　众：为我等祈

领：可敬者贞女　众：为我等祈

领：可颂者贞女　众：为我等祈

领：大能者贞女　众：为我等祈

领：宽仁者贞女　众：为我等祈

领：大忠者贞女　众：为我等祈

领：义德之镜　众：为我等祈

领：上智之座　众：为我等祈

领：吾乐之缘　众：为我等祈

领：神灵之器　众：为我等祈

领：可崇之器　众：为我等祈

领：虔诚大器　众：为我等祈

领：玄义玫瑰　众：为我等祈

领：达味敌楼　众：为我等祈

领：象牙宝塔　众：为我等祈

领：黄金之殿　众：为我等祈

领：结约之柜　众：为我等祈

领：上天之门　众：为我等祈

领：晓明之星　众：为我等祈

领：病人之痊　众：为我等祈

领：罪人之托　众：为我等祈

领：忧苦之慰　众：为我等祈

领：进教之佑　众：为我等祈

领：诸天神之后　众：为我等祈

领：诸圣祖之后　众：为我等祈

领：诸先知之后　众：为我等祈

领：诸宗徒之后　众：为我等祈

领：诸为义致命之后　众：为我等祈

领：诸精修之后　众：为我等祈

领：诸童身之后　众：为我等祈

领：诸圣人之后　众：为我等祈

领：无原罪始胎者后　众：为我等祈

领：荣召升天之后　众：为我等祈

领：圣玫瑰经之后　众：为我等祈

领：和平之后　众：为我等祈①

祷文的圣母不但具有"病人之痊、罪人之托、忧苦之慰、进教之佑"等具转求者身份意味的称呼，更有"诸天神之后、诸圣祖之后、诸先知之后、诸宗徒之后"等反映圣母具有天国和教会的皇后的称呼，与耶稣基督为教会和天国之王互相呼应。中世纪的圣母之所以享有几近与天主同等的地位，与中世纪西方的文化背景有关。西方中世纪神学强调耶稣基督作为审判者的威严身份，虽然圣经明言天主与人之间的中保，只有耶稣基督一位。但天主教徒无法在情感上依赖耶稣的辩护，因为审判他们罪恶的也是耶稣本身。圣母在天主耶稣的义怒之前，扮演辩护者的角色，正补充了信徒的情感需要。教宗良十三世：

就如没有人能不经由圣子到达天父那里，同样也没有人能不经由他的母亲到达基督那里……我们相信至高者的无限美善，并因此而欢欣；我们也相信祂的正义，并因而惧怕。我们爱慕受钟爱的救主，他为我们慷慨倾洒宝血，献出生命；我们也畏惧不看情面的审判者。因此，那些作

---

① 《圣母德叙祷文》，天主教图书中心，http：//www.chinacath.org/book/html/62/4859.html

了令良心不安之行动的人们需要一位大蒙天主宠爱的调停者，富于慈悲，不会拒绝为绝望者求情，并且也将受苦和破伤者扶持起来，使他们在神圣慈惠中再度迎向希望。玛利亚便是这位光荣的居间者；她是全能者伟大的母亲，但更甘饴是，她也是和善、极温柔的，有着无限慈爱的仁慈①。

　　教宗良十三世代表了部分天主教徒的神学理念及宗教感受，如果辩护者是耶稣的母亲、天主之母，审判者是天主耶稣，辩护者及审判者分成两个角色，在情感上比较容易接受。正因此宗教文化背景，圣母的地位在中世纪可谓登峰造极。在二百年间，天主教一气呵成地订立两条圣母信理。1854年教宗庇护九世《无以言喻》诏书宣布圣母始孕无玷为信理，1950年教宗庇护十二世《广施仁慈之天主》诏书以"不能错"的"伯多禄首席特权"，宣布圣母灵肉升天为信理。圣母"荣召升天并被天主光荣为天神之后"的中世纪民间信仰，便在"灵肉升天"的官方信理中被隐含地承认了。

　　然而，部分天主教徒更希望将圣母的地位提高至"共救赎者"，所谓"共救赎者"是指：

　　那些神学家认为事实上天主决定因着耶稣基督偕同他母亲的一生与十字架下的痛苦，赏赐人类救恩。也等于说，耶稣基督在十字架上奉献自己；同时奉献参与他死亡的圣母玛利亚的痛苦。这是圣母玛利亚被称为"共救赎者"的理由。这与一般灵修书中，根据"诸圣相通"的

　　① （美）段特·隆杰内克、戴维·葛斯塔森著，张令熹译：《耶稣的母亲玛利亚》，台北启示出版社，2004年，第248页。

信仰，称基督信徒为"协助救赎者"的理由不同。圣母玛利亚称为"救赎者"是因为在天主救援人类的历史层面上，她与基督共同救赎；救赎人类之工程中，含有圣母玛利亚的参与；这是唯一无二的参与①。

天主救赎人类是单靠耶稣完成的，除他之外别无拯救，而圣母只是受造身，不能被视为天主一体的第四位。因此天主教廷论及：

> 教会更叮嘱神学家与宣讲圣道的人，在论及天主之母的特殊地位时，应该用心避免一切虚妄的夸大与心地的狭隘②。
>
> 她是远远超出了天上人间所有（基督）肢体的母亲……因为她以爱德的合作，使信友在教会内得以诞生，作为以基督为首的其他一切受造物。不过，作为亚当的后裔，她也厕身于需要救援者的行列③。

避免虚妄的夸大和标明圣母需要救援，正是天主教官方将圣母的地位明确地定位为人，定位为"在教会内，于基督之后占有最高的位置，而又距我们很近的圣母"④，而不是天主或共同救主。

当李纯娟尝试将圣母比拟为文化人类学的"大母亲（the Great Mother）"，尝试阐述圣母"终身童贞"蕴含的

---

① 张春申：《圣母玛利亚："共救赎"、转求与典型——庆祝圣母年，反省梵二教会宪章第八章》，《神学论集》，第75期，第75－93页，http://archive.hsscol.org.hk/Archive/periodical/ct/CT075/CT075G.htm
② 《教会宪章》，第158页。
③ 《教会宪章》，第144页。
④ 《教会宪章》，第158页。

雌性原则与原始母系社会文化意识的关系时①，与会的评论人胡国桢神父立即断言："圣母在基督宗教中，并没有扮演'至上神'的任何角色。而李修女所提出的雌性原则理应归于'至上神'本身。"② 对于任何将圣母提升到有可能危害天主的神圣性的举动，天主教会是非常敏感的。

相对而言，宋代后，斗母也被神霄派汇入雷系神谱。本来神霄派已有最高神——"神霄九宸"，《无上九霄玉清大梵紫微玄都雷霆玉经》：

> 吾为高上神霄玉清真王长生大帝，其次则有东极青华大帝，九天应元雷声普化天尊，九天雷祖大帝，上清紫微碧玉宫太乙大天帝，六天洞渊大帝，六波天主帝君，可韩司丈人真君，九天采访真君，是为神霄九宸③。

九宸的第四位名为"九天雷祖大帝"，斗母在《先天斗母奏告玄科》同样被称为"九天雷祖大帝"，斗母与九宸的第四位享有了相同的圣号，而且在科本中请圣的部分，斗母与九宸的第四位更融合为一：

> 具职嗣派弟子，谨焚信香，虔诚上奏……神霄真王长生大帝，东极青华大帝，九天应元雷声普化天尊，九天雷祖大帝斗母紫光天后摩利支天大圣圆明道母天尊，上清紫

---

① 李纯娟：《从中国文化意识形态谈圣母敬礼》，《神学论集》第 78 期，第 541－551 页。http://archive.hsscol.org.hk/Archive/periodical/ct/CT078/CT078H.htm
② 胡国桢：《回应》，《神学论集》第 78 期，第 549－551 页。http://archive.hsscol.org.hk/Archive/periodical/ct/CT078/CT078i.htm
③《道藏》第 1 册，第 752 页。

微碧玉宫太一大天帝，六天洞渊大帝，六波天主帝君，可
韩司丈人真君，九天采访真君①。

　　神霄派赋予斗母"九天雷祖大帝"——九宸第四位
的崇高地位，即分享了如长生大帝君般的至上天神神格。
《天母默朝急告》中奏告斗母时用了"急告宸慈"、"干冒
宸威"等字眼形容斗母的情感与权能②，有意识地视斗母
为神霄九宸中的一位。
　　此外，斗母同时吸收摩利支形象，斗母四头的形相被
视为道教的宇宙生成论的象征。明末佛教禅师释澹归曾有
《斗母殿上梁文》述及斗母：

　　恭惟：坐九天雷祖摩利支天大圣圆明道姥天尊，主宰
一元，提衡万化。本非名相，迹是威神。四首八臂，而象
卦之数齐彰；踞豸乘龟，则语嘿之途坐断。宝印通符，身
心俱寂。灵幡建节，文武咸宜。阴阳在手，行于日月
之前③。

　　由"本非名相，迹是威神"、"四首八臂，而象卦之
数齐彰"及"阴阳在手，行于日月之前"可见，斗母手
持日月、四头八臂的形象被汇入了道教"太极生两仪，两
仪生四象，四象生八卦"的宇宙生成论，日月象征阴阳两

---

　　①　《道藏》，第 34 册，第 765－766 页。
　　②　《道藏》，第 29 册，第 352、353 页。
　　③　（清）释澹归著，古止，傅涌编：《徧行堂续集》，清乾隆五年刻
本，北京 爱如生数字化技术研究中心，2009 年，第 5 卷，第 4 页。此书作
者为佛教禅师，他也已经深刻地了解道教认为斗母是宇宙生成过程的神格化
和形象化的概念，而且接受斗母"主宰一元，提衡万化"原初创世大神形
象，可见斗母象征宇宙生成过程，在明末清初已广泛地被斗母信仰者（包括
道教宗教人之外的信仰群体，如佛教僧侣）所普遍接受。

仪，四面象征四象，八臂象征八卦，斗母的整个形象象征发生在时间之初，大道分化流溢的宇宙生成的最初阶段。斗母成为了最近似无形无象的终极真理的拟人化象征。

晚清全真派《广成仪制·斗醮朝元全集》为斗母圣号新增了"无上玄元大行梵炁天父天姥天皇大帝"一名，可见斗母当时已被视作同为"天父"及"天姥"的双性同体大神。

比较圣母与斗母，圣母的地位虽然在中世纪时被提高至天上的皇后，但近代的天主教会有意识地抑压她，一是为免圣母的地位过高，要挟耶稣唯一救主的地位，二是基于分离的基督教会认为圣母是合一的障碍，因此天主教神学界中也出现了官方称为"心地的狭隘"的思潮，即尽量不谈关于圣母的神学，以免制造更多的误会与问题。相反，斗母的地位自从被元明神霄派定位为至上神之后，后来的不同派别，如全真派、正一派、天仙派及隐仙派均将斗母视为不同面目的大神，如神霄派强调斗母救急难的至上天神地位；隐仙派强调斗母作为宇宙生成的创世者角色而发展内丹学说；正一派强调斗母双性同体大神的地位以应用于斗母济炼的科仪。道教基于其宗教自身的派别互不从属，以及高度的包容性，斗母的地位发展成地位崇高大神时，她在各道派中却表现为不同的面目。

五、总结

虽然斗母和圣母均因其圣子而获得神性，造神的起源相同。但基于中西宗教的神学观以及社会文化的不同，斗母和圣母在司职和神格地位的发展上出现了不同的面向。圣母受到天主教一神教框架的制约，不但其司职只被限于向其圣子转求，其德行只能表现为对天主服从，其神格地位尽管被民间吹捧，也被受教会当局有意识地抑压；相反，道教多神教及派别众多的宗教格局，中国文化中和而不同，社会政策的三教并举，均令斗母神格的发展不需要因迁就其他神圣而受限制，她的司职愈来愈多变而分殊，神格地位愈来愈崇高，成为具有独立于北斗等其他神灵的神格的、各道派均不同侧重地信奉的大神。

（作者单位：中山大学哲学系宗教学博士毕业）